Klassische Reisen

Reise nach Brasilien

in den Jahren 1815 bis 1817
von Maximilian Prinz zu Wied-Neuwied

Bearbeitet und herausgegeben
von Wolfgang Joost

VEB F. A. Brockhaus Verlag Leipzig

Das Frontispiz zeigt:
Schiffahrt über die Felsen
des Ilhéos

ISBN-Nr. 3-325-00093-2

1. Auflage
© VEB F. A. Brockhaus Verlag Leipzig, DDR, 1987
Lizenz-Nr. 455/150/7/87, LSV 5379
Lektorat und Bildauswahl: Christa Kunze
Reproduktionen: Ingrid Hänse
Buchgestaltung: Hans-Jörg Sittauer
Printed in the German Democratic Republic
Lichtsatz: Karl-Marx-Werk Pößneck V 15/30
Druck und buchbinderische Weiterverarbeitung:
Graphische Werke Zwickau
Redaktionsschluß: 28. 2. 1986
Bestell-Nr. 587 272 6
01350

Inhalt

Vorwort

7

Reise von Rio de Janeiro nach Cabo Frio

22

Reise von Cabo Frio bis Villa de S. Salvador dos Campos dos Goaytacases

38

Aufenthalt zu Villa de S. Salvador und Besuch bei den Puris zu S. Fidelis

52

Reise von Villa de S. Salvador zum Flusse Espirito Santo

65

Aufenthalt zu Capitania und Reise zum Rio Doce

72

Reise vom Rio Doce nach Caravellas, zum Flusse Alcobaça und nach Morro d'Arara am Mucuri und zurück

85

Aufenthalt zu Morro d'Arara, zu Mucuri, Viçoza und Caravellas bis zur Abreise nach Belmonte

101

Reise von Caravellas nach dem Rio Grande de Belmonte
109

Aufenthalt am Rio Grande de Belmonte
und unter den Botocudos
125

Reise vom Rio Grande de Belmonte zum Rio dos Ilhéos
158

Reise von Villa dos Ilhéos nach S. Pedro d'Alcantara,
der letzten Ansiedlung am Flusse aufwärts, und
Anstalten zur Reise durch die Wälder nach dem Sertam
168

Reise von S. Pedro d'Alcantara durch die Urwälder bis
nach Barra da Vareda im Sertam
174

Aufenthalt zu Barra da Vareda und Reise bis zu den
Grenzen der Capitania von Minas Geraës
189

Reise von den Grenzen von Minas Geraës nach Arrayal
da Conquista
203

Reise von Conquista nach der Hauptstadt Bahía
216

Anhang
235

Vorwort

Mit der überarbeiteten Neuauflage einer der schönsten Editionen der älteren deutschen Reiseliteratur möchte der Herausgeber nicht nur dem wachsenden Interesse der Leser an der Erforschungsgeschichte unserer Erde entsprechen, sondern zugleich Leben und Werk des Gelehrten und Humanisten Maximilian zu Wied in ehrende Erinnerung bringen, der sein gesamtes Schaffen der Erschließung Amerikas widmete.

Nach dem kompetenten Urteil des Geographen und Völkerkundlers Friedrich Ratzel stellt das Brasilienwerk Wieds das Bedeutendste dar, »was zwischen Marcgraf und Martius über Brasilien geleistet wurde«.

Georg Markgraf aus Liebstadt bei Meißen kam 1637 zusammen mit dem Statthalter Johann Moritz von Nassau-Siegen nach Pernambuco (Recife), Hauptniederlassung im damaligen Holländisch-Brasilien. Bei seiner Rückreise nach Europa im Jahre 1644 erlag er im Alter von 34 Jahren an der afrikanischen Küste dem Fieber. Seine 1648 postum herausgegebene, mit vielen Holzschnitten ausgestattete »Historia rerum naturalium Brasiliae« blieb über zwei Jahrhunderte das grundlegende Werk nicht nur für die Naturgeschichte Brasiliens, sondern ganz Südamerikas.

Der Münchener Botaniker Carl Friedrich Martius bereiste in Begleitung des Zoologen Johann Baptist Spix kurze Zeit nach Wied das Innere Brasiliens. Im Ergebnis dieser epochalen Expedition erschien 1823 bis 1831 die dreibändige »Reise in Brasilien in den Jahren 1817−1820«, die wegen ihrer wissenschaftlichen Relevanz auch heute noch zum unentbehrlichen Standardwerk der Südamerikanistik zählt.

In der hier vorliegenden Fassung der Wiedschen Reisebeschreibung sind das Vorwort, die Kapitel Überreise von Europa nach Brasilien, die Rückreise sowie die Abschnitte Aufenthalt in Rio de Janeiro, San Salvador da Bahia und die Botokuden nicht enthalten. Kürzungen erfolgten auch bei den Kommentaren zu verschiedenen Sachverhalten sowie bei Aufzählungen von Pflanzen und Tieren.

Der alte Satzbau wurde belassen, um den Reiz des Historischen zu wahren – Rechtschreibung und Zeichensetzung entsprechen jedoch heute gültigen Regeln.

Wer war nun dieser Prinz zu Wied, und wie verlief sein Leben?

Der Wied, nördlich von Koblenz gelegen, ist ein rechter Nebenfluß des Rheins, an dessen Unterlauf sich die kleine Stadt Neuwied befindet, in der Maximilian Alexander Philipp Wied auf Familienschloß »Monrepos«, einem Barockschloß aus dem 18. Jahrhundert, am 23. September 1782 geboren wird.

Die Mutter, Maria Luisa Wilhelmine, einstige Prinzessin von Sayn-Wittgenstein-Berlenburg, ist eine musikalisch und sprachlich äußerst gebildete Frau, die komponiert, dichtet und entzückende Miniaturen malt. Sie erzieht den Sohn streng, aber mit Liebe. Der Vater Friedrich Carl interessiert sich besonders für die Jagd, und Maximilian darf ihn bereits in jungen Jahren begleiten. Das Interesse an der Natur wird durch seinen Erzieher und ersten Lehrer, Hauptmann Hoffmann, gefördert und in wissenschaftliche Bahnen gelenkt. Da das Gebiet der Grafschaft Wied an Preußen gefallen ist, muß Max im Jahre 1802 in der Armee des politisch unentschlossenen Königs Wilhelm III., dessen Sympathien zwischen Frankreich und Rußland hin und her schwanken, dienen. Als Alexander von Humboldt 1804 von seiner großen Lateinamerikareise zurückkehrt, hat Wied das Glück, seine Bekanntschaft zu machen. Humboldt empfiehlt Brasilien, das ihm selbst versagt blieb, Max als Reiseziel. Ein gigantisches Land, auf welches sinngemäß das zutrifft, was der Dichter Sarmiento von Argentinien sagt: »Dort herrscht überall die Unendlichkeit; ohne Grenzen sind die Ebenen, die Wälder, die Flüsse, und überall verläuft der Horizont ins Ungewisse.«

Durch die Übersiedlung des portugiesischen Herrscherhauses der Braganças während der Napoleonischen Besetzung nach Brasilien war diese Kolonie mit einem Schlage zum

Schwerpunkt des portugiesischen Reiches geworden. Bereits kurze Zeit nach seiner Ankunft in Salvador (Bahia) erließ Prinzregent João, wenig später König João VI., am 28. Januar 1808 die folgenschwere »Carta regia«, die neben Öffnung der über 300 Jahre geschlossengehaltenen Häfen für alle befreundeten Nationen u. a. die Erlaubnis zur Gründung von Industrien, Hochschulen, den Druck von Zeitungen, Büchern und Broschüren proklamierte. Am 7. März übersiedelte der Herrscher mit seinem Gefolge, etwa 15000 Mann, nach Rio de Janeiro. João, »ohne Familien- und Innenleben, das für ihn nur in der Religion bestand, die ihn Resignation lehrte« (Cascudo), konzentrierte sich ganz auf die Hebung von Handel und Wirtschaft seines unermeßlichen Reiches.

Wied, begeistert von dem Vorschlag Humboldts, wird fortan alles tun, dieses der Naturforschung endlich geöffnete Land zu bereisen. Aber noch ist es nicht soweit, noch herrscht Krieg in Europa.

Unter dem Befehl des Prinzen von Hohenlohe nimmt er 1806 an der Doppelschlacht bei Jena und Auerstedt teil und gerät in Gefangenschaft. Ein Jahr später, nach dem Frieden von Tilsit, erhält Max die Freiheit zurück. Mit Eifer macht er sich erneut an das Studium der deskriptiven Wissenschaften, dabei »immer die brasilianische Reise im Auge haltend«, wie Ratzel bemerkt. 1812 geht er nach Göttingen, um an der vom Geist der englischen Aufklärung geprägten Universität »Georgia Augusta« bei Strohmeyer, Meiners und besonders dem als »Magister Germaniae« gefeierten Hochschullehrer und Anthropologen Johann Friedrich Blumenbach Vorlesungen zu hören. In der Völkerschlacht bei Leipzig am 18. Oktober 1813 werden die Napoleonischen Truppen von den Armeen der 6. Koalition geschlagen. Auch der Prinz zu Neuwied ficht erneut auf der Seite Preußens und zieht im März 1814 mit den siegreichen Verbündeten in Paris ein. In der französischen Hauptstadt wird der Frieden verkündet. Wied nutzt die dadurch geschaffenen neuen Möglichkeiten zur Verwirklichung seines lange vorbereiteten Planes. Er packt zusammen, was er auf seiner Expedition zu benötigen glaubt, und begibt sich, begleitet von seinem Jäger Dreidoppel und dem Gärtner Simonis, über Holland nach London, von wo aus er am 15. Mai 1815 auf dem Segler »Janus« die Themse abwärts in See sticht.

Am 27. Juni zeigt sich endlich die Küste Brasiliens am Horizont – ein lang ersehnter Anblick.

Das anhaltend schlechte Wetter verzögert die Landung. Erst am 15. Juli 1815, nach 72tägiger Überfahrt, passiert das Schiff die Einfahrt zum Hafen von Rio de Janeiro. Max ist überwältigt von der einmaligen, unbeschreiblichen Schönheit der Guanabara-Bucht, einer grandiosen Komposition aus Meer, Bergen und Tropenwald, die Maler wie Rugendas, Debret oder Ribeyrolles wiederholt auf Leinewand und Skizzenblätter zu bannen versuchten. »Wer könnte die Namen der unzähligen Berge behalten oder ihre Silhouette sich vorstellen?« fragt resignierend der brasilianische Romancier Erico Verissimo. Auch Wied weiß nur einige zu benennen. So den von den Engländern »Parrotbeak«, Papageienschnabel, genannten Berg; die aus zwei ungeheuer großen, aneinandergelehnten Granitsäulen gebildeten, 500 Meter hohen Brüder, die Duos Irmanos, und natürlich das Wahrzeichen der Stadt, den berühmten 704 Meter hohen Corcovado.

Wohin Wied auch blickt, überall prangt üppiges Grün. Buntfarbige Vögel fliegen über ihn hin, und unbekannte Laute dringen an sein Ohr. Nur mit Mühe kann er seine Neugier, seinen Forscherdrang zügeln, kann es kaum erwarten, den Fuß auf brasilianischen Boden zu setzen. Als er die Stadt betritt, ist er fasziniert von dem bunten Treiben in den Straßen, wo sich »seidene Fräcke und Mönchskutten, französische Spitzen und die Unterröcke der Sklavinnen« aneinanderdrängen. Ihm gefallen die vielen schönen Kirchen und Klöster. Er sieht aber auch die schäbigen Hütten, schmutzigen Hafenanlagen und übelriechenden Schiffsquartiere, in denen eine furchtbare Geißel – das Gelbe Fieber – alljährlich noch ungezählte Menschen dahinrafft. Doch begeistert von alldem, was ihn umgibt, hat Wied keine Angst vor der todbringenden Krankheit, keine Zeit, nur einen Gedanken daran zu verschwenden. Zu sehr ist er beschäftigt mit dem unübersehbaren Warenangebot der Märkte, den vielen herrlichen unbekannten Früchten, den bunten Krabben, Fischen und Vögeln. Er beobachtet die Negersklaven (eine sehr »nützliche Menschen-Klasse«) bei ihrer körperlich schweren Arbeit. Der Besuch des in der Nähe Rios gelegenen Dorfes S. Lourenzo, wo er die spärlichen Überreste der Tamoyos bzw. Goaytacases, einst mächtiger und gefürchteter Indianerstämme, studiert, wird für ihn zu einem großen Erlebnis.

In Rio de Janeiro begegnet Wied einflußreichen Landsleuten, die ihn bei der weiteren Vorbereitung seiner Expedition großzügig unterstützen. So Georg Heinrich von Langsdorff, russischer Generalkonsul seit 1813, dessen Fazenda »Mandioka« am Fuße der Serra d'Estrella nicht nur ein Zentrum der hauptstädtischen Intelligenz ist, sondern auch Anlaufpunkt für alle aus Europa neuankommenden Forschungsreisenden. Hier lernt er auch den aus Schlesien stammenden Ingenieur Wilhelm Christian Gotthelf Feldner kennen, der ihn »mit Beweisen seiner Güte« überhäuft. Aber auch von brasilianischer Seite wird ihm Unterstützung zuteil. Besonders durch den Conde da Barca, Antonio de Araujo Azevedo, Minister für ausländische und überseeische Angelegenheiten. Ihm verdankt es Wied, daß er die Reisevorbereitungen eher beenden kann als geplant. Ziel der Expedition ist »die noch ganz unbekannte oder vielmehr noch nicht beschriebene Ostküste« zwischen Rio de Janeiro und Bahia. Doch der Prinz, der sich jetzt Max von Braunsberg nennt, ist nicht der erste europäische Reisende des 19. Jahrhunderts in Brasilien. Besonders Männer aus dem befreundeten England wie H. Koster, Th. Lindley, J. Lubbock und J. Mawe waren es, denen man den Zutritt zur portugiesischen Kronkolonie erlaubt hatte. Aber auch einigen deutschen Gelehrten in portugiesischen Diensten war diese Gunst zuteil geworden. So dem bereits erwähnten W. Ch. G. Feldner, W. L. von Eschwege, dem »Vater der Geologie Brasiliens«, Georg Wilhelm Freyreiss und Friedrich Sellow. Die beiden letztgenannten hervorragenden Feldforscher, spätere Pensionäre der brasilianischen Regierung, kennen Land und Leute der neuen Wahlheimat und sind der portugiesischen Sprache mächtig. Auf Bitten Wieds, sie möchten ihn auf seiner großen Expedition begleiten, sagen sie begeistert zu.

»Wir hatten sechzehn Maultiere angeschafft, deren jedes zwei hölzerne, mit roher Ochsenhaut überzogene und so gegen Regen und Feuchtigkeit geschützte Kisten trug, und zehn Menschen, teils zur Wartung unserer Tiere, teils als Jäger, in unsere Dienste genommen. Alle waren bewaffnet, mit hinlänglicher Munition und allen zum Sammeln der Naturalien nötigen Bedürfnissen versehen, die ich zum Teil unnötigerweise aus Europa mitgebracht hatte.«

So gerüstet, kann am 4. August 1815 die große Reise nordwärts beginnen, auf der wir die Forscher im Geiste anhand vorliegender Textauswahl bis zu ihrer Ankunft in Bahia begleiten können. Die »Strandwanderung« führt durch die Provinzen Rio de Janeiro, Espirito Santo bis nach Südbahia. Da Straßen fehlen, geht es der Küste entlang durch heißen, ermüdenden Sand, oft ohne Trinkwasser und Proviant. Viele Nächte müssen sie unter freiem Himmel verbringen, was bei Regen zur Qual wird. Es sind Tage harter Arbeit. Da ist das Tagebuch zu führen, Pflanzen sind zu herbarisieren, die erlegten Tiere zu zeichnen und zu präparieren. Dabei studiert Wied nicht nur die ihn umgebende Natur, sondern beobachtet auch das harte, entbehrungsreiche Leben der Landbevölkerung, sammelt Angaben über Zustand und Erwerb der Niederlassungen.

Auf schwankenden Einbäumen, die nur Indianer geschickt durch die vielen gefährlichen Klippen und zahlreichen Wasserfälle zu steuern wissen, dringt die Mannschaft ein in das Halbdunkel des Küstenurwaldes, den Mato virgem, der die parallel zur Küste verlaufende Gebirgskette, die Serra do Mar, wie mit einem üppigen, grünen Teppich bedeckt.

Am 7. Oktober verlassen sie bei Campos erstmals die Küste, um die in einer Kapuziner-Mission am Parahiba lebenden Coropo- und Coroado-Indianer zu besuchen. In der Umgebung von S. Fidelis treffen sie auf freie Puri-Indianer. Am 30. Juli 1816 fahren sie den Rio Pardo aufwärts auf der Suche nach den Patachos. Im August schifft die Expeditionsmannschaft auf dem Rio Belmonte fast bis Minas Novas hinauf, um beim Quartel dos Arcos ausführlich die Botokuden zu studieren. Die große Reise durch endlos scheinenden Urwald zum Sertam beginnt am 21. Dezember, und von hier aus erfolgt dann der lange Abstieg nach Bahia. Dabei gerät Wied in die Wirren der Revolution von Pernambuco und wird als vermeintlicher englischer Spion verhaftet. Erst in Bahia kann der Irrtum aufgeklärt werden, und Max erhält seine Freiheit zurück. Wertvolle Zeit ist ihm dadurch verlorengegangen. Er ist darüber verärgert, dennoch bemüht er sich, objektiv zu bleiben.

»Ein anderer Mann hätte seine Erfahrungen zum Vorwand genommen, seine Bücher mit Äußerungen des Hasses zu füllen«, Wied aber »wird nicht müde, die brasilianische Natur und die Menschen zu loben«, bemerkt der Brasilianer Cascudo in diesem Zusammenhang.

Als der Prinz mit dem Schiff in die Allerheiligenbucht, Bahia de todos os Santos, einläuft, ist er fasziniert von der Silhouette Bahias. Es sieht aus, als wären es zwei Städte, die durch einen steilen, etwa 70 bis 80 Meter hohen, in tropische Vegetation gekleideten Felsabsturz voneinander getrennt sind. Zahlreiche prächtige Kirchen, Klöster und Paläste überragen das in allen Farben prangende Häusermeer der oberen Stadt, die Cidade Alta, das eigentliche Bahia der Geschichte, die erste Hauptstadt des Landes bis zum Jahre 1763. Sie ist das geistige Zentrum mit dem Gymnasium, dem alten Jesuitenkloster, in dem sich die öffentliche Bibliothek befindet, die besonders durch die Bemühungen des Conde dos Arcos 7000 Bände zählt. Wied ist voller Lob und Anerkennung für diesen Minister, den »Beschützer der Wissenschaften und Künste«, der mehrere Sprachen beherrscht und viele Länder bereiste und Maximilians Pläne mit Rat und Tat fördert.

Die untere Stadt, die Cidade Baixi, ist das Handelszentrum. Auf engem Raum reihen sich hier die Kaufläden, Lagerhäuser und Speicher aneinander.

Noch gibt es keine Seilbahn, die die beiden Stadtteile miteinander verbindet. Die ungepflasterten Wege zur Oberstadt sind steil und anstrengend. Um sie dennoch bei der Hitze des Tages bequem zu erreichen, läßt man sich von zwei Negersklaven in der Cadeira, einer Sänfte, hinauftragen.

Obgleich Wied nur kurze Zeit in dieser malerisch-schönen Stadt weilt, die in ihrer Anlage so große Ähnlichkeit zu Lissabon zeigt und damit die Vorliebe der Portugiesen für amphitheatralisch angelegte Hangsiedlungen dokumentiert, beobachtet er auch hier aufmerksam das Volksleben in den Straßen: die Händler, die laut schreiend ihre Waren anpreisen, die Garküchen der Negerinnen, »welche hier beständig kochen und braten und nicht besonders anziehende Gerichte an ihre Landsleute verkaufen«. Als ehemaliger Major des 3. Preußisch-Brandenburgischen Husarenregiments interessiert er sich ebenfalls für die Befestigungsanlagen und das Militär

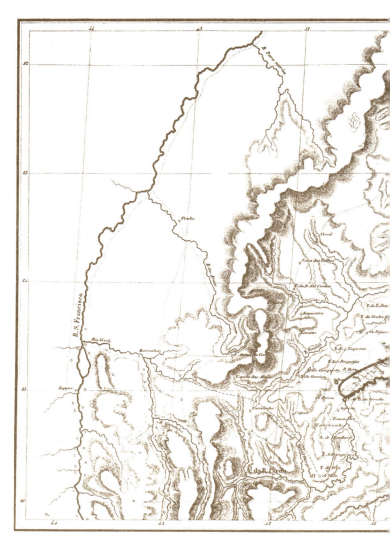

dieser Stadt, das »besonders bei Aufständen der Negersklaven« eingesetzt wird.

Am 10. Mai 1817 besteigt Wied zusammen mit seinen Neuwieder Begleitern, dem Freunde Sellow, einem Neger und dem Botokuden »Quäck« den Ostindiensegler »Princesa Carlota«, um für immer Abschied von Brasilien zu nehmen. Am Kai bleibt Wilhelm Freyreiss winkend zurück. Allein wird er nun ausgedehnte Forschungsreisen unternehmen, um im Auf-

trage des schwedischen Konsuls Westin für die Königliche Akademie der Wissenschaften in Stockholm Tiere und Pflanzen zu sammeln.

Am 1. Juli gehen sie in Lissabon vor Anker. Hier sieht Wied die zwei Linienschiffe, die die österreichische Erzherzogin Leopoldina zur Hochzeit mit dem Kronprinzen und künftigen Kaiser Dom Pedro I. nach Rio de Janeiro bringen sollen. In ihrem Gefolge befinden sich die Naturforscher Carl Friedrich von Martius, Johann Baptist Spix, Joseph Anton Natterer, Johann Christian Mikan, Emanuel Pohl und Arthur Schott sowie die Maler Thomas Ender und Franz Frühbeck, bereit, die von Wied begonnenen naturwissenschaftlichen und ethnographischen Studien in Brasilien umfassender fortzusetzen.

Wied gönnt sich nach seiner Rückkehr keine Zeit der Erholung und Ruhe. Er wird getrieben von der großen Neugier des Forschers. Es gilt, die Sammlungen zu ordnen, zu vergleichen, zu beschreiben, die Tagebuchaufzeichnungen zu einem Buchmanuskript umzuarbeiten. Gewissermaßen als Vorankündigung des zu erwartenden Werkes erscheint bereits kurze Zeit später ein erster Reisebericht in der von Lorenz Oken herausgegebenen Zeitschrift »Isis« in Dresden. Namhafte Zoologen treffen in Neuwied ein, um die aus Brasilien mitgebrachten Tiere, besonders die Vögel, zu studieren. So hält sich im August 1817 der damals erst 20jährige Heinrich Kuhl, der 1820 selbst eine große Forschungsreise nach Java unternehmen wird, in Schloß »Monrepos« auf, und ein Jahr später besucht der berühmte Zoologe und Direktor des Niederländischen Reichsmuseums in Leiden, Coenraad Jacob Temminck, den weitgereisten Prinzen.

Geschäftigkeit herrscht in den Räumen des Schlosses. Wieds Geschwister Carl und Luise, an der Dresdener Akademie in Malerei ausgebildet, sind damit befaßt, die von Max in Brasilien entworfenen Skizzen umzuzeichnen, um sie den Kupferstechern zu übergeben. Bei dieser Tätigkeit werden sie unterstützt von so namhaften Künstlern wie Johann Heinrich Richter, Johann Philipp Veith, Gottlieb Abraham Frenzel und Carl Schleich d. J.

Mit Spannung erwartet das gebildete Europa die angekündigte Reisebeschreibung, und entsprechend lang wird die Subskriptionsliste. Sie verzeichnet die Namen vieler gekrönter Häupter, hoher Militärs, Buchhändler, wie F. A. Brockhaus in Leipzig, aber auch einfacher Bürger. Zehn Exemplare werden mit kolorierten Kupfertafeln bestellt, eines davon vom preußischen König.

1820/21 erscheint in Frankfurt a. M. im Verlag Heinrich Ludwig Brönner das zweibändige, in rotes Saffianleder gebundene, mit Goldschnitt und Goldprägung im Empirestil verzierte Prachtwerk »Reise in Brasilien etc.«. Es enthält 19 kunstvolle Vignetten. Dazu gehört ein Konvolut mit 22 Kupferstichen und 3 Karten. Die Leser sind begeistert und sparen nicht mit Beifall. »In ferne Regionen«, vermerkt Goethe in den Tag- und Jahresheften, »versetzen uns die Zeichnungen zu des Prinzen von Neuwied Durchlaucht brasilianischer Reise: das Wundersame der Gegenstände scheint mit der künstlerischen Darstellung zu wetteifern.«

Nach Herausgabe dieses Glanzstückes deutscher Reiseliteratur, das wegen seiner Bedeutung bereits 1822 ins Französische und Englische übersetzt wird und damit auch in Brasilien Verbreitung findet, geht Wied an die Auswertung der zoologischen Ausbeute. Es gilt für etwa 80 Arten von Amphibien und Reptilien, 468 Arten Vögel und 82 Säugetierarten Beschreibungen anzufertigen, biologische Daten mitzuteilen und für die neuzubeschreibenden bzw. nur unzureichend abgebildeten Spezies Druckvorlagen zu schaffen. Zu diesem Zweck verpflichtet Wied den in St. Gallen wirkenden Maler, Kupferstecher und Lithographen Wilhelm Hartmann, der zur Ausführung dieser Aufgabe ein Jahr auf Schloß »Monrepos« arbeitet. Als Vorlage dienen ihm meist Präparate aus dem Naturalienkabinett des Prinzen. Die anatomische Beschreibung einiger Arten übernehmen anerkannte Spezialisten. Blasius Merrem in Marburg z. B. die des Kaimans und der Teju-Echse, Lorenz Oken hingegen vergleichend die der Schädel zweier Faultierarten. Und so kommen fast zur gleichen Zeit im »privaten Landes-Industrie-Comptoir« in Weimar, das unter der Leitung von Justin Bertuch, des berühmten »Literaturgeburtshelfers«, steht, von 1825 bis 1832 die »Beiträge zur Naturgeschichte von Brasilien« sowie 1822 bis 1831 die »Abbildungen zur Naturgeschichte Brasiliens« heraus. Letztere umfassen 15 Lieferungen, von denen jede »6 colorierte Tafeln und ebensoviel Blätter Text, Teutsch und Französisch, Royalfolio, in einem Umschlag« enthält, wie es in einem Flugblatt, einer »Einladung zur Subscription«, heißt.

Das Jahr 1832 bringt einen erneuten Höhepunkt in das Leben Wieds: Inzwischen 60jährig, begibt er sich nochmals auf große Fahrt – nach Nordamerika.

Seines mäßigen Zeichentalents bewußt, das er auf der Brasilienreise mehrfach beklagte, engagiert er für diese Expedition den jungen Schweizer Landschaftsmaler Carl Bodmer, von dem er sich wissenschaftlich wie künstlerisch anspruchsvolle Bilder von den zu besuchenden Gebieten und Völkerstämmen verspricht.

Am 17. Mai 1832 besteigt er in Helvoefuys in Holland, begleitet vom treuen Jäger Dreidoppel und von Bodmer, das Schiff, das ihn letztmalig in die Neue Welt bringt.

In viel stärkerem Maße, als das auf der ersten Reise der Fall war, wird er sich hier geologisch-mineralogischen, meteorologischen, botanischen und ganz besonders ethnologischen Studien widmen. Es geht ihm dabei speziell um »die Vergleichung der nordamerikanischen Indianer mit den Eingeborenen Brasiliens«. Als Wied im August 1834 wieder in der Heimat eintrifft, ist seine Arbeitskraft trotz ausgestandener Strapazen und schwerer Skorbuterkrankung ungebrochen. Mit Elan setzt er sein in hohem Maße produktives Schaffen fort, und so wird auch die zweite große Reiseschilderung, die »Reise in das innere Nordamerika in den Jahren 1832–34«, die in Koblenz bei J. Hölscher 1839 bis 1841 ediert wird, erneut ein großer Erfolg, an dem die nach Bodmers herrlichen Vorlagen gestochenen Kupfer des Atlasbandes wesentlichen Anteil haben. So nimmt es nicht wunder, daß auch dieses Prachtwerk 1840–1845 in französischer und 1843 in englischer Sprache gedruckt wird.

Erneut trägt sich Wied mit Reisegedanken. Zusammen mit Bodmer möchte er das Baltikum bereisen. Doch der Künstler lehnt ab, und so unterblieb die Fahrt.

Im oberen Stock eines 1824 fertiggestellten, schlichten Gebäudes im Schloßbereich lebt Maximilian fortan zurückgezogen, umgeben von seiner umfangreichen Bibliothek und den einmaligen naturwissenschaftlichen Sammlungen, zusammen mit seinem Bruder Prinz Carl, dem Maler. Damit beschäftigt, noch weiter zu veröffentlichen, was er entdeckt und an Erkenntnissen gesammelt hat.

Im Jahre 1822 hatte J. B. Eyriés die Übersetzung der Wiedschen »Brasilienreise« ins Französische vorgenommen, leider recht fehlerhaft. Damit gab sie dem Gelehrten Auguste de Saint-Hilaire Anlaß zur Kritik. Die Fehler lastete er Wied an. Seite für Seite geht der Forscher daraufhin nochmals seine Reisebeschreibung durch, denn er hält es »sowohl für eine Pflicht gegen die Besitzer des Werkes, als auch gegen seine eigene Ehre, rechtfertigende Bemerkungen und Berichtigungen bekannt zu machen«, die er 1850 in einem kleinen Büchlein in der Offizin von H. L. Brönner in Frankfurt a. M. mit dem Titel »Brasilien. Nachträge, Berichtigungen und Zusätze zu der Beschreibung meiner Reise im östlichen Brasilien« drucken läßt.

Der Ruhm Wieds steht jetzt im Zenit, und zahlreiche Ehrungen werden ihm zuteil. So wird er 1853 z. B. von der Preußischen Akademie der Wissenschaften in Berlin einstimmig zum Ehrenmitglied gewählt.

Eine besondere Freude bereitet ihm 1856 der Besuch des bedeutenden französischen Ornithologen Lucien Bonaparte (ein Neffe des großen Welterschütterers Napoleon I.), der in Fachkreisen als bester Vogelkenner der Welt gilt. Er ist von Paris nach Neuwied gekommen, um weiteres Material für den in Arbeit befindlichen zweiten Band seines »Conspectus« zu sammeln, in dem er eine Gesamtübersicht aller bis dahin bekannten Vögel der Erde zu geben beabsichtigt.

1863 tagt die Gesellschaft für Naturgeschichte von Rheinland-Westfalen in Neuwied, ihre Hochachtung vor den wissenschaftlichen Leistungen Wieds, des »Erforschers des amerikanischen Kontinents«, damit zu bezeugen.

Als dieser vier Jahre später, am 3. Februar 1867, im 85. Lebensjahr in seiner Vaterstadt stirbt, als letztes von acht Geschwistern, verliert die Welt einen der bedeutendsten Forschungsreisenden des Jahrhunderts.

Prinz Maximilian von Wied-Neuwied blieb trotz beachtlicher wissenschaftlicher Erfolge zeitlebens ein bescheidener und heiterer Mensch. Die im Sinne der Aufklärung und des Humanismus genossene Erziehung prägte nicht nur seine Naturbetrachtung und gedankliche Freiheit, sondern auch die enzyklopädistische Arbeitsweise. Unverheiratet, widmete sich Maximilian ganz der Forschung. Er publizierte mehr als 30 wissenschaftliche Zeitschriftenbeiträge sowie sechs große Werke, von denen vier Brasilien und zwei Nordamerika betreffen. Sie alle sind in einem einfachen, klaren Stil geschrieben und zeichnen sich durch enorme Gründlichkeit aus, die vielfach die Humboldts übertrifft. Selbst in neuester Zeit urteilte einer der führenden brasilianischen Wissenschaftshistoriker, C. de Mello-Leitão, über die an dieser Stelle besonders interessierende Wiedsche »Reise nach Brasilien in den Jahren 1815 bis 1817« – sie »bildet wegen seiner lebhaften Darstellung der Landschaften, wegen seiner fast immer wohlwollenden Bemerkungen und seiner lebensvollen und scharfsinnigen Beobachtungen noch heute ein Entzücken für den Naturforscher«, eine Fundgrube für Völkerkundler.

Als Zeitdokument besitzt sie bleibenden Wert. Die darin enthaltenen herrlichen Naturschilderungen haben nicht an Aktualität verloren. Noch präsentiert sich der brasilianische Urwald dem heutigen Besucher in Großartigkeit und überwältigender Artenfülle und zeigt sich ihm die monotone, lebensfeindliche Landschaft des Sertão.

Die Kupfertafeln des Werkes vermitteln eine annähernd realistische Vorstellung vom damaligen Leben der Küstenbevölkerung und des Sertam sowie der besuchten Indianerstämme, die inzwischen ausgerottet wurden bzw. weitgehend ihre ethnische Identität und Kultur verloren haben. Wied, ein großer Freund und leidenschaftlicher Verteidiger dieser Menschen, studierte ihre Sitten, Bräuche, Sprachen und materielle Kultur. Besondere Bedeutung erlangte seine monographische Abhandlung über die Botokuden, die der deutsche Völkerkundler Paul Ehrenreich als »klassisch« und sein brasilianischer Kollege Rodolfo Garcia als »meisterhaft« bezeichneten. Wir würdigen jedoch nicht nur den Ethnographen, Botaniker und Geographen, sondern auch den Zoologen Wied, der er in erster Linie war. »Seine Arbeiten werden auch heute noch nicht von der modernen Zoologie übertroffen«, urteilt Miranda Ribeiro, der gegenwärtig wohl bedeutendste Zoologe Brasiliens. Wieds Angaben zur Biologie, Ethnologie und zur Ökologie brasilianischer Tiere sind für die Wissenschaft wichtig. Sie werden im Zusammenhang fortschreitender Urbanisierung dieses Riesenreiches für die biologische Forschung zunehmend an Bedeutung gewinnen.

Wied war noch überzeugt von der Unzerstörbarkeit der gewaltigen Tropennatur. Er schreibt: »Das Thierreich, das Pflanzenreich und selbst die leblose Natur sind über den Einfluss des Europäers erhaben und werden ihre Originalität behalten; ihr Reichthum wird nie versiegen, und würden selbst Brasiliens Grundfesten nach Gold und Edelsteinen durchwühlt.«

Möge er recht behalten, möge menschliche Vernunft auch künftig dazu beitragen, die brasilianische Natur in ihrer Einmaligkeit zu bewahren – für unsere Zeit und künftige Generationen!

Wolfgang Joost

Nachdem wir zu S. Christoph, einem kleinen Ort in der Nähe von Rio, die nötigen Vorbereitungen zu unserer Abreise getroffen hatten, wurden unsere Tiere in einer großen Barke eingeschifft. Wir verließen S. Christoph am 4. August und durchschifften das große Binnenwasser von Rio bis nach dem Dorfe Praya Grande, wo wir um Mitternacht landeten. Alles lag hier in tiefem Schlafe. Wir fanden daselbst Neger, die sich unter freiem Himmel ohne Umstände in den Sand gebettet hatten; ein kleines Feuer verbreitete notdürftige Wärme, und ihre nackten Körper waren nur mit einem dünnen baumwollenen Tuch bedeckt, welches sie vor dem starken Tau sehr wenig schützen konnte. Nach langer Bestürmung eines Wirtshauses öffnete uns endlich der Wirt, in seinen Mantel gehüllt, mit halb schlafenden Augen die Tür. Wir sahen uns genötigt, uns den ganzen folgenden Tag hier aufzuhalten, da unsere Tropa wegen des seichten Wassers erst spät am Mittag ausgeschifft werden konnte.

Wir verließen, von einigen unserer Freunde, die unsere Abreise mit ansehen wollten, begleitet, am 6. Praya Grande in der Hoffnung, noch eine gute Strecke Weges zurückzulegen, allein wir fanden bald, daß es weit umständlicher und mühsamer ist, mit beladenen Maultieren zu reisen, als nach europäischer Art sein Gepäck auf Wagen fortzuschaffen. Die Beschwerde war für uns um so größer, da die zum Teil unbändigen Tiere, welche in der Eile zusammengekauft wurden, ihre Sättel und ihr Gepäck noch nicht kannten; hier war ein Riemen, welcher drückte, dort eine Last, die nicht recht gerade lag.

Kaum waren wir dann auch aufgebrochen, so sahen wir zu unserem Kummer, aber auch zur großen Belustigung der Zuschauer, beinahe alle unsere Tiere unter den seltsamsten Sprüngen angestrengte Versuche machen, sich ihrer Bürde zu entledigen. Man läßt bei dergleichen Reisen seine Lasttiere, die sich bald aneinander gewöhnen, frei hintereinander hergehen; die unsrigen aber liefen jetzt nach allen Richtungen ins Gebüsch, und vielen glückte es, ihre Last abzuwerfen. Wir waren genötigt, umherzureiten, das abgeworfene Gepäck aufzusuchen und zu bewachen, bis unsere Treiber herbeikamen und die Tiere von neuem beluden.

Dieser Zeitverlust hinderte uns heute, weit vorwärts zu kommen. Wir erreichten nach ein paar Stunden eine hübsche, ebene, rundum von Gebüschen feingefiederter Mimosen eingeschlossene Wiese, wo, um uns ans Lagern unter freiem Himmel zu gewöhnen, haltgemacht wurde, obgleich Wohnungen in der Nähe waren. Unser Gepäck wurde zum Schutz vor feuchter Nachtluft in einem Halbkreis herumgestellt und Ochsenhäute vor demselben zu unserem Lager ausgebreitet; in der Mitte zündeten wir ein hoch aufloderndes helles Feuer an. Gegen den starken Tau dieses Klimas schützten wir uns durch dicke wollene Decken, unsere Mantelsäcke dienten als Kopfkissen. Unser frugales Abendessen von Reis und Fleisch war bald zubereitet. Einige Schüsseln, Löffel und andere nötige Gerätschaften führten wir mit uns. Wir speisten unter dem herrlichen tropischen Sternenhimmel. Unbeschreiblicher Frohsinn würzte das Mahl, und die benachbarten Pflanzer, die, sich zur Ruhe nach ihren Wohnungen begebend, an uns vorübergingen, machten ihre Glossen über die seltsame Zigeunerbande. Um vor Diebstahl in diesen bewohnten Gegenden sicher zu sein, hatten wir uns in Wachen abgeteilt. Meine deutschen Jagdhunde waren dabei von großem Nutzen, denn sie rannten bei dem leisesten Geräusch in der Nähe mit heftigem Gebell in der Dunkelheit mutig auf die Seite zu, woher das Geräusch kam. Der heitere Morgen verschaffte mir zum erstenmal einen Jagdzug, den ich bisher nur aus Le Vaillants so interessanten afrikanischen Schilderungen gekannt hatte. Unsere Decken und unser Gepäck waren vom Tau wie von einem Regen durchnäßt, allein die früh schon heiß brennende Sonne trocknete es bald. Nach dem Frühstück ergriff jeder von uns seine Flinte und drang, mit allen Arten von Blei wohl versehen, in die umliegende schöne Gegend ein. Die Gebüsche ringsumher waren von einer Menge eben erwachender Vögel belebt, welche uns durch ihren Gesang auf die angenehmste Weise unterhielten. Schlich man hier einer sonderbaren Stimme nach, so ward man dort durch das schöne Gefieder eines anderen Vogels angezogen. In einem nahen Sumpfgebüsch erlegte ich bald ein niedliches Wasserhuhn (Gallinula), mehrere Arten von Tangara (Tanagra), ebenfalls vom schönsten Gefieder, und einen allerliebsten kleinen Kolibri. Als die Sonne schon heftig zu brennen anfing, kehrte ich zu unserem Lagerplatz zurück. Jeder Jäger zeigte nun vor, welche Schätze er erhascht. Herr Freyreiss hatte unter anderen schönen Vögeln die prächtig blaue Nectarinia cyanea (Certhia cyanea, L.) mitgebracht.

Die Maultiere werden für die Reise beladen

Man belud nun unsere Tropa. Obgleich die Tiere noch nicht recht gewöhnt waren und noch zuweilen abwarfen, so ging es doch allmählich besser. Unser Weg führte zwischen Bergen hin, an denen wir die herrlichste Vegetation bewunderten. Bewohner der Gegend, in leichten Jäckchen von dünnem Sommerzeug, große runde flache Hüte auf dem Kopfe, ritten hin und her und staunten uns an. Die Pferde, die man in Brasilien zieht, sind zum Teil sehr gut und leicht, von mittlerer Größe, ja selbst eher klein zu nennen, von spanischer Rasse, und haben mehrenteils ein schönes ebenes Kreuz und schöne Füße. Die Sättel sind noch wie in der alten Zeit: groß, schwer, mit Bauschen versehen, mit Sammet überzogen und oft künstlich ausgenäht; an denselben befinden sich ein Paar schwere altfränkische Steigbügel von Bronze oder Eisen, welche durchbrochen gearbeitet sind; manche führen sogar einen vollkommenen Kasten oder Schuh von Holz, worin der Fuß steht.

Wir durchritten das Dörfchen S. Gonzalves, welches eine kleine Kirche hat, und langten nachmittags am Flüßchen Guajintibo an, wo wir bei einer einzelnen Venda unser Lager aufschlugen.

Mit Anbruch des folgenden Morgens verteilten sich die Jäger. Ich eilte dem Ufer des Flusses zu, das von hohen, alten Mimosen beschattet war, erlegte bald eine ziemliche Anzahl Vögel und lernte dabei das Beschwerliche der hiesigen Jagd kennen, denn alle Gebüsche, besonders die Mimosen, sind voll kleiner Dornen und Stacheln, und die Schlingpflanzen sind so dicht ineinander und um die Stämme verflochten, daß man ohne ein breites großes Hack- oder Waldmesser nicht in diese Wildnisse eindringen kann. Ebenso nötig wie diese Hilfswaffe sind hier auch starke Stiefel oder Jagdschuhe mit dicken Sohlen. Die kleine Art der Moskitos sind hier im Schatten am Ufer des Baches für den Jäger sehr lästig. Man nennt diese Tierchen Marui oder Murui (Maruim). Sie sind äußerst klein und verursachen dennoch durch ihren Stich ein sehr heftiges Jucken.

Da es in den schattenreichen Gebüschen, ungeachtet der großen Hitze, vom nächtlichen Tau immer noch sehr naß war, so begab ich mich auf eine trockene offene Wiese, die mit niedrigen Sträuchern, besonders mit Lantana und der Asclepias curassavica mit ihren orangefarbenen Blumen bedeckt war. Hier schwirrten eine Menge von Kolibris, die, gleich Bienen summend, die Blumen umflatterten. Ich erlegte auf dem Rückweg mehrere dieser niedlichen Vögelchen. Von Quadrupeden sahen wir auf diesem ersten unserer Jagdgänge nichts, außer einem kleinen Tapiti (Lepus brasiliensis, L.), welcher von des Herrn Freyreiss jungem Coropo-Indier, Francisco, geschossen wurde. Dieser kleine Hase ist überall in Südamerika verbreitet; er gleicht unserem wilden Kaninchen und hat ein gutes Fleisch. Francisco war bis jetzt unser geschicktester Jäger, denn er verstand ebenso gut mit der Flinte wie mit dem indischen Bogen und Pfeil zu schießen. Dabei war seine Geschicklichkeit, die stachligsten und verworrensten Gebüsche zu durchkriechen, bewundernswert. Zum Lohn wurden ihm die abgestreiften Vögel immer zuteil. Er wußte sie sehr gut an einem kleinen Spieß von Holz zu braten und verzehrte sie mit großem Appetit.

Wir verließen nun den Guajintibo und erreichten einen dichten Wald von 10 bis 12 Fuß hohen Rhexia-Gebüschen, mit hohen Bäumen und Wiesenplätzen abwechselnd untermischt; diese niederen Gegenden waren von allen Seiten von hohen blauen Gebirgen, mit Urwald und Cocospalmen bewachsen, eingeschlossen. Auf diesen Triften flog und hüpfte unter weidenden Rindviehherden häufig der schwarze Madenfresser (Crotophaga ani, L.) umher, sowie der Bentavi (Lanius pitangua, L), der beständig seinen Namen, Bentavi! oder Tictivi!, laut ruft.

Wir fanden nun Gegenden, wo man an einigen Stellen den Wald abgebrannt hatte, um den Boden zu bebauen oder um, wie man sich hier ausdrückt, ein Roçado oder eine Roça anzulegen. Die ungeheuern angebrannten Stämme standen gleich Ruinen von Säuleneingängen da, durch verdorrte Stricke von Schlingpflanzen noch zum Teil verbunden. Als wir hier anhielten, ertönte plötzlich ein unerträgliches lautes Geknarre; es war der Ton, welchen die Karren hervorbringen, deren man sich auf den Fazendas bedient. Noch ist hier im Lande die Industrie nicht so weit vorgerückt, Räder, den europäischen gleich, an jenen Fuhrwerken anzubringen. Eine schwere, massive, hölzerne Scheibe mit zwei kleinen runden Öffnungen bildet das Rad, welches sich mit der heftigsten Reibung um die Achse dreht und ein weit durch die Gegend schallendes, höchst widriges Geheul verursacht. Die Ochsen, welche diese Karren zogen, waren von kolossaler Größe und der schönsten Rasse; ihre Hörner sind sehr lang und stark; ein Negersklave, einen langen Stock in der Hand, führt sie.

Wir näherten uns jetzt einer Gebirgskette, die den Namen der Serra de Inuá trägt. Diese Wildnis übertraf alles, was sich meine Phantsie bis jetzt von reizenden, großen Naturszenen vorgestellt hatte. Wir betraten eine tiefe Gegend, in der viel klares Wasser in felsigen Boden floß oder stehende Tümpfel bildete. Etwas weiter zeigte sich ein Urwald ohnegleichen. Palmen und alle die mannigfaltigen baumartigen Prachtgewächse dieses schönen Landes waren durchaus mit rankenden Gewächsen so verschlungen, daß es dem Auge unmöglich war, durch diese dichte grüne Wand zu dringen. Mit jedem Augenblick fand jeder von uns etwas Neues, seine ganze Aufmerksamkeit Fesselndes, und kündigte es mit lautem Freudenruf seinen Reisegefährten an. Selbst die Felsen sind hier mit tausendfältigen Fleischgewächsen und cryptogamischen Pflanzen bedeckt; insbesondere findet man die herrlichsten Farnkräuter (Filix), die zum Teil, gleich gefiederten Bändern, von Bäumen höchst malerisch herabhängen. Die kolossalen Stämme der brasilianischen Wälder sind so hoch, daß unsere Flinten nicht zu ihren Gipfeln hinauftrugen. Daher schossen wir oft vergebens nach den schönsten Vögeln, beluden uns aber desto öfter mit schönen Blüten von saftigen Gewächsen, die wir leider nachher wegwerfen mußten, da sie schnell faulen und im Herbarium nicht aufbewahrt werden können. Ein Redouté würde hier reichen Stoff zu einem Prachtwerk von seltenem Gehalt sammeln können.

Unsern Weg fortsetzend, stiegen wir in ein angenehmes ebenes Land hinab und übernachteten in der Fazenda de Inuá. Der Eigentümer, ein Capitam, der durch den unerwarteten Besuch nicht wenig befremdet war, hielt ziemlich viel Vieh und Geflügel auf seinem Hofe. Wir sahen bei ihm: auffallend schöne große Ochsen und fette Schweine, wovon man hier eine niedrige schwarze Rasse mit einem Senkrücken, langem Rüssel und herabhängenden Ohren zieht; Hühner, Puter, Perlhühner, zum Teil mit weißem Gefieder; Gänse von der europäischen Art und Bisam-Enten (Anas moschata, L.), die zuweilen ausfliegen und wiederkommen. Die letzteren finden sich, wie bekannt, wild in Brasilien.

Inuá verlassend, traten wir in die Schatten eines Urwaldes von hohen, wildverflochtenen Riesenstämmen, wo sich uns einige bis jetzt noch nicht gesehene Gegenstände zeigten. Zuerst fanden wir auf der Erde die große, über und über behaarte Buschspinne, Aranha Caranguexeira (Aranea avicularia, L.), deren Biß eine schmerzhafte Geschwulst erregen soll. An den hohen weißen Mimosa-Stämmen des Waldes hingen ungeheuer lange Zöpfe des Bartmooses (Tillandsia) herab; im Glanze der heitern Sonne blinkte oben auf dem Gipfel eines hohen dürren Astes ein milchweißer Vogel (Procnias nudicollis), bekannt durch seine weitschallende Stimme, die völlig lautet wie der Schlag eines Hammers auf einen Amboß oder an eine hellklingende gesprungene Glocke. Dieser Vogel, aus dem Genus, welchem Illiger den Namen Procnias gegeben hat, wird an der ganzen Ostküste Araponga genannt.

Am Abend erreichten wir das Kirchdorf (Freguesia, Kirchspiel) Marica am See gleichen Namens. Etwa 800 Seelen sind hier eingepfarrt. Die Bewohner eines etwas abgesondert gelegenen Hauses, an welchem wir anhielten, verschlossen sorgfältig ihre Tür. Es versammelten sich sogleich alle Nachbarn, um uns anzustaunen. Als wir aber anfingen, die heute erlegten Tiere abzustreifen und zu präparieren, da schüttelte alt und jung den Kopf, und alle lachten laut auf über die albernen Fremden. Unsere Doppelflinten, die ihnen eine völlig neue Erscheinung waren, interessierten sie indessen mehr als wir selbst. Der See Marica, an dem wir hier einen Ruhetag hielten, um seine sandigen Umgebungen kennenzulernen, ist groß und soll etwa sechs Stunden im Umfang halten; er hat niedrige sumpfige Ufer und ist sehr fischreich. Von den Ufern des Sees nicht sehr weit entfernt, erreicht man auf sandigem Wege durch Gebüsche die kleine Villa de Sta. Maria de Marica, den Hauptort der Freguesia, aus niedrigen, einstöckigen Häusern und einer Kirche bestehend, mit regelmäßigen, aber ungepflasterten Straßen. Die Gebäude haben keine Glasfenster, sondern bloße Öffnungen, welche, wie in ganz Brasilien, mit hölzernen Gitterläden verschlossen werden. In der Nähe des Ortes zieht man Mandioca, Bohnen, Mais, etwas Kaffee und besonders Zuckerrohr, das an fruchtbaren Stellen hoch werden soll, im Sandboden aber die Höhe von sechs Palmen nicht übersteigt. Ungeachtet der vielen hier befindlichen Fazendas ist die Gegend dennoch wild. Sie bildet ein breites, von hohen malerischen Bergen eingeschlossenes Tal mit hügligem Boden, aus welchem die köstlichsten Waldbäume, mit Gebüschen umringt, ihre hohen schlanken Stämme erheben. In den Gipfeln aller dieser Bäume bemerkt man an den Ästen große schwarzbraune Massen, Nester einer Art sehr kleiner gelber Termiten, welche man Cupi oder Cupim nennt. In den Waldwegen sieht man ganze Züge von großen Ameisen, welche sämtlich Stücke grüner Blätter nach Hause tragen.

Auf unserer heutigen Wanderung hatten wir mit unserem jungen Indianer Francisco einen unterhaltenden Auftritt. Jemand aus unserer Gesellschaft glaubte, auf einem hohen dürren Baum einen Vogel zu sehen, und schoß nach demselben;

aber nun erst bemerkte er, daß das, was er für einen Vogel angesehen hatte, der Auswuchs eines Astes war. Francisco, der bei der Schärfe seines Gesichts, die er mit allen seinen Landsleuten gemein hat, den Irrtum auf den ersten Blick erkannt hatte, wartete den Schuß ruhig ab, dann aber brach er in ein so unmäßiges Gelächter aus, daß er sich eine geraume Zeit hindurch nicht wieder erholen konnte. Alle Sinne der Indianer sind so geübt und geschärft, daß ihnen ein solcher Verstoß höchst lächerlich und kläglich vorkommt. Francisco diente uns oft zur Unterhaltung. Er hatte ein gutes und treues Gemüt, dabei aber auch viel Eigensinn und Dünkel; so wollte er z. B. immer die meisten und besten Vögel geschossen haben.

Brasilianische Jäger

Wir hatten die Absicht, heute Ponta Negra zu erreichen, allein einige sich teilende, grundlose Wege in dem dichten Urwald hatten uns irregeleitet. Wir kamen indessen bis zu einer großen Fazenda, deren Besitzer, Herr Alferes da Cunha Vieira, uns sehr gastfreundlich aufnahm. Das Landgut hieß Gurapina und enthält ein beträchtliches Zucker-Engenho, dessen Einrichtung Koster und andere Reisende hinlänglich beschrieben und abgebildet haben. Herr da Cunha Vieira versicherte uns, daß er jetzt mit 20 Sklaven etwa 600 Arroben (jede zu 32 Pfund), also 19 200 Pfund Zucker jährlich gewinne, doch könne er, wenn mehr Arbeiter hier angewendet würden, 90 000 bis 100 000 Pfund bereiten. Da starkes Regenwetter eintrat, so hielten wir uns hier lange auf, und als das Wetter sich aufklärte, fanden wir in den hohen Waldgebirgen, die das mit Zuckerpflanzungen angefüllte Tal einschließen, die günstigste Gelegenheit zu reicher Jagdausbeute. Ein junger Portugiese, der auch Francisco hieß und hier auf der Fazenda wohnte, trat als Jäger in unsere Dienste und zeigte seltene Talente für dieses Geschäft. Er war schlank und leicht gebaut, äußerst abgehärtet und ein sehr guter Schütze. Ich habe ein paar solcher Leute, von der Jagd heimkehrend, abbilden lassen. Ihr Anzug besteht in einem leichten Hemd und Beinkleidern von Baumwollzeug; über die Schulter gehängt tragen sie oft eine tuchene Jacke, um dieselbe anzuziehen, wenn Regen oder die kühle Nacht eintritt. Ihr Kopf ist mit einem Filz- oder Strohhut bedeckt. Über die Schulter tragen sie an einem ledernen Riemen das Pulverhorn und den Schrotbeutel, und das Schloß der langen Flinte wird gewöhnlich durch ein Tierfell gegen die Nässe verwahrt.

Ich vertiefte mich öfters in diese gebirgigen schauerlichen Wildnisse, und entzückt von der hier herrschenden tiefen Ruhe und Stille, die nur zuweilen durch Scharen von schreienden Papageien unterbrochen wurde, hätte ich tagelang hier verweilen können. Bei solchem Geistesgenuß lebten wir in den Umgebungen von Gurapina sehr heiter und in Freuden, um so mehr, da wir frische Lebensmittel im Überfluß hatten. Diejenigen, welche der brasilianische Reisende mit sich führen kann, bestehen in Mandioca-Mehl (gewöhnlich bloß Farinha genannt), schwarzen Bohnen (Feijão), Mais (Milho), getrocknetem Salzfleisch (Carne seca oder do Sertam) und Reis (Arroz). Statt des Carne seca erhielten wir hier gutes frisches Fleisch. Daneben versorgte uns der Besitzer der Fazenda mit einer großen Menge der herrlichsten Orangen, mit Branntwein (Agoa ardente de canna), den er aus dem Zuckersaft bereiten ließ, mit Reis, Zucker, Farinha, Mais, Baumwolle und war dabei so uneigennützig, für alle diese vielen Gegenstände keine Bezahlung nehmen zu wollen.

Wir nahmen Abschied von unserm Wirt und traten die Reise nach Ponta Negra an. Die Wege waren oft so grundlos, daß unsere Tiere Gefahr liefen, mit den schweren Lasten einzusinken.

Mit schwergefüllten Jagd- und Rocktaschen, die von Vögeln und mancherlei jetzt reifen Sämereien strotzten, erreichten wir endlich die Lagoa da Ponta Negra. Der schöne See ernährt an seinen sumpfigen, mit Rohr bewachsenen Ufern Scharen von Jassanas (Parra jacana, L.) und weißen Reihern, von welchen einer durch unsere Jäger erlegt wurde. Beim Einbruch der Nacht zogen wir zwischen einigen Seen fort, an welchen leuchtende Insekten funkelten und Frösche leise sich hören ließen, und erreichten nach einem bedeutenden Tagesmarsch eine Venda am See Sagoarema, wo wir unsere Leute mit den Lasttieren vorfanden, die uns auf einem anderen Wege dahin vorausgegangen waren.

Der Sagoarema-See hängt mit dem Meer zusammen und ist ein bedeutendes Binnenwasser von etwa 6 Legoas Länge und ¾ Legoa Breite, dessen gesalzenes Wasser, ob es gleich an einigen Stellen einen unangenehmen Geruch von sich gibt, dem ungeachtet fischreich ist. Hier befindet sich eine zerstreute Povoação von Fischern, welche in kleinen Lehmhütten an den Ufern wohnen. Jedes Haus hat eine ausgegrabene Vertiefung, die ihm als Zisterne dient, da das Seewasser oft faulig ist. Die Fischer hier sind leicht gekleidet, wie alle Brasilianer, tragen große Strohhüte, dünne weite Beinkleider und Hemden, und gehen mit unbedecktem Hals und bloßen Füßen. Im Gürtel hat ein jeder ein spitzes Stilett, mit Messing oder Silber beschlagen. Dieses letztere ist unter den Portugiesen allgemein üblich, aber eine gefährliche Waffe, denn es gibt leicht zu Mordtaten Anlaß, besonders unter rohen Menschen, wie es die Fischer zu Sagoarema sind. Die hier am See gelegene Venda wird von diesen Leuten gemeinschaftlich gehalten und ihr Ertrag geteilt; es ist daher kaum nötig zu bemerken, daß die Reisenden mehr als an anderen Orten bezahlen müssen.

Etwa eine Stunde von hier liegt das Kirchspiel de Sagoarema, ein großes Dorf oder vielmehr eine kleine Villa mit einer Kirche. Da wir unsere Tropa über die Lagoa setzen mußten, die sich von dieser Stelle mit einer schmalen Einmündung in die See ergießt, so nahmen wir unser Quartier in einem leerstehenden Haus und benutzten die Zeit, die umliegende Gegend näher kennenzulernen. Nahe bei der Freguesia steigt am Seestrande ein Hügel empor, worauf sich die Kirche, der Kirchhof und ein Telegraph befinden. Wir erstiegen diese Höhe gerade als die Sonne unterging. Welch große herrliche Aussicht! Vor uns öffnete sich das unabsehbare Meer, das dumpf und weißschäumend gegen den Berg, auf welchem wir standen, heranrollte und sich an demselben brach. Zur Rechten erhoben sich in der Ferne die Gebirge von Rio. Und näher sahen wir die mannigfaltig buchtige Küste und noch näher die Ponta Negra. Hinter uns hatten wir hohe Waldgebirge, eine vor denselben liegende, jedoch auch mit Wald bedeckte Niederung und die großen glänzenden Spiegel der Seen. Zu unsern Füßen lagen die Freguesia von Sagoarema und links die Küste, wo die Wogen furchtbar brausend schäumten. Dieses vielumfassende große Gemälde, von den letzten Strahlen der untergehenden Sonne beleuchtet und endlich im Nebel der Dämmerung verschwindend, erweckte in uns das Andenken an das entfernte Vaterland. An die Seite eines Beinhauses gelehnt, neben den unter einem Kreuz an der bemoosten Mauer aufgetürmten Schädeln, hingen wir schweigend unseren Empfindungen nach. In dieser ernsten Pause fühlten wir es recht lebhaft, wieviel der Reisende entbehren lernen muß, wenn er, hinausgetrieben von der unwiderstehlichen Sehnsucht nach Erweiterung seiner Kenntnisse, sich in einer fremden Welt einsam stehen sieht. – Unser Auge strebte vergeblich, die wunderbar verschleierte Zukunft zu durchblicken, und vor ihm lagen beunruhigend alle die Beschwerden, die noch überwunden werden mußten, ehe wir hoffen konnten, über den weiten Spiegel des unermeßlichen Ozeans zu den heimischen Gestaden zurückzukehren. – Die Nacht machte unseren Betrachtungen ein Ende. Wir kehrten nach Sagoarema zurück, das meist von Fischern bewohnt ist, die aber zum Teil auch von ihren Pflanzungen leben. Man baute hier ehemals viel Cochenille an, deren Kultur aber jetzt aufgehört hat.

Am folgenden Tage, einem Sonntag, wohnten meine Reisegefährten einer Messe in der Kirche von Sagoarema bei, ich ließ indessen unsere Tropa über den See schiffen. Das Gepäck wurde auf Canoen übergefahren, und unsere Lasttiere wateten unbeladen durch das seichte Wasser.

Wir verließen die Gegend und kamen nun durch Waldungen, die wir mit vielen schönen Blumen angefüllt fanden. Eine Hauptzierde dieser Gegend sind die glänzenden Spiegel vieler Landseen, die sich von Marica bis gegen Cabo Frio ausdehnen. Zu unserm Nachtquartier bestimmten wir heute die Fazenda von Pitanga, welche wir auf einer Höhe vor uns, einer alten Ritterburg gleich, vom hellen Mondscheine magisch beleuchtet, liegen sahen. Wir ritten hinauf und pochten an die verschlossenen Tore, die sich endlich öffneten und uns einnahmen. Der gefällige Feitor räumte uns sogleich das Gebäude ein, in welchem die Farinha bereitet wird. Wir fanden mit allen unseren Leuten und unserem Gepäck ein bequemes, geräumiges Quartier und blieben deshalb einige Tage hier, um die ganze umliegende Gegend zu durchstreifen.

Pitanga war ehemals ein Kloster gewesen, welches noch unter andern die alte Kirche zeigt. Gegen Mittag war unsere Tropa beladen, und es gewährte uns großen Vorteil, daß der Verwalter, um uns den Weg zu zeigen, uns zu Pferde begleitete. Endlich erreichten wir offene Wiesen mit großen Sümpfen, Gesträuchen und breiten Wasserpfützen, die wir durchwaten mußten; eine unangenehme Erscheinung für unsere Fußgänger, besonders für die im Gebüsch jagenden Europäer, die nicht an solche Wasserreisen zu Fuße gewöhnt waren. Durch diese widrigen Begegnisse aufgehalten, erreichten wir erst spät bei Nacht die Fazenda Tiririca, wohin wir einen Reiter vorausgesandt hatten, um uns Quartier zu erbitten. Ihr Eigentümer, der Herr Capitam Mor, wies uns anfänglich sein Zucker-Engenho zum Nachtlager an, als wir ihm aber unsere Portaria vorzeigten, wurde er sehr höflich und lud uns in seine Wohnung ein. Diese Einladung nahmen wir indessen nicht an, weil wir bei unseren Leuten zu bleiben wünschten. Abends bat uns der Hauswirt zu Tisch. Bei der Mahlzeit erschienen, nach brasilianischer Sitte, die weiblichen Bewohner des Hauses nicht, sie sahen aber dafür durch die Ritzen der Türen und Fensterläden, um die seltenen Gäste zu betrachten. Negersklaven, männlichen und weiblichen Geschlechts, warteten bei Tische auf.

Der folgende Tag war ein Sonntag, wo man früh zur Messe ging. Nach dem Gottesdienst reisten wir ab. Die Hitze war groß, daher erfrischten wir uns unterwegs mit kaltem Punsch und vortrefflichen Orangen.

Da die Entfernung von Tiririca nach Parati nur etwa drei Stunden Weges beträgt, so erreichten wir, durch Sumpf und sandige Wälder ziehend, bald die Fazenda, welche wir schon von ferne auf einer Wiese liegen sahen und in der wir, der Ausssage unseres gestrigen Wirts zufolge, eine sehr freundliche Aufnahme zu erwarten hatten. Sie war ehemals ein Kloster gewesen und hat eine ansehnliche neue Kirche, wobei große Wirtschaftsgebäude angelegt sind. Wir baten den Hausherrn, die Nacht hier zubringen zu dürfen, allein gegen die Art der brasilianischen Pflanzer, die wir bisher nur von einer vorteilhaften Seite kennengelernt hatten, wies man uns eine sehr schlechte Veranda an einem Stalle oder Schuppen an, wo wir von oben gegen den Regen gedeckt, von den Seiten aber der Witterung bloßgestellt waren. Am folgenden Morgen ließen wir früh unsere Tropa laden und aufbrechen.

Nachdem wir einige Hügel zurückgelegt hatten, erblickten wir plötzlich vor uns die große Lagoa de Araruama, welche 6 Legoas lang und dabei sehr breit ist, mit dem Meer $1\frac{1}{2}$ Legoa nördlich von Cabo Frio zusammenhängt und aus deren fischreichen Gewässern man an einigen Stellen des Ufers Salz gewinnen soll. Wald und einige Wohnungen bekränzten das jenseitige Ufer, und auf einer kleinen Anhöhe in der Ferne lag die Kirche des Dorfes S. Pedro. Nachdem wir einen Teil des Sees umritten hatten, erreichten wir die Venda des Dorfes, wo ich abladen ließ.

S. Pedro dos Indios ist ein Indianerdorf, welches die Jesuiten ursprünglich aus Goaytaca-Indianern gebildet haben sollen. Hier befindet sich zwar eine ansehnliche Kirche, und der Ort hat mehrere Straßen, aber die Häuser sind nur Lehmhütten, die alle, so wie die meisten einzelnen Ansiedlungen der hiesigen Gegend, von Indianern bewohnt werden. Sie haben hier im Dorf einen Capitam Mor von ihrer eignen Nation, der aber durch nichts als durch seinen Amtsnamen ausgezeichnet ist. Außer dem Geistlichen befinden sich nur einige wenige Portugiesen hier. Die hier wohnenden Indianer haben noch großenteils die reine indianische Physiognomie. Ihre Kleidung und Sprache ist die der niederen Klassen der Portugiesen, und nur zum Teil kennen sie noch ihre alte Sprache. Sie haben die Eitelkeit, Portugiesen sein zu wollen, und sehen auf ihre noch rohen, unzivilisierten Brüder in den Wäldern, die sie Caboclos oder Tapuyas nennen, mit Verachtung herab. Nach ·der Sitte der Portugiesinnen binden ihre Weiber ihr langes rabenschwarzes Haar oben auf dem Kopf in einen Knoten zusammen. In den Ecken ihrer Hütten findet man die Schlafnetze der Familie aufgehängt. Auch fanden wir bei ihnen viele aus grauem Ton verfertigte Gefäße. Die Männer sind meist gute Jäger und geübt im Schießen mit der Flinte, die Knaben schießen sehr gut mit dem kleinen Bogen von Airi-Holz, Bodoc genannt. Schon Hofrat von Langsdorff erwähnt solche Bogen, die er zu S. Catharina sah; auch sind sie überall an dieser Küste gebräuchlich, ja am Rio Doçe führen selbst erwachsene Männer dergleichen zu ihrem Schutze gegen die Botocuden, wenn sie kein Feuergewehr besitzen. Sie sind sehr geübt, in dieser Art zu schießen, und töten einen kleinen Vogel auf eine bedeutende Entfernung, ja selbst Schmetterlinge an Blumen, wie Herr von Langsdorff erzählt.

Koster hat in seiner Reise in der Capitania von Pernambuco die entwilderten Indianer zu Seara ziemlich richtig, doch in etwas zu ungünstigem Lichte geschildert; es ist aber möglich, daß sie dort auf einem noch geringeren Grade der Bildung stehen als hier. Auch muß ich hier zum voraus bemerken, daß ein Teil der Schuld der geringen Bildung und des oft schlechten Charakters dieser Indianer in der falschen Behandlung und Bedrückung gesucht werden muß, welche sie früherhin von den Europäern zu erdulden hatten, die sie oft kaum für Menschen erkannten und mit dem Namen Caboclos oder Tapuyas die Idee von Wesen verbanden, die bloß geschaffen seien, um sich von ihnen mißhandeln und tyrannisieren zu lassen. – In der Hauptsache ist übrigens alles wahr, was Koster von ihrem Charakter sagt, denn noch immer äußert sich bei ihnen ein Hang zu ungebundenem indolentem Leben; sie lieben starke Getränke und arbeiten ungern, sind wenig zuverlässig in ihren Worten, und man hat unter ihnen noch wenig Beispiele von ausgezeichneten Männern. An Geistesfähigkeiten fehlt es ihnen indessen nicht, sie begreifen alles sehr leicht, was man sie lehrt, und sind dabei schlau und verschlagen. Sehr auffallend in ihrem Charakter ist ein unbeugsamer Stolz und eine große Vorliebe für ihre Wälder. Viele von ihnen hängen noch ihren alten Vorurteilen an, und die Geistlichen klagen, daß sie schlechte Christen sind. Der

Priesterstand steht ihnen offen, dennoch ist es etwas sehr Seltenes, daß sie sich demselben widmen. Ganz verschieden von diesen Indianern sind die Neger, die in Brasilien leben. Unter ihnen findet man viel Geschick und Ausdauer zur Erlernung aller Künste und Wissenschaften, ja es haben sich unter ihnen ausgezeichnete Leute gefunden.

Haben die Indianer hinlänglich zu essen, so bringt man sie nicht leicht zur Arbeit. Sie verkürzen sich lieber die Zeit mit Tanz und Trinkgelagen. Die jetzt bei ihnen üblichen Tänze haben sie von den Portugiesen angenommen; einen darunter, Baducca genannt, lieben sie besonders. Nach dem Schall der Viola machen die Tanzenden mancherlei unanständige Stellungen gegeneinander, klatschen mit den Händen und schnalzen mit der Zunge. Dabei wird der wohlbekannte Caüy nicht vergessen, der heutzutage bloß aus der Mandiocawurzel, Mais oder Bataten bereitet wird. Die Wurzel wird geschabt, in Stücke geschnitten, abgesotten, gekaut, mit den Fingern aus dem Munde genommen und in ein Gefäß geschüttet, wo sie mit Wasser begossen gärt und dann ein etwas berauschendes, säuerliches und nahrhaftes Getränk gibt, das im Geschmack der Molke sehr nahe kommt. Gewöhnlich wird dieser Lieblingstrank warm genossen. Die Lebensart dieser Indianer gleicht noch sehr der der alten Küsten-Indianer. Die Portugiesen haben manches von ihnen angenommen, wie z. B. die Bereitung des Mandiocamehls. Sie hatten vormals eine gröbere Art, welche sie Uy-Entan nannten, und eine feinere unter dem Namen Uy-Pu, und noch heutzutage kennen diese jetzt zivilisierten Indianer den Namen Uy recht wohl. Sie bereiteten in jenen früheren Zeiten schon ihren Mingau, indem sie Mandiocamehl in die Brühe des abgekochten Fleisches warfen, worin es aufgeht und einen nahrhaften Brei bildet; die Portugiesen nahmen auch dieses von ihnen an. Sie schütteten, wenn sie aßen, das trockene Mandiocamehl neben sich hin und warfen es mit einer solchen Fertigkeit in den Mund, daß von diesen einzelnen kleinen Körnchen nichts verlorenging. Man findet bei ihren heutigen Nachkommen, so wie bei den portugiesischen Pflanzern, diesen Gebrauch ebenfalls. Die alten Tupinambas kannten schon eine vorzügliche gute Art der Mandiocawurzel unter dem Namen Aypi, welche sie in der Asche brateten und in Wasser abkochten; beides geschieht noch heutzutage unter ihren Nachkommen, auch heißt die Wurzel noch jetzt ebenso oder Mandioca doçe. Diese und andere Gebräuche haben sich bis jetzt unter ihnen erhalten. Ungeachtet sie sich zum christlichen Glauben bekennen, so gehen doch viele unter ihnen nur zum Scheine und höchst selten in die Kirche. Dabei sind sie abergläubisch und haben eine Menge Vorurteile, ja Koster fand selbst in Pernambuco noch die Maracas in einem indianischen Hause, ein Beweis, daß sie zum Teil auch noch an jenem Gebrauch ihrer Vorfahren hängen. Mit der fortschreitenden Kultur dieses Volkes wird seine Originalität und der letzte Rest seiner alten Sitten und Gebräuche immer mehr verschwinden, so daß selbst an der Stelle, welche ihm die Natur zum Aufenthaltsort anwies, bald keine Spur davon mehr zu finden sein und man nur in Lerys und Hans Stadens Schilderungen noch Kunde von ihnen erhalten wird.

In S. Pedro unterhielten wir uns lange mit den Bewohnern, die in der angenehmen Abendkühle vor ihren Hütten saßen. Der Capitam Mor, ein kluger ältlicher Indianer, und mit ihm alle Bewohner des Ortes konnten uns ihren Argwohn nicht verbergen, daß wir wohl englische Spione sein möchten; und selbst als wir ihm unsere Portaria zeigten, war er noch nicht völlig beruhigt. Die Engländer sind in Brasilien sehr verhaßt. Man hält alle Fremden, bei welchen blonde Haare und eine weiße Haut die nördliche Abkunft verraten, für Glieder jener Nation.

Da die umliegende Gegend uns mannigfaltigen Stoff für unsere Forschungen zu enthalten schien, so verweilten wir hier mehrere Tage. Nachdem wir in der Gegend von S. Pedro mit den Indianern öfters gejagt hatten, verließen wir sie nachmittags und begaben uns nach dem nur ein paar Stunden Weges entfernten Cabo Frio.

Noch spät in der Dunkelheit überschifften wir die Lagoa bei der Villa zu Cabo Frio und wurden daselbst von dem Herrn Capitam Carvalho in seinem Hause aufgenommen. Cabo Frio ist das bekannte Vorgebirge. Hohe Felsenberge, vor denen einige felsige Inseln liegen, bilden dasselbe. Auf einer dieser kleinen Inseln ist, in einem Busen nahe an der Küste, ein kleines Fort erbaut. Eine Lagoa zieht sich hier in einem Halbkreis in das Land hinein, und an ihr liegt die Villa do

Cabo Frio. Es ist ein kleiner Ort mit mehreren ungepflasterten Straßen und niedrigen Häusern, von denen indessen einige ein ganz nettes und freundliches Äußere haben. Die Landzunge, worauf die Villa liegt, hat einen teils sumpfigen, teils sandigen Boden, denn nahe bei den Lagoas ist Sumpf und näher dem Meere zu tiefer Sand, in welchem Gebüsche mancherlei Art wachsen. Die Villa nährt sich von der Ausfuhr einiger Produkte, wie der Farinha und des Zuckers. Einige Lanchas unterhalten damit einen Küstenhandel. Auf die Einladung eines hier wohnenden Capitams, sein Zuckerwerk zu sehen, schifften wir uns an einem Sonntag früh mit ihm ein. Unser Hauswirt, Herr Carvalho, und ein Geistlicher begleiteten uns. Man legte, wie gewöhnlich, Rohrmatten zum Niedersitzen auf den Boden des Canoes. Diese Art Fahrzeuge gebrauchten schon die alten Tupinambas und die ihnen verwandten Stämme; die Portugiesen behielten sie nur bei. Sie sind aus einem einzigen Baumstamm gehauen, äußerst leicht, und die Indianer wissen sie vortrefflich zu regieren. Man hat sie von verschiedener Größe: Einige sind so schmal, daß man sich nicht viel bewegen darf, ohne das Umschlagen des Canoes befürchten zu müssen, andere hingegen werden aus so ungeheuer dicken Stämmen gehauen, daß sie selbst in der See, wenn sie nicht zu unruhig ist, ziemlich sicher gehen. Der das Canoe regierende Mann steht aufrecht und weiß sich so im Gleichgewicht zu halten, daß er durch seine Bewegungen nicht das geringste Schwanken verursacht. Die Ruder haben vorn eine Schaufel von oblonger Form und werden bei kleinen Canoes aus freier Hand geführt; ein paar geschickte Canoeiros sind imstande, ein solches leichtes Fahrzeug pfeilschnell fortzutreiben.

Reise von Cabo Frio bis Villa de S. Salvador dos Campos dos Goaytacases

Am 7. September ließen wir unser Gepäck bei der Villa über die Lagoa setzen und die Maultiere herbeitreiben, die während unseres Aufenthalts daselbst jenseits der Lagoa bei einer einzelnen Fazenda auf die Weide gegangen waren, und am 8. verließen wir, begleitet von Herrn Carvalho, die Gegend von Cabo Frio und zogen langsam an der Lagoa hin. Als der Weg sich aber in die Waldungen wendete, gingen einige unserer Tiere durch. Wir sahen uns nun genötigt, den Wald in allen Richtungen zu durchkreuzen, und nur mit vieler Mühe gelang es uns, sie wieder zu finden. In einem Hohlwege verursachte uns bald darauf unsere Tropa, welche durch den langen Aufenthalt zu Cabo Frio auf der guten Weide verwildert war, ein noch größeres Abenteuer. Ich ritt in diesem Hohlweg dem Zuge langsam voran, als ich plötzlich alle unsere mit großen hölzernen Kasten schwer beladenen Tiere in voller Flucht hinter mir herrennen hörte. Mein ebenfalls eigensinniges Reitmaultier ging sogleich mit einem solchen Ungestüm durch, daß an ein Aufhalten nicht zu denken war. Um mir von den Kisten der wild gewordenen Esel nicht die Knie und Beine brechen zu lassen, riß ich mein Maultier auf die Seite, worauf sich die ganze Tropa in dem Walde zerstreute; vier bis fünf Tiere warfen ihre Ladung ab und zerrissen und zerschlugen das Geschirr.

Nachdem unsere Tropa, so gut sich's tun ließ, wieder in die nötige Ordnung gebracht war, setzten wir unsere Reise durch hohe schlanke Waldungen fort, welche häufig mit offenen Stellen abwechselten, wo Wiesen mit großen Brüchern und Rohrgehegen eine Menge Reiher, Enten, Kiebitze und andere ähnliche Arten ernähren.

Beim Ausritt aus dem Walde überblickten wir eine freie Wiese, wo auf einer sanften Höhe die große Fazenda von Campos Novos, eigentlich Fazenda do Re genannt, erbaut ist. Neben dem Wohnhaus des Besitzers, eines Capitams, breiten sich die Hütten der Neger in einem Quadrat aus, wodurch ein kleines Dorf entstanden ist. Diese Fazenda, wenigstens die dabei befindliche Kirche, ward von den Jesuiten erbaut. Da wir hier ein zurückgebliebenes Maultier abzuwarten hatten, so entstand ein Aufenthalt von mehreren Tagen, der zum Durchstreifen der umliegenden Gegend benutzt wurde. Ein Jäger, aus Neapel in Italien gebürtig, kam zu uns in die Venda und zeigte uns das Fell eines Affen, der hier in einer gewissen Gegend der großen Wälder lebt und von den Einwohnern Mono genannt wird. Wir jagten lange vergebens nach diesen Tieren, erhielten sie aber in der Folge, und ich erkannte sie bei näherer Untersuchung für eine Art des Genus Ateles; dies ist der größte Affe in der von uns bereisten Strecke, dessen Fell die Jäger zu Regenkappen über ihre Flintenschlösser benutzen. Bei unserer Abreise erschien uns die hübsche Gegend in einem recht freundlichen Lichte. Die Wiesenebene war von niedrigen Waldhügeln eingeschlossen. Gebüsche von besonders lebhaftem und freundlichem Grün erinnerten uns an die Farbe unseres europäischen Frühlings. Der Weg in sandigem Boden war ermüdend, allein die Pracht des Waldes entschädigte uns reichlich für die Anstrengung.

Wir erreichten gegen Abend die Ufer des Flusses S. Joâo, der bei der hier erbauten Villa sich ins Meer ergießt. Er ist etwa 300 bis 400 Schritte breit und wird mit Canoes überschifft. Unsere Tiere wurden weiter oben durchs Wasser geführt. Auf der andern Seite des Flusses landeten wir in der Villa da Barra de S. Joâo, einem kleinen Ort mit mehreren Straßen und, nach der Landesart, ziemlich guten Gebäuden; er hat eine Kirche aus den Zeiten der Jesuiten, die etwas isoliert auf Felsen an der See erbaut ist. Barra de S. Joâo ist einer der Plätze, wo die von Minas Geraës herabkommenden Reisenden und Waren wegen der unerlaubten Ausfuhr der Edelsteine visitiert werden. Da der Fluß etwas schiffbar ist, so fanden wir hier fünf bis sechs Briggs vor Anker. Ein hierselbst ansässiger Engländer, ein Schmied, erzählte uns, daß sich auch schon englische Schiffe in diesen einsamen Winkel verirrt hätten, weswegen er beabsichtige, sich zum Vizekonsul ernennen zu lassen. Wir gaben ihm eine Menge Gewehre zu reparieren, und der Herr Konsul entledigte sich seines Geschäftes zu unserer großen Zufriedenheit. Der Mangel tüchtiger Arbeiter zur Reparatur der Gewehre ist dem reisenden Naturforscher in Brasilien sehr fühlbar, denn nur selten findet man Leute, welche auch nur die gröbste Büchsenmacherarbeit verstehen.

Von der sandigen Landzunge zwischen dem Fluß und dem Meer, worauf die Villa erbaut ist, folgten wir der Küste weiter nordwärts. Zur Linken hatten wir einen hohen isolierten Berg, den Monte de S. Joâo, vor welchem sich in der Ebene nach dem Meere hin hohe Urwälder und vor diesen Sümpfe, mit Gebüsch bedeckt, ausbreiteten. Nachdem wir einige Mandiocapflanzungen, die, wie das darin verbrannte, umherliegende Holz zeigte, erst seit kurzem urbar gemacht worden waren, durchritten hatten, erreichten wir auf einem tiefsandigen Wege das Seeufer und befanden uns nun an einem schönen, mit Cocospalmen bewachsenen, in die See vorspringenden felsigen Hügel, neben welchem ein Bach, der Rio das Ostras, sich in das Meer ergießt. Wir folgten dem Flüßchen einige hundert Schritte aufwärts, luden unsere Tropa ab und setzten sie über. Das Wasser dieses Baches ist klar, und die Ufer sind reizend, denn ein dichtes Geflecht von mancherlei Waldbäumen hängt bis zu ihnen hinab, und schlanke Cocospalmen überschatten sie. Hier wohnt eine einzelne Familie, ein mit einer Indianerin verheirateter Portugiese, der zur Landmiliz gehört und dabei die Überfahrt besorgt. Durch dieses doppelte Geschäft sehr belästigt, schien mir der Mann sehr unzufrieden mit seiner Lage zu sein. Leicht wäre hier auch eine kleine Brücke anzulegen, wodurch dem Reisenden viel Zeitverlust erspart werden könnte, denn kaum hat man am Morgen in S. Joâo mit Mühe eine Tropa beladen, so muß man hier schon nach ein paar Stunden alles wieder abpacken.

Jenseits des Flüßchens fanden wir einige leere Lehmhütten mit Cocosblättern gedeckt, in welchen wir vor einem heraufziehenden Regen Schutz fanden. Ehe man auf dieser Straße den Seestrand wieder erreicht, kommt man über einige Hügel, die größtenteils mit einer 30 bis 40 Fuß hohen Rohrart, Taquarussú, das große Rohr genannt, bewachsen sind. Seine kolossalen, bis sechs Zoll im Durchmesser haltenden Stämme schießen hoch auf und krümmen sich sanft über; das Laub ist gefiedert, und an den Zweigen befinden sich kurze starke Dornen, welche dieses Dickicht undurchdringlich machen. Diese Art von Bambusa bildet äußerst verworrene Gebüsche, welche durch ihre vielen dürren Blätter und abfallenden verdorrten Blattscheiden bei dem leisesten Winde ein eigenes, rasselndes Geräusch verursachen. Dem Jäger sind sie sehr willkommen, denn haut man ein solches Gewächs unter den Knoten ab, so findet man den Stamm der etwas jüngeren Triebe mit kühlem, angenehmem, wiewohl etwas fadem, süßlichem Wasser angefüllt, welches den brennenden Durst auf der Stelle löscht. Diese merkwürdige Pflanze liebt gebirgige, trockne Gegenden, daher findet man sie besonders häufig in

der Capitania von Minas Geraës, wo man Trinkbecher aus ihren Stämmen macht. Wir wanderten an der See fort und fanden bei einigen zerstreut liegenden Wohnungen eine andere, ebenfalls nützliche Pflanze, die Agave foetida. Ihre glattrandigen, steifen, 8 bis 10 Fuß langen Blätter bilden feste Hekken, und aus ihrer Mitte schießt ein 30 Fuß hoher starker Stamm, der oben gelbgrünliche Blüten trägt und der Landschaft ein originelles Ansehen gibt. Das Mark des Stammes, Pitta genannt, dient dem Insektensammler als Kork. An dem

Fazenda von Tapebucu

Seestrande wachsen auch niedrige Zwergpalmen, Bromelien und andere Gewächse, vom Winde niedergehalten, in undurchdringlichem Dickicht.

Wir erreichten nun die auf einem Hügel am Meere liegende Fazenda von Tapebuçú und wurden von dem Besitzer derselben, einem Fähnrich der Landmiliz, sehr gut aufgenommen. Diese Fazenda hat eine sehr angenehme Lage, indem unmittelbar hinter ihr hohe Urwälder sich erheben, welche bloß durch eine Lagoa von ihr getrennt werden, in der sich die schönen Baumgruppen spiegeln. Von der Höhe, worauf das Haus liegt, überblickt man eine weite Ebene, mit undurchdringlichem Urwald bedeckt, aus dessen Mitte sich die Serra de Iriri, ein isoliertes merkwürdiges Gebirge von vier bis fünf mit Wald bedeckten Kegelkuppen, erhebt. Mehr zur Linken, in südlicher Richtung, zeigt sich der einzeln dastehende Monte de S. Joâo.

Das zu dem Gute gehörende Land ist eine Legoa lang und zum Teil mit Mandioca und Mais bebaut; auch zieht man etwas Kaffee. Die Lagoa ist fischreich. Um die Wohnungen herum hat man Orangenbäume gepflanzt, deren duftende Blumen eine Menge von Kolibris anlocken. Unsere Jäger fanden reiche Ausbeute in den nahen Waldungen. Sie erlegten Papageien, Maracanás, Tucane, Pavôs und andere schöne Vögel. Auch unsere Herbarien wurden hier sehr bereichert. Ich fand viele Arten von Cocospalmen, unter andern die Airi, deren Fruchttrauben eben reif waren, und die stachlige Sumpfpalme, Tucum. Die grünen Pinnulae haben sehr starke feste Fasern; zerbricht man das Blatt, so hebt sich die obere grüne Decke ab, und die Fasern hängen frei; diese werden gedreht und geben starke, feine, grüne Schnüre, woraus besonders schöne Fischnetze verfertigt werden. Diese Palme wächst hier häufig und trägt kleine harte schwarze Nüsse, die einen eßbaren Kern enthalten.

Am 16. September nahmen wir Abschied von der Familie unseres guten Hauswirtes und traten die Reise nach Macahé an. Der Weg von Tapebuçú zum Flusse Macahé führt vier Legoas weit durch tiefen Sand, fast immer an der See hin. Hier und da treten kleine Felskuppen in das Meer vor, an welchen eine Menge Moose und Muscheln, jedoch von geringer Mannigfaltigkeit, gefunden werden. In dem hiesigen Himmelsstrich war es jetzt Frühling, und wir alle hatten bisher das Wetter meistens kühl und nie heißer gefunden, als es an warmen Sommertagen in Deutschland ist. Die letzte Meile der Reise führte durch dichten hohen Urwald. Viele Baumarten standen jetzt entblättert da, denn obgleich der größte Teil der Bäume in dem hiesigen Winter sein Laub behält, so verlieren es dennoch viele der zarteren Arten. Die meisten trieben jetzt neu und zeigten an den Spitzen der dunkelgrün belaubten Äste die jungen gelblichen oder gelbgrünen, sehr oft schön sanftrot oder hochrot gefärbten Blätter, welche das Gebüsch ungemein zieren. Andere standen in der Blüte, noch andere trugen Blumen und Früchte zugleich. So gibt in diesen schönen Tropenwäldern der vereinigte Frühling und Herbst den interessantesten Anblick für den nördlichen Reisenden.

Brasilianische Pflanzerwohnung

Durchnäßt vom Regen erreichten wir Villa de Macahé am Flusse gleichen Namens. Dieser ergießt sich hier, nachdem er seinen Lauf von etwa 15 Legoas Länge an der Serra de Iriri vorbei genommen hat, in die See und ist nicht unbedeutend. Die kleine Villa de S. João de Macahé liegt, in Gebüschen zerstreut, am Ufer des Flusses, der an seiner Mündung einen Bogen um eine vortretende Landzunge beschreibt. Die niedrigen Häuser derselben sind zum Teil freundlich und nett, von Lehm, mit hölzernen Pfosten erbaut, und oft weiß beworfen. Man hat Hofräume von Cocosstämmen angebracht, in welchen Ziegen, Schweine und mancherlei Federvieh umherlaufen. Die Einwohner treiben etwas Handel mit den Produkten der Pflanzungen, welche in Farinha, Bohnen, Mais, Reis und etwas wenigem Zucker bestehen. Auch führt man Waldprodukte aus. Daher findet man gewöhnlich einige kleine Küstenfahrzeuge, Sumacas oder Lanchas, vor Anker. Nachdem wir des Regenwetters wegen an diesem Platz einige Tage verweilt und daselbst schöne Samenarten von Trompetenbäumen und anderen Schotengewächsen eingesammelt hatten, brachen wir an einem Sonntag wieder auf. Ein abermals einfallender heftiger Regen begleitete uns anderthalb Legoas weit in einem Gebüsche und Walde längs dem Seestrand bis zur Fazenda de Baretto, wo wir in der Nacht anlangten und ein leerstehendes Haus bezogen. In den sumpfigen Wiesen und Wäldern, wodurch unser Weg ging, flogen eine Menge leuchtende Insekten, unter andern der Elater noctilucus mit zwei hellen, grünen Lichtpunkten auf dem Brustschild. Die Nachtschwalbe (Caprimulgus), deren lauter Stimme die Portugiesen die Worte »Joâo corta pao!« unterlegen, flog hier sehr häufig, leise schwebend, in den dunklen Waldpfaden umher und setzte sich oft auf die Erde vor unsern Füßen nieder. – Wir waren froh, Baretto verlassen zu können, da hier zwei Vendas unsere Leute zu einer ernsthaften Schlägerei verleitet hatten. Die Reise nördlich hinauf, längs dem Seestrande, ist beschwerlich und geht zum Teil durch tiefen Sand.

Gegen Abend erreichte unsere Karawane den Seestrand, wo die Ruine einer alten Kapelle in einer traurigen, öden, sandigen Landschaft völlig mit dem Toben und Brausen der wild brandenden See harmonierte; niedergehaltenes, kurzes Gesträuch zog sich nach dem Walde hinan und zeugte von der Heftigkeit der hier herrschenden Winde. Auf einer schmalen Landzunge zwischen dem bewegten Meer und einer lang ausgedehnten Lagoa setzten wir die Reise bis in die Nacht fort und erreichten alsdann ein einzelnes Hirtenhaus, Paulista genannt, wo unsere ausgehungerten Magen nichts vorfanden als ein wenig Mandiocamehl und etwas für unsere Tiere; glücklicherweise hatten wir uns in Baretto mit etwas trocknem Salzfleisch und Bohnen versorgt. Da das Haus ziemlich geräumig war, so blieben wir am folgenden Tage daselbst, um von der gehabten Ermüdung auszuruhen.

Von Paulista aus folgten wir den Dünen. Weite Sümpfe und Lagoas, mit Rohr bewachsen, in welchen das Rindvieh und die Pferde oft in bedeutender Anzahl bis an den halben Leib grasend wateten, dehnen sich ins Land hinein.

Wir nahmen heute unser Nachtquartier fünf Legoas von Paulista, in dem sogenannten Coral de Battuba, der in seiner Umzäumung eine geräumige Lehmhütte enthält. Die Gegend umher ist eine weite Ebene und deren Ende dem Auge unerreichbar. In ihren seichten Vertiefungen steht häufig Wasser, wodurch Lagoas entstehen, und das Ganze ist mit kurzem Grase bedeckt, welches umherziehendes Rindvieh ernährt. Bei der Annäherung des Abends sammelten sich alle unsere zerstreut gewesenen Jäger um das freundliche Küchenfeuer, und ein jeder von uns schien die Belohnung seiner Anstrengungen in der Befriedigung seines Nahrung heischenden Magens zu fordern; aber leider litten unsere Vorräte von Lebensmitteln nie mehr Mangel als eben jetzt; dennoch konnte eine Jägergesellschaft hier mitten unter Herden verwilderten Viehs doch unmöglich Hunger leiden. Wir gingen also hinaus in die Ebene, verteilten uns in eine lange Linie und hofften, ein junges Rind zu erlegen. Aber die Nacht trat zu schnell ein, das Vieh war zu scheu, und einzelne Kaktuspflanzen, auf der Heide verbreitet, verwundeten unsere Füße. Wir mußten also für heute unser Vorhaben aufgeben und die vom Hunger gebotene Jagd auf den kommenden Morgen verschieben. In dem öden baufälligen Hause, wo es durch das Dach hineinregnete, fanden wir in unseren aufgehängten Schlafnetzen nur wenig Ruhe, denn unaufhörlich wurden wir von einer ungeheuren Menge Flöhe und einem Heer von Bichos do pé gequält, deren wir in den folgenden Tagen unzählige aus unseren Füßen zogen. Dieses besonders in allen im Sande leerstehenden Gebäuden häufige Insekt dringt zwischen Haut und Fleisch an den Füßen in der Nähe der Sohle und an den Zehen, auch wohl an den Nägeln der Hände ein. Man spürt bald seine Gegenwart an einem heftigen Jucken, das endlich in einen geringen Schmerz übergeht. Daher ist es gut, es mit einer Nadel sogleich herauszugraben, ohne seinen blasenartigen, mit Eiern angefüllten Leib zu verletzen.

Ein trüber regnerischer Tag folgte auf diese unangenehme Nacht; allein unsere Mägen erinnerten schnell an die gestern begonnene, aber leider mißglückte Jagd. Wir ließen jetzt unsere Jäger aufsitzen und sandten sie in die Ebene, wo sie das vor Schrecken nach allen Seiten hin fliehende wilde Vieh auseinander sprengten. Unsere Maultiere liefen zum Teil recht gut; endlich gelang es den Jägern Thomas und João, einen Schuß anzubringen und ein Rind zu töten. Man zerlegte schnell die Beute, sättigte so bald als möglich die hungrige

Menge und zerstreute sich alsdann, um zu jagen. Ich fand in der Nähe unseres Hauses das Nest mit den Eiern des Bentavi (Lanius pitangua, L.), welches die Form eines Backofens hat und oben geschlossen ist.

Nördlich von Battuba dehnen sich weite Lagoas in den Ebenen aus, worin unzählige Enten und Reiher nebst anderen Sumpf- und Wasservögeln leben. Hier kann man die Wasser- und Sumpfbewohner des Landes am besten studieren. Man hatte uns gesagt, daß wir hier die schönen rosenroten Löffelreiher (Platalea ajaja, L.) finden würden, und wirklich bemerkten wir heute die ersten derselben. Sie saßen ihrer etwa 30 beisammen an einer sumpfigen Stelle und fielen uns bald wie ein großer dunkelrosenroter Fleck in die Augen. Unsere Jäger schlichen mit der größten Vorsicht hinan und warfen sich sogar, als sie ihnen näher kamen, auf die Erde nieder. Allein vergebens! Die schüchternen Vögel erhoben sich sogleich und zogen in prachtvollem Geschwader über die Köpfe anderer Jäger hin, die ihre Doppelflinten leider auch vergeblich nach ihnen abfeuerten. Wir konnten nur mit einigen ihrer schönen rosenroten, in dem Sumpf gefundenen Schwungfedern unsere Hüte schmücken.

Vier bis fünf Stunden Weges von Battuba erreicht man eine Stelle, welche Barra do Furado genannt wird, wo die Lagoa Feia mit der See zusammenhängt. Wir trafen hier sogleich Anstalt, unser Gepäck und einige unserer noch zurückgebliebenen Jäger mit dem großen Canoe eines einsam hier wohnenden Mannes vorwärts nach dem von uns ausersehenen Lagerplatz bringen zu lassen. Wir selbst setzten die Reise längs der Dünen an der tobenden Brandung fort und vergnügten uns an dem Anblick der vielen Regenpfeifer (Charadrius), Strandläufer und Austernfischer (Hoematopus), die hier nach jedem zurückrollenden Wellenschlag der See eine Menge kleiner Insekten auflesen. Als es sich schon stark zur Dämmerung neigte, führte uns unser Wegweiser, der ein Neger war, quer durch das Wasser auf eine sumpfige Insel. Er sagte uns, sein Herr werde mit dem Canoe hier an diese Stelle kommen, um uns über die Lagoa Feia zu setzen, allein dieser erschien heute nicht. Da ein heftiger Regen uns bedrohte, so schlugen einige aus unserer Gesellschaft vor, nach einer kleinen Hütte, etwa eine halbe Stunde weit, zurückzureiten, wo wir fünf oder sechs

Soldaten angetroffen hatten, die daselbst Wache hielten, damit von Minas herab kein Unterschleif mit Diamanten getrieben werde. Wir kehrten dahin zurück. Die Soldaten machten uns ein gutes Feuer an, gaben uns Mandiocamehl und trockenes Salzfleisch, und wir verplauderten mit ihnen den Abend. Diese Miliz-Soldaten, von etwas brauner Farbe, gehen in weißen baumwollenen Hemden und Hosen, mit unbedecktem Hals und bloßen Füßen. Ein jeder trägt, wie alle Brasilianer, seinen Rosenkranz um den Hals. Ein Gewehr ohne Bajonett ist ihre einzige Waffe. Sie fischen am Tage in den Lagoas und nehmen außer dem Mehl und Salzfleisch, das ihnen gegeben wird, ihren Unterhalt aus dem Wasser. Man sieht daher an ihrer Hütte Stricke von gedrehter Ochsenhaut aufgespannt, auf welchen sie die Fische zum Trocknen aufhängen. Die Hütte selbst hatte als Wachthaus mehrere Kammern und enthielt einige Schlafnetze nebst hölzernen Pritschen. Am folgenden Morgen erst erschien das Canoe mit den Jägern, die sich durch die vielen Enten hatten aufhalten lassen und von der Nacht überrascht worden waren. Man fing nun an überzuschiffen, und sowie eine Ladung des Canoes übergesetzt war, verteilten sich die dabei befindlichen Männer sogleich, um zu jagen. Auf dem nördlichen Ufer der Lagoa vereint, befanden wir uns in einer sehr unangenehmen Lage, denn unsere weidenden Maultiere waren durch Pferde entführt worden, und wir blieben daher den ganzen Tag dem herabströmenden Regen ausgesetzt, bis gegen Abend ein Fischer erschien, der uns nach seiner Hütte führte, wo wir unsere entflohenen Tiere erwarteten.

Durch ein kleines Gebüsch zogen wir jetzt bis ans Ufer des Flusses Barganza, eines Abflusses der Lagoa Feia. Hier befanden sich zwei ärmliche Fischerhütten. In ihnen wurden wir freundlich aufgenommen. Sie bestanden bloß in einem auf die Erde gestützten Dach von Rohr und enthielten inwendig ein paar kleine Abteilungen. Unsere zahlreiche Mannschaft konnte daher nicht unter Dach und Fach übernachten, sondern nur die an die brasilianischen Nächte weniger gewöhnten Europäer. Wir lagen mit den beiden Fischerfamilien in den Hütten rundumher auf Stroh, in der Mitte brannte das Feuer, und man bewirtete uns mit gebackenen Fischen und Mandiocamehl. Der freundliche Wille der guten Leute erleichterte uns die Beschwerde und ließ uns dieses enge harte Nachtlager einigermaßen vergessen.

Als kaum der Tag in unsere mit Menschen angefüllten Hütten hineinblickte, sagten die Fischer schon eifrig ihre Morgengebete her und badeten dann ihre Kinder in lauwarmem Wasser, ein unter den Portugiesen gewöhnlicher Gebrauch, worauf die Kleinen sich mit Ungeduld zu freuen schienen. Nach diesem breitete man Rohrmatten vor die Hütten aus, der gekochte Fisch wurde herbeigebracht, und wir alle setzten uns zum Frühstück auf die Erde nieder. Nachdem wir uns mit Nahrung gestärkt hatten, bereiteten die Fischer ihre Canoes zu, um unsere Maultiere schwimmend über den Barganza zu führen.

Fischerhütte am Fluß Barganza

Wir hatten bei der isoliert gelegenen Kirche zu S. Amaro die letzte Wasserstelle im Canoe zurückgelegt, und unsere Tropa zog jetzt auf unabsehbaren grünen Ebenen fort. Diese ganze flache Gegend gehört schon zu den Ebenen der Goaytacases, welche sich bis zum Paraiba ausdehnen und von denen die Villa de S. Salvador ihren Beinamen dos Campos dos

Goaytacases erhalten hat. Endlich, nachdem wir dieses zu Triften geeignete Land, worin auch Rindvieh in bedeutender Anzahl weidete, bis zum Abend durchritten hatten, gelangten wir nach der ansehnlichen Abtei zu S. Bento, wo wir eine lange entbehrte Ruhe und Bequemlichkeit zu finden hoffen durften. Dieses Kloster, der Abtei zu S. Bento in Rio de Janeiro gehörend, besitzt ansehnliche Güter und Ländereien. Das Gebäude selbst ist groß, hat eine schöne Kirche, zwei Hofräume und einen kleinen Garten im Innern, in welchem von Steinen aufgemauerte Beete mit Balsaminen, Tuberosen usw. besetzt sind. In dem einen der Höfe standen hohe Cocospalmen (Cocos nucifera, L.), mit Früchten beladen. Das Kloster besitzt 50 Sklaven, welche vor demselben in einem großen Quadrat ihre Hütten erbaut haben. In der Mitte des Platzes ist ein hohes Kreuz auf einem Fußgestell errichtet. Außerdem befinden sich hier ein großes Zucker-Engenho und mehrere Wirtschaftsgebäude. Wir wurden von dem hier die Geschäfte versehenden Geistlichen, Herrn José Ignaçio de S. Mafaldas, sehr gastfreundlich aufgenommen. Man wies uns unsere mit guten Betten versehenen Zimmer an den langen kühlen Galerien des Klosters an, wo wir aus den großen Fenstern, die auch hier ohne Glas waren, die schönste Aussicht in die weite Ebene hatten.

Auf unserer weiten Reise hatten wir zum Wegweiser einen Mulatten mit einem Stilett im Knopfloch, einem Säbel an der Seite und Sporen an den bloßen Füßen, wie es dort gewöhnlich ist. Er führte uns durch die große Ebene, wo von Stunde zu Stunde sich die Wohnungen vermehrten und wo auch die Wagengeleise uns anzeigten, daß wir uns einer mehr bewohnten Gegend näherten. Allerorten findet man Vendas an der Straße, wo der Eigentümer sehr höflich die Vorbeiwandernden grüßt, aber gewöhnlich nur, um sie zu locken und dann ihnen die Taschen zu leeren.

Die Sonne stand noch hoch am Himmel, als wir die Villa de S. Salvador erreichten, die am südlichen Ufer des schönen Paraiba in einer angenehmen, fruchtbaren und von mannigfaltigem Grün belebten Gegend liegt. Hier hatte unser gütiger Wirt zu S. Bento uns sein Haus für die Zeit unseres Hierseins überlassen, in welchem wir jetzt abtraten und die ersten Zeitungen seit unserer Abreise von Rio zu sehen bekamen. Sie erhielten für uns die wichtige Neuigkeit von der Niederlage des französischen Heeres bei Belle Alliance, woran selbst die Bewohner der Stadt den lebhaftesten Anteil genommen hatten.

Aufenthalt zu Villa de S. Salvador und Besuch bei den Puris zu S. Fidelis

Villa de S. Salvador dos Campos dos Goaytacases zählt etwa 4 bis 5000 Einwohner, der ganze Distrikt soll ungefähr eine Bevölkerung von 24000 Seelen haben. Sie heißt gewöhnlich bloß Campos, ist ziemlich gut gebaut, mit regelmäßigen, großenteils auch gepflasterten Straßen und netten freundlichen Häusern, worunter einige von mehreren Stockwerken sind. In der Nähe des Flusses befindet sich ein Platz, auf welchem das öffentliche Gebäude erbaut ist, worin die Sitzungen der Stadtgerichte gehalten werden und in welchem sich auch die Gefängnisse befinden. In dieser Stadt sind sieben Kirchen, fünf Apotheken und ein Hospital, wo sich etwa 20 Kranke befanden. Ein Chirurg versieht das Lazarett. Unter den Bewohnern sind reiche Leute, welche ihre Zucker-Engenhos in der Nähe des Flusses zum Teil mit 150 und mehr Sklaven betreiben; man gewinnt, außer dem Branntwein, auf solchen Werken 4000 bis 5000 Arroben Zucker in einem Jahr. Schon denkt man an Verbesserungen der Fabrikatur und ist im Begriff, Dampfmaschinen anzuwenden. Man findet in der Stadt schon einen bedeutenderen Grad von Luxus, besonders im Anzuge, worauf die Portugiesen viel verwenden. Reinlichkeit und Nettigkeit ist diesem Volke, selbst den niederen Ständen, in Brasilien wenigstens, allgemein eigen. Besucht man aber die inneren Gegenden des Landes oder die weniger bedeutenden Villas, so wird man allgemein die Bemerkung machen, daß die Pflanzer bei ihren alten Gewohnheiten stehenbleiben, ohne im geringsten auf Verbesserung ihrer Lage zu denken. Man findet da reiche Leute, die in einem Jahr mehrere mit Gütern beladene Tropas nach der Hauptstadt senden, die vielleicht 1000 oder 1500 Stück Ochsen dahin verkaufen und deren Hütten dennoch schlechter sind als die unserer ärmsten deutschen Bauern: niedrig, nur einstöckig, aus Lehm aufgeführt und selbst nicht einmal weiß angestrichen.

Ich hatte Campos dos Goaytacases besucht, nicht um statistische Nachrichten über diese Gegend zu sammeln, sondern um die Völker und Naturmerkwürdigkeiten der Gegend kennenzulernen. Da ich diesen Zweck hier bald erreicht hatte, so war mein Aufenthalt nur von kurzer Dauer, und wir eilten, die für uns interessanteste Seltenheit am Paraiba, nämlich einen in der Nähe wohnenden Stamm noch roher, wilder Tapuyas, zu besuchen. Wir richteten uns schnell zu jener interessanten Reise ein und verließen am 7. Oktober, mit Zurücklassung unseres Gepäckes, S. Salvador.

Nach etwa drei Stunden Weges näherten wir uns dem Ufer des Paraiba wieder und wurden durch seine Schönheit an dieser Stelle sehr überrascht. Drei Inseln, zum Teil mit hohem altem Wald bewachsen, unterbrechen seinen Spiegel. Der dem deutschen Rhein an Breite nichts nachgebende Strom gleitet schnell dahin, und an seinen Ufern wechseln auf grünen Hügeln Waldungen und Gebüsche mit großen Fazendas ab, deren breite rote Ziegeldächer gegen das grüne Laub freundlich abstechen und um welche die Hütten der Neger kleine Dörfer bilden. Wir erreichten endlich eine ebene Wiese am Ufer des Flusses und befanden uns plötzlich zwischen den Hütten der Coroados-Indianer zu S. Fidelis. Unser Führer ritt sogleich vor die Wohnung des Geistlichen, Herrn Pater João, und ließ denselben durch einen seiner Sklaven um ein Nachtquartier ersuchen; allein wir wurden mit kurzen Worten abgewiesen, und alle weiteren Versuche schlugen fehl. Ohne die Güte des Herrn Capitam, in dessen Haus wir uns am Mittag so wohl befunden hatten, würden wir hier sicher unter freiem Himmel haben kampieren müssen.

S. Fidelis am schönen Ufer des hier ziemlich breiten Paraiba ist eine Mission, ein Dorf der Coroados- und Coropo-Indianer, und wurde vor etwa 30 Jahren von einigen Kapuzinermönchen aus Italien angelegt. Diese Indianer sind, wie gesagt, jetzt beinahe alle angesessen, die Coropos sämtlich, die Coroados größtenteils – doch haben sie kaum angefangen, ihre wilden rohen Sitten, Gebräuche und Gesinnungsarten abzulegen. Sie bauen Mandioca, Mais, Bataten, Kürbisse und dergleichen mehr an.

Ansicht der Mission von S. Fidelis

Wir fanden diese Menschen noch sehr originell, von dunkelbrauner Haut, völlig nationaler Gesichtsbildung, sehr markierten Zügen und rabenschwarzem Haar. Ihre Häuser sind recht gut und geräumig, von Holz und Lehm erbaut und mit Dächern von Palmblättern und Rohr gedeckt wie die der Portugiesen. Man sieht darin die aufgehängten Schlafnetze und in der Ecke Bogen und Pfeil angelehnt. Ihr übrigens sehr einfacher Hausrat besteht in selbstverfertigten Töpfen, Schüsseln oder Schalen (Cuias) von Kürbissen und dem Kalebassenbaum (Crescentia cuiete, L.), Tragkörben (Panacum), von Palmblättern geflochten, und wenigen anderen Sachen. Ihre Kleidung besteht in weißen Hemden und Beinkleidern von Baumwollzeug, an Sonntagen aber sind sie besser gekleidet; man unterscheidet sie alsdann nicht von der ärmeren Klasse der Portugiesen, doch auch dann gehen die Männer oft noch mit bloßem Kopf und barfuß, die Weiber hingegen sind schon eleganter, tragen zuweilen einen Schleier und putzen sich gern. Alle sprechen portugiesisch, unter sich aber gewöhnlich ihre Nationalsprache. Die Sprachen der Coroados und Coropos sind sehr nahe miteinander verwandt, auch verstehen beide mehrenteils die Puris. Unser junger Coropo,

Francisco, redete alle diese Sprachen. Die eigentümlichen Waffen, worauf die Coroados noch viel halten, bestehen in Bogen und Pfeilen, welche von denen der Puris nur in einigen geringen Nebendingen abweichen.

Ehemals begrub dieses Volk seine verstorbenen Anführer in länglichen irdenen Gefäßen, die man Camucis nannte, und zwar in sitzender Stellung. Frühe, wenn der Tag anbrach, badeten sie sich. Allein, alle diese Gebräuche haben sie schon verlassen.

Da der Tag nach unserer Ankunft zu S. Fidelis ein Sonntag war, so wohnten wir morgens der Messe in der Klosterkirche bei. Nachher stiegen wir in dem unbewohnten Kloster umher und besahen seine Merkwürdigkeiten. Die Kirche ist groß, hell und geräumig und von Pater Victorio, der erst vor ein paar Monaten gestorben ist, ausgemalt. Dieser Kapuziner-Missionar hatte tätig für das Wohl der Indianer gearbeitet und lebte in sehr günstigem Andenken, da man hingegen den jetzigen Geistlichen nicht so sehr zu lieben schien. Die Indianer hatten ihn schon einmal fortgejagt, weil er, wie sie sagten, ihnen keine Lehren geben könne, indem er schlechter sei als sie selbst. Die Malerei im Innern der Kirche kann zwar nicht schön genannt werden, ist aber doch leidlich und für diese abgeschiedene, wenig besuchte Gegend eine große Zierde, die den Fremden angenehm überrascht. Hinter dem Altar stehen die Namen der vier Missionare angeschrieben; an der Seite sind eine Menge Votivtafeln aufgehangen, unter andern ein Gemälde, worauf ein Sklave abgebildet ist, dessen Arm zwischen die Walzen einer Zuckermühle geraten war, die, als der Neger in der Angst seines Herzens einen Heiligen anrief, augenblicklich stillstand.

Unsere wichtigste Angelegenheit war nun, die Bekanntschaft mit den rohen Puris in ihren Urwäldern zu machen. Wir begaben uns deswegen auf das gegenüberliegende Ufer des Paraiba, wo wir auf der Fazenda eines Herrn Furriel (Furier) eine sehr gute Aufnahme fanden. Der Hausherr sandte sogar seinen Bruder in den Wald zu den Puris und ließ ihnen sagen, daß Fremde angekommen seien, die sie zu sprechen wünschten. Diese Einladung, die er an die Wilden ergehen ließ, war ein bedeutendes Opfer, das er der Gefälligkeit für uns brachte, denn diese Leute bringen ihm nicht allein keinen

Nutzen, sondern selbst bedeutenden Schaden; sie lassen sich, wenn man sie friedlich behandelt, in der Nähe der Pflanzungen nieder, benutzen aber alsdann auch die Erzeugnisse derselben, als wenn diese für sie selbst angelegt wären, und berauben oft sogar die Neger, die in der Nähe der Pflanzungen in den Waldungen Geschäfte haben, ihrer Hemden und Beinkleider.

Brasilianisches Landhaus am Paraiba

Hinter der Fazenda erstiegen wir einen felsigen Hügel und hatten dort eine himmlisch schöne, obgleich schauerliche Aussicht in die große ernste Wildnis. Kaum hatten wir den übrigen Teil der versammelten zahlreichen Gesellschaft unten am Fuße der Höhe wieder erreicht, als wir aus einem kleinen Seitental die Wilden hervortreten und auf uns zukommen sahen. Es waren die ersten dieser Menschen, die wir erblickten. Unsere Freude über ihre Erscheinung war groß wie unsere Neugierde. Wir eilten ihnen entgegen, und überrascht von der Neuheit des Anblicks standen wir vor ihnen. Fünf Männer und drei bis vier Weiber mit ihren Kindern hatten die Einladung, uns zu sehen, angenommen. Sie waren alle klein, nicht über fünf Fuß fünf Zoll hoch; die meisten unter ihnen waren breit und untersetzt, so auch die Weiber. Einige hatten den ganzen Kopf geschoren, den anderen hing ihr natürlich starkes rabenschwarzes, nur über den Augen und im Genick abgeschnittenes Haar gerade bis in den Nacken herunter. Bart und Augenbrauen hatte ein Teil von ihnen abgeschoren; im allgemeinen haben sie wenig Bart; bei den meisten bildet er nur einen dünnen Kranz um den Mund herum und hängt unter dem Kinn etwa drei Zoll lang nieder. Um den Hals oder über die Brust und eine Schulter hatten sie Schnüre von aufgereihten harten schwarzen Beeren, in deren Mitte vorn Eckzähne von Affen, Unzen, Katzen oder andern Raubtieren angereiht waren; auch trugen manche unter ihnen diese Schnüre ohne Zähne.

Wir empfingen diese merkwürdigen Menschen sehr freundlich. Zwei von ihnen waren als Kinder unter den Portugiesen aufgezogen worden und redeten daher die Sprache derselben ein wenig – dadurch sind sie den Fazendas oft von großem Nutzen. Jetzt kündigten wir ihnen auf morgen früh unsern Besuch in ihren Wäldern an, wenn sie uns gut aufnehmen wollten. Hierauf, und als wir ihnen angenehme Geschenke mitzubringen versprachen, schieden sie sehr vergnügt von uns und eilten unter lauten Rufen und Gesang in ihre Wildnis zurück.

Kaum hatten wir am Morgen das Haus verlassen, so erblickten wir auch schon die Indianer, wie sie aus ihrem Waldtal hervorkamen. Wir sprengten ihnen entgegen, bewirteten sie sogleich mit Branntwein und eilten mit ihnen dem Walde zu. Als wir das Zuckerwerk der Fazenda umritten, fanden wir daselbst die ganze Horde der Puris im Grase gelagert. Der nackte braune Menschenhaufen bildete einen höchst sonderbaren interessanten Anblick. Männer, Weiber und Kinder waren dicht zusammengedrängt und betrachteten uns mit neugierig scheuen Blicken. Sie hatten sich sämtlich nach Möglichkeit geschmückt. Nur einige wenige Weiber trugen ein Tuch um die Hüften oder vor der Brust, die meisten aber waren völlig unbedeckt. Einige Männer hatten sich mit einem um die Stirn befestigten Stück Affenfell, von der Art, die man Mono (Ateles) nennt, geziert. Auch bemerkte man ein paar Männer, welche ihre Haare beinahe völlig abgeschoren hatten. Die Weiber trugen ihre kleinen Kinder zum Teil in Binden von Baumbast, die über der rechten Schulter befestigt waren, andere trugen dieselben auf dem Rücken, durch eine breite, über die Stirn gehende Binde gehalten. Dies ist die Art, wie sie auch meistens ihre Körbe mit Lebensmitteln tragen,

Die Puris in ihren Wäldern

wenn sie wandern. Einige Männer und Mädchen waren stark
bemalt, sie hatten auf Stirn und Backen den roten Punkt,
auch zum Teil rote Streifen im Gesicht. Bei anderen sah man
schwarze Streifen in die Länge und Querbinden mit Punkten
über den Körper, und verschiedene Kinder waren über und
über mit schwarzen kleinen Punkten wie getigert. Das Bema-
len scheint unter ihnen willkürlich und eine Sache des Ge-
schmacks zu sein. Von den Mädchen trugen etliche Bänder
um den Kopf; übrigens aber pflegt das weibliche Geschlecht
eine Binde von Bast oder Schnüre fest um Hände und Knö-
chelgelenke zu binden, um, wie sie sagen, an diesen Teilen
schlank und zierlich zu werden. Die Gestalt der Männer ist im
allgemeinen stämmig, untersetzt und öfters sehr fleischig, der
Kopf dick und rund, das Gesicht breit und meistens mit stark
vortretenden Backenknochen, die Augen schwarz, klein und
zuweilen schief, die Nase kurz und breit und ihre Zähne sehr
weiß; doch zeichneten sich einige durch scharfe Züge, kleine
gebogene Nasen und sehr lebhafte Augen aus, die nur bei wenigen freundlich, bei den meisten aber finster, ernst und ver-
steckt unter der vortretenden Stirn hervorblicken. Herr von

Eschwege gibt als einen Zug der Puris die Kleinheit der männlichen Geschlechtsteile an. Ich muß indessen gestehen, daß ich hierin keinen merklichen Unterschied zwischen ihnen und den übrigen Stämmen gefunden habe; die Puris sind im allgemeinen sehr klein, und alle brasilianischen Stämme stehen in diesem Punkte dem Europäer und noch mehr dem Neger nach. Alle hier gegenwärtigen Männer trugen ihre Waffen, lange Bogen und Pfeile, in den Händen. Der Bogen der Puris und Coroados mißt 6½ Fuß, auch wohl darüber. Er ist glatt, von dem harten, zähen, schwarzbraunen Holze der Airi-Palme gearbeitet und mit einer Sehne von Grawathá (Bromelia) bespannt. Die Pfeile der Puris sind oft über 6 Fuß lang und aus festem knotigem, in den trocknen Waldungen wachsendem Rohre (Taquara) gemacht, am untern Ende mit schön blauen oder roten Federn oder mit denen des Mutum (Crax alector, L.) oder des Jacutinga (Penelope leucoptera) befiedert; die der Coroados sind aus einem anderen Rohr gemacht, das keine Knoten hat. Von den Pfeilen aller dieser verschiedenen Stämme gibt es dreierlei sich durch ihre Spitzen unterscheidende Arten. Die erste ist der eigentliche Kriegspfeil. Er hat eine Spitze von breitem, an den Rändern scharf geschnittenem und vorn sehr zugespitztem Rohr von der Pflanze, deren schon früher unter dem Namen des Taquarussú (Bambusa?) erwähnt worden. Die zweite Art hat eine sehr lange Spitze von Airi-Holz mit vielen Widerhaken an der einen Seite. Mit der dritten, nur mit einer stumpfen Spitze und einigen Knöpfen versehenen Art schießt man kleine Tiere. Alle von mir an dieser Küste besuchten Stämme vergiften ihre Pfeile nicht, denn so weit ist glücklicherweise die Industrie dieser noch völlig auf der unteren Stufe der Kultur stehenden Völker nicht vorgerückt.

Als unsere erste Neugierde befriedigt war, baten wir die Wilden, uns nach ihren Hütten zu führen. Die ganze Truppe zog nun voran, und wir folgten zu Pferde nach. Der Weg führte in ein Seitental, wo wir die Zuckerpflanzungen durchschritten; dann aber wurde er zu einem schmalen Pfade, bis wir endlich im dichten Walde auf einige Hütten stießen. Sie gehören wohl zu den einfachsten in der Welt. Das Schlafnetz, welches sie von Embira machen, ist zwischen zwei Baumstämmen angebunden; an diesen beiden Stämmchen ist höher oben eine Querstange mit einer Schlingpflanze befestigt, gegen welche sie in schräger Richtung große Palmblätter von der Windseite anlehnen und diese unten mit Heliconia- oder Pattioba-Blättern und – in der Nähe der Pflanzungen – mit Bananenblättern ausfüttern. Auf der Erde, neben einem kleinen Feuer, liegen einige Flaschen von der Frucht der Crescentia Cujete oder einige Kürbisschalen, etwas Wachs, verschiedene Kleinigkeiten zum Putz, Rohr zu Pfeilen und Pfeilspitzen sowie einige Federn und Lebensmittel, als Bananen und andere Früchte, umher. Bogen und Pfeile des Hausherrn stehen an einem der Bäume angelehnt, und magere Hunde fallen laut bellend den Fremdling an, der sich dieser Wildnis nähert. Die Hütten sind klein und von allen Seiten der Witterung dermaßen ausgesetzt, daß man bei ungünstigem Wetter die braunen Bewohner, in einem Haufen dicht um das Feuer zusammengedrängt und in der Asche sitzend, Schutz suchen sieht; sonst liegt der Mann ruhig ausgestreckt in dem Netz, während die Frau das Feuer unterhält und etwas an ein spitziges Holz gestecktes Fleisch brät. Feuer, von den Puris Poté genannt, ist allen brasilianischen Völkerstämmen ein Hauptbedürfnis. Sie lassen es nie ausgehen und unterhalten es die ganze Nacht, weil sie ohne dasselbe bei dem Mangel an Bekleidung frieren würden und weil es nebenher ihnen den bedeutenden Vorteil gewährt, alle wilden Tiere von ihren Hütten abzuhalten. Ein solches Haus verlassen die Wilden ohne Kummer, wenn die umliegende Gegend ihnen nicht mehr hinlänglich Nahrung liefert. Sie ziehen alsdann nach anderen Gegenden, wo sie mehr Affen, Schweine, Rehe, Pacas, Agutis und andere Jagdtiere finden. Hier in der Gegend sollen diese Puris besonders viele Brüllaffen oder Barbados (Mycetes, Illigeri) geschossen haben; auch boten sie uns wirklich mehrere schon halb gebratene Stücke davon zum Kauf an; das eine war ein Kopf, das andere eine Brust mit den Armen, woran aber der Kopf fehlte – ein sehr ekelhafter Anblick, besonders da sie an allem ihrem Wildbret die Haut lassen, die alsdann schwärzlich versengt ist. Diese harten, halbrohen Leckerbissen zerreißen sie mit ihren starken weißen Zähnen. Ebenso sollen sie auch Menschenfleisch aus Rachsucht verzehren; daß sie aber ihre eigenen Toten auffressen, um ihnen den letzten Liebesdienst zu erzeigen, wie einige alte Schriftsteller behaupten,

Puris in ihrer Hütte

davon findet man, wenigstens heutzutage, bei den Tapuyas der Ostküste keine Spur.

Als wir bei den Hütten angekommen waren, wurde sogleich ein Tauschhandel eröffnet. Wir machten den Weibern Geschenke mit Rosenkränzen, die sie besonders lieben, wiewohl sie das Kreuz abrissen und über dieses Heiligtum der katholischen Kirche lachten. Ferner haben sie besonders gern rote wollene Mützen, Messer und rote Schnupftücher und gaben dafür am liebsten ihre Bogen und Pfeile hin. Nach Spiegeln gelüsteten die Weiber, aber aus Scheren machten sie sich nichts. Wir tauschten von ihnen eine Menge Bogen, Pfeile und mehrere Tragkörbe ein. Die letzteren sind von grünen Palmblättern geflochten. Zum Verkauf bringen alle Wilde häufig große Kugeln von Wachs, welches sie bei dem Herausnehmen der wilden Bienenstöcke aus den Waldbäumen sammeln. Sie gebrauchen dies schwarzbraune Wachs bei der Verfertigung ihrer Pfeile und Bogen; auch machen sie Lichter davon und verkaufen diese den Portugiesen. Diese Lichter, die recht gut brennen, bereiten die Tapuyas, indem sie um einen dünnen Kern von Wachs einen Docht von Baumwolle wickeln und nun das Ganze fest zusammenrollen. Auf ihr Messer, das sie an einer um den Hals herumgehenden Schnur befestigen und auf dem Rücken herabhängen lassen, legen sie einen hohen Wert. Oft besteht es nur aus einem Stückchen Eisen, das sie aber beständig auf Steinen schleifen und dadurch äußerst scharf erhalten. Gibt man ihnen ein Messer, so zerbrechen sie gewöhnlich den Stiel und machen sich einen neuen nach ihrem eigenen Geschmack, indem sie die Klinge zwischen zwei Stücke Holz legen und diese mit einer Schnur dicht umwickeln.

Herr Freyreiss handelte jetzt mit einem Puri um seinen Sohn und bot ihm mancherlei Dinge dafür an. Die Weiber beratschlagten laut, in ihrem eigentümlichen singenden Tone, zum Teil mit betrübten Gebärden. Ihre meisten Worte endigten sie auf a und wurden gezogen, wodurch ein sehr lautes sonderbares Konzert entstand. Es war deutlich zu sehen, daß sie den Knaben nicht gern herausgaben; allein das Haupt der Familie, ein ältlicher ernster Mann von guter Gesichtsbildung, sprach einige bedächtige Worte und stand dann völlig in Gedanken vertieft mit gesenktem Kopfe da. Man gab ihm nach und nach ein Hemd, zwei Messer, ein Tuch, einige Korallenschnüre von bunten Glasperlen und einige kleine Spiegel. Diesem Preis konnte er nicht widerstehen. Er begab sich in den Wald und kehrte bald, mit einem Jungen an der Hand, zurück, der aber häßlich war, einen sehr dicken Bauch hatte und deswegen verworfen wurde. Hierauf brachte er einen zweiten, annehmlicheren zum Vorschein. Unglaublich war der Gleichmut, womit dieser Junge sein Urteil anhörte. Er veränderte keine Miene, nahm keinen Abschied und schwang sich vergnügt dem Pferd des Herrn Freyreiss auf die Kruppe. Diese gefühllose Gleichgültigkeit bei frohen und traurigen Vorfällen findet man bei allen amerikanischen Völkern: Freuden und Leiden machen auf sie keinen lebhaften Eindruck; man sieht sie selten lachen, und nicht leicht hört man sie sehr laut reden.

Als wir den Tauschhandel im Walde ebenfalls geendigt hatten, bestiegen wir unsere Pferde, hinter jeden von uns setzte sich ein Puri, und so ging die Reise wieder der Fazenda zu. Die ganze Bande Männer und Weiber fand sich auch hier bald ein, und alle wollten zu essen haben. Während wir ritten, hatte mein Hintermann mir das Schnupftuch aus der Tasche gezogen. Ich ertappte ihn erst, als er es verbergen wollte, und sagte ihm, er müsse mir einen Bogen dafür geben, welches er auch sogleich versprach. Nachher aber verlor er sich schnell unter der Menge und hielt nicht Wort. Einige Männer hatten zu viel Branntwein erhalten und wurden jetzt zudringlich. Mit einer freundlichen Behandlung würde man sie leicht wegge-schafft haben; allein die Pflanzer behandeln diese Leute ganz falsch, indem sie dieselben als Vieh betrachten und sogleich

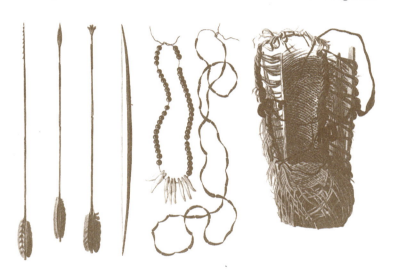

Waffen, Schmuck und Gerät der Puris

von der Chicote sprechen; hierdurch reizt man sie natürlicher-weise zum Zorn und verursacht Haß und Streit. Mit uns Fremden waren sie daher vorzüglich zufrieden, weil wir so auf-richtig und gut mit ihnen umgingen. Auch bemerkten sie sehr gut an unsern blonden Haaren, daß wir einer andern Nation angehörten. Übrigens nennen sie alle Weißen Rayon. Da wir auf der Fazenda keine Farinha erhalten konnten, um alle diese Menschen abzufüttern, so sannen wir auf ein Mittel, ihren lauten Forderungen nach Nahrung auf andere Weise abzuhel-fen. Der Hausherr gab uns ein kleines Schwein, welches wir ihnen mit dem Bedeuten schenkten, sich dasselbe zu schießen, und erhielten dadurch Gelegenheit zu sehen, mit welcher rohen Grausamkeit sie die Tiere für ihre Nahrung bereiten. Das Schwein fraß neben dem Hause; ein Puri schlich herbei und schoß es zu hoch unter dem Rückgrat hinein; es lief schreiend fort und schleifte den Pfeil nach. Der Wilde ergriff jetzt einen zweiten Pfeil, schoß ihn im Laufen auf das Vorderblatt des Tiers und fing es nun. Währenddessen hatten die Weiber in der Geschwindigkeit ein Feuer angezündet. Als wir sämtlich hinzukamen, schossen sie das Schwein noch einmal ins Genick, um es zu töten, und dann noch in die Brust. Das Tierchen war indessen nicht tot, es lag schreiend da und blutete sehr. Aber ohne sich lange zu besinnen und sich durch sein Schreien stören zu lassen, warfen sie es lebend ins Feuer, um es zu sengen, und belachten einstimmig seine vom Schmerz ausgepreßten Töne. Nur als unser laut geäußertes Mißfallen über diese Barbarei immer zunahm, trat einer von ihnen hinzu und stach das aufs höchste gemarterte Tier mit einem Messer in die Brust, worauf sie ihm die Haare abschabten und es sogleich zerschnitten und verteilten. Viele von ihnen gingen bei der geringen Größe des Schweinchens leer aus und zogen daher murrend in ihre Wälder zurück. Kaum waren sie fort, so kam von S. Fidelis ein Sack mit Mehl für sie an, den wir ihnen nun nachschickten.

Die Sprache der Puris ist verschieden von den Sprachen der meisten andern Stämme, allein sie ist mit der der Coroados und Coropos verwandt. Einige Schriftsteller, unter andern Azara, haben diesen amerikanischen Völkerschaften alle religiöse Ideen absprechen wollen; ich selbst habe bei allen von mir besuchten Stämmen der Tapuyas sprechende Beweise eines bei ihnen vorhandenen religiösen Glaubens gefunden, daher ist es für mich feste und unumstößliche Wahrheit, daß kein einziges Volk unserer Erde ohne einige religiöse Ideen sei. Die wilden Brasilianer glauben (an) verschiedene mächtige Wesen, von denen sie unter dem Namen Tupá oder Tupan das Mächtigste im Donner erkennen.

Wir kehrten über den Paraiba nach der Fazenda des Herrn Furriel zurück und sahen da die Puris wieder nach dem Zucker-Engenho kommen, um Zuckerrohr zu saugen. Man brachte den von Herrn Freyreiss gestern gekauften Knaben unter sie, um zu sehen, welchen Eindruck er auf seine Verwandten machen würde; allein zu unserer Verwunderung würdigte ihn kein einziger nur eines Blickes, und auch er sah sich nicht nach seinen Eltern und Verwandten um, sondern setzte sich ohne weiteres in unserer Mitte nieder. Solche Gleichgültigkeit habe ich bei keinem der anderen Stämme gefunden. Sie scheint indessen nur gegen schon etwas herangewachsene junge Leute stattzufinden, denn gegen kleinere Kinder fehlt es ihnen nicht an Zärtlichkeit. Bis der junge Mann sich selbst ernähren kann, ist er ganz das Eigentum seines Vaters. Sobald er aber einigermaßen imstande ist, sich seinen Unterhalt selbst zu verschaffen, bekümmert sich der Vater wenig mehr um ihn. Einige Puris zogen mit ihren völlig bepackten Weibern an uns vorbei. Ihr ganzes Gepäck bestand in ihren Kindern und einigen Körben von Palmblättern, die voll Bananen, Orangen, Sapucaya-Nüssen, Rohr zu Pfeilspitzen, baumwollenen Schnüren und einigen Putzsachen waren.

Reise von Villa de S. Salvador zum Flusse Espirito Santo

Bei unserer Ankunft in der Villa fanden wir zu unserer lebhaftesten Freude die Nachricht von dem folgereichen Sieg bei Belle Alliance bestätigt, die auch hier von allen Einwohnern mit großem Jubel aufgenommen worden war. Nachdem wir vom Kommandanten, dem Obersten Carvalho dos Santos, der uns viele Höflichkeiten erzeigte, sowie von andern gefälligen Einwohnern von S. Salvador Abschied genommen, verließen wir am 20. November die Villa und folgten dem Ufer des Paraiba bis zu seiner Mündung an die See. Das Wetter war ungemein heiß. Die beinahe ausgetrockneten Pfützen in den Wäldern sahen wir mit einer dichten Decke von gelben und weißlichen Schmetterlingen bedeckt, die hier Feuchtigkeit suchten. Diese Anhäufungen der Schmetterlinge an feuchten Stellen sind immer Zeichen von der Annäherung der heißen Jahreszeit; man sieht oft große Flüge von ihnen gleich Wolken in der Nähe eines Wassers umherschwärmen. Der Sandboden bewies, daß wir uns sehr dem Meer näherten. Einige schöne Vögel, besonders Eisvögel (Alcedo), vermehrten hier unsere

Sammlungen, und als wir das Ufer des Flusses erreicht hatten, erschien für uns der Augenblick zu einer völlig neuen Jagd, die des Jacaré oder des hiesigen Alligators, Crocodilus sclerops. Noch waren wir nicht weit vorgerückt, als vor uns einige Schüsse fielen. Wir ritten darauf zu und fanden, daß ein paar unserer Jäger von einer über einen langsam fließenden Bach gelegten Brücke einem Jacaré zwei Schüsse auf den Hals gegeben und es getötet hatten. Nahe Fischerwohnungen verschafften uns einen Mann mit einem Canoe und einem großen eisernen Dreizack, womit er auf dem Grunde des Wassers umhersuchte, das Tier spießte und es heraufzog.

Crocodilus sclerops Schneid., der Brillenkaiman

Endlich erreichten wir glücklich die Villa de S. Joâo da Barra, unweit der Einmündung des Paraiba ins Meer. Villa de S. Joâo da Barra ist ein Flecken, der mit S. Salvador nicht verglichen werden kann, da er nur eine Kirche und ungepflasterte Straßen mit niedrigen einstöckigen, aus Holz und Lehm erbauten Häusern hat. Dagegen aber ist hier der Fluß für ziemlich große Schiffe, Briggs und Sumacas fahrbar, und es findet auf demselben unmittelbarer Verkehr mit der See statt. Alle Schiffe, welche nach S. Salvador hinauf wollen, müssen hier vorbei. Die Einwohner sind meistens Seeleute und Fischer, welchen der Handel von S. Salvador mit den Produkten der Gegend Nahrung gibt.

Zwei Tage verweilten wir zu S. Joâo, um unser mitgebrachtes Jacaré zu präparieren, welches uns einen ganzen Tag anhaltend beschäftigte. Nach Vollendung dieser Arbeit trafen wir wieder Anstalten zur Reise. Ich war mit Herrn Freyreiss und Sellow unserer Tropa vorangeeilt, und wir erreichten noch vor Nacht die einzelne, am Meeresstrande liegende Fazenda Mandinga. Hier trafen wir den Corréo oder die Briefpost, welcher von Rio bis Villa de Victoria, aber nicht weiter nördlich geht, und erhielten Briefe, die uns am Abend noch angenehme Unterhaltung verschafften.

Von Mandinga zogen wir nordwärts, längs des Seestrandes hinauf in tiefem Sande watend, der von dem Meer immer benetzt wird. Die Menschen finden diesen Sandweg bequem und angenehm, allein die Maultiere und Pferde, die sich an den Anblick und das Geräusch der heranrollenden Brandung noch nicht gewöhnt haben, scheuen oft diesen bequemen Gang. Ein Pfad, der sich jetzt von der See ab nach dem dichten Gebüsch zuwandte, führte uns bald in den hohen Urwald.

Als wir den Wald zurückgelegt hatten, befanden wir uns in weitläufigen neuangerodeten Pflanzungen. Wir erreichten zuerst Gutinguti, das mit Muribecca den gemeinsamen Namen Fazenda de Muribecca trägt. Ehemals gehörte sie mit einem neun Legoas langen Gebiet den Jesuiten, die diese Gebäude angelegt haben, jetzt aber vier Eigentümern gemeinschaftlich. Noch jetzt befinden sich hier 300 Negersklaven, worunter indessen nur etwa 50 tüchtige starke Männer sind, über die ein Feitor, ein Portugiese von Geburt, der uns sehr freundschaftlich aufnahm, die Aufsicht führt. Die Arbeiten hier sind für die Sklaven sehr beschwerlich; sie bestehen hauptsächlich in Ausrottung der Waldungen. Die Pflanzungen bestehen in Mandioca, Milio, Baumwolle und etwas Kaffee. Unweit von Gutinguti fließt der Itabapuana vorbei, ein kleiner Fluß, der in seinem hohen Stande die Wiesen bewässert.

Auf einer Spazierfahrt den Fluß aufwärts belustigte die Herren Freyreiss und Sellow der Anblick einer großen Gesellschaft von Fischottern (Lutra brasiliensis), Lontras, welche ohne Zeichen von Scheu vor ihnen schnarchend und pfeifend im Wasser scherzten.

Ihr Fell ist sehr zart und schön. In den Hauptflüssen des inneren Brasilien, zum Beispiel im Rio S. Francisco, erreichen sie eine kolossale Größe, man nennt sie dort nicht Lontra, sondern Ariranha (Arirannia). Auch wir erhielten hier eine dieser großen Ottern.

Die Reise vom Itabapuana nordwärts erfordert einige Vorsicht, da man bis zum Flusse Itapemirim eine Strecke von sechs bis acht Legoas durchschneiden muß, wo die Puris sich beständig feindselig gezeigt haben. Weil sie in dieser Gegend mehrmals schreckliche Mordtaten verübt hatten, so sah man sich genötigt, hier einen Militärposten, das Quartel oder Destacamento das Barreiras, anzulegen. Die Soldaten des Destacaments pflegen den Reisenden entgegenzukommen, wenn sie aus der Ferne auf dem weißen Sand der Praya eine Tropa heranziehen sehen. Auch wir stießen, nachdem wir etwa eine Stunde der Küste gefolgt waren, auf eine Patrouille von sechs Mann, meist Neger und Mulatten, welche uns der Offizier des Postens entgegengesandt hatte. Gegen Mittag erreichte unsere Tropa das Quartel, wo uns der kommandierende Fähnrich sehr gastfreundlich aufnahm. Dieser Militärposten besteht aus einem Offizier und 20 Soldaten von der Miliz, welche mit Gewehren ohne Bajonett bewaffnet sind. Die Küste zeigt hier hohe, senkrecht abgeschnittene Tonwände (Barreiras), auf deren Höhe das Quartel erbaut ist. In den Schluchten und auf der Höhe des Ufers ist überall das Land mit dichten Waldungen umgeben, in welche, der Wilden wegen, niemand weit hineinzugehen wagt. Nach einigen Stunden erreichten wir an einer niederen Stelle der Küste die Povoaçâo Çiri, die jetzt völlig verlassen da steht. Hier fielen die Puris oder andere Tapuyas im verflossenen Augustmonat plötzlich ein, ermordeten in dem ersten Hause drei Personen und verbreiteten einen solchen Schrecken, daß alle Bewohner augenblicklich entflohen.

Gegen Mittag gelangten wir an den Fluß Itapemirim, an dessen südlichem Ufer die Villa de Itapemirim liegt. Sie ist sieben Legoas von Muribecca entfernt, ist ein kleiner, noch neuer Ort und hat einige gute Häuser, kann aber nur ein Dorf genannt werden. Die Bewohner sind teils arme Pflanzer, welche ihre Anlagen in der Nähe haben, teils Fischer, einige wenige sind Handwerker. Der Fluß, in dem einige kleine Briggs lagen, ist hier nur schmal, veranlaßt aber doch einigen Handel mit den Produkten der Pflanzungen, bestehend in Zucker, Baumwolle, Reis, etwas Milio und Holz aus den Wäldern. Ein in den Gebirgen gefallener Gewitterregen gab uns ein Beispiel, wie schnell und gefährlich oft die Gewässer der heißen Zone anschwellen, denn der Fluß war plötzlich beinahe aus seinen Ufern getreten; er ist indessen immer etwas beträchtli-

cher als der Itabapuana. Die Gebirge, aus welchen er herabkommt, zeigen sich in der Ferne mit merkwürdigen zackigen
Kegelkuppen; man nennt sie Serra de Itapemirim. Sie sind
wegen der in ihrer Nähe, fünf Tagesreisen am Flusse aufwärts,
ehemals angelegten Goldwäschereien, Minas de Castello, bekannt.

Nach einem Aufenthalt von einigen Tagen verließen wir
diese Gegend. In einiger Entfernung von der Villa setzt man
über den Fluß, unfern seiner Mündung in die See. Bei der
starken Hitze litten wir großen Durst, gegen welchen unser
junger Puri uns jetzt ein untrügliches Mittel lehrte. Man
bricht nämlich die mittleren steifen Blätter der Bromelia-
Stauden heraus, in deren Winkeln sich vom Regen und Tau
sehr gutes Wasser sammelt, und fängt diesen Nektar auf, indem das Gewächs schnell an den Mund gebracht wird.

Wir nahmen unser Nachtquartier auf der Fazenda de Agá,
wo man Mandioca, etwas Baumwolle und Kaffee baut. Unweit
Agá erreichten wir die von mehreren indianischen Familien
bewohnte Povoaçâo Piuma oder Ipiuma, wo sich ein starker
Bach gleichen Namens, der bloß für Canoes schiffbar ist, in
die See ergießt. Hier findet man eine auf das Anwachsen des
Baches berechnete, etwa 300 Schritte lange hölzerne Brücke,
eine wahre Seltenheit in diesem Lande. Die Ufer dieses Flusses sind mit dichten Gebüschen bedeckt, und sein Wasser hat
eine dunkelkaffeebraune Farbe, wie die meisten Waldbäche
und kleinen Flüsse dieses Landes. Als wir über die Brücke zogen, liefen die Indianer mit ihren charakteristischen dunkelbraunen Gesichtern aus Neugierde herbei, um die Fremden
zu sehen. Ein hier angesessener spanischer Matrose machte
den Wirt, redete uns sogleich gebrochen in mehreren Sprachen an, erzählte dabei von allen Ländern, in denen er gewesen war, und deutete ziemlich verständlich darauf hin, daß wir
Engländer wären.

Wir durchritten hügliges, mit Wald und Weidegegenden
abwechselndes Land und erreichten gegen Abend die letzte
Höhe am Flusse Benevente, wo wir plötzlich durch eine
schöne Aussicht überrascht wurden. Am Fuße eines Hügels
zeigte sich uns auf dem nördlichen Ufer Villa Nova de Benevente, ein Flecken, zur Rechten der weite blaue Spiegel des
Meers und links der Fluß Benevente, welcher sich gleich

einem See ausbreitet, ringsumher aber ist alles finsterer hoher Wald, hinter welchem endlich Felsgebirge den Horizont begrenzen. Villa Nova de Benevente wurde am Flusse Iritiba, oder eigentlich Reritigba, von den Jesuiten erbaut, welche hier eine Menge bekehrte Indianer versammelten. Ihre Kirche und das unmittelbar damit vereinigte Kloster existieren noch; letzteres, wo wir unsere Wohnung erhielten, ist gegenwärtig zum Casa da Camara gemacht. Es liegt auf einer Höhe über der Villa und gewährt, besonders von dem an der Nordseite befindlichen Balkon aus, eine herrliche Aussicht. Die Sonne tauchte eben in den dunkelblauen Ozean, der vor uns lag, unter und verwandelte den weiten Spiegel desselben in ein Feuermeer. Die Klosterglocke läutete zum Ave Maria, und alles, was in der Nähe war, zog die Hüte ab zum Abendgebet. Stille herrschte in der weiten Ebene, und nur die über den Fluß herüberschallenden Stimmen der Tinamus und anderer wilder Tiere unterbrachen dieses feierliche nächtliche Schweigen. Mehrere niedliche kleine Briggs lagen im Hafen von Villa Nova vor Anker und verleiteten uns zu dem Fehlschluß, daß hier ein nicht unbedeutender Handel getrieben werde; allein man belehrte uns bald eines Besseren. Es ist hier sehr wenig Verkehr, und diese Schiffe hatten bloß vor dem ungünstigen Winde Schutz gesucht. Die Jesuiten hatten hier anfangs 6000 Indianer versammelt und die beträchtlichste Aldea an dieser Küste gestiftet, allein durch die schweren königlichen Dienste und durch sklavische Behandlung vertrieb man die meisten derselben wieder; diese zerstreuten sich in andere Gegenden, so daß jetzt der ganze Distrikt von Villa Nova, die portugiesischen Ansiedler mitgerechnet, nicht mehr als 800 Seelen zählt, worunter etwa 600 Indianer sind.

Vom Iritiba gelangt man zunächst zu dem Fluß Goaraparim. Sumpfige Wiesen und Moräste dehnen sich unweit der See aus, Gebüsche wechseln damit ab und herrlicher Urwald erfreut zuweilen den Wanderer. Jenseits des Waldes erreichten wir die Povoação de Obú, einige, zwei Legoas von Villa Nova entfernte Fischerhütten. Solche von Wald oder dichten Gebüschen umgebene Wohnungen sind oft noch malerischer als andere in offenen Gegenden. Eine Povoação namens Miaïpé, von 60 bis 80 Fischerfamilien bewohnt, beherbergte unsere Tropa am Abend.

Nicht weit von Miaïpé liegt die Villa de Goaraparim, wohin ein über einige in die See vortretende Felsenkuppen gehender Weg führt. Die Villa hat etwa 1600 Einwohner, der ganze Distrikt aber 3000 Seelen; jene ist also etwas größer als Villa Nova de Benevente. Die Straßen sind nicht gepflastert, nur an den Häusern hat man Steinwege, und diese sind schlecht. Die kleinen Gebäude haben meistens nur ein Stockwerk. Der Ort ist im allgemeinen arm, doch befinden sich in der Nähe einige beträchtliche Fazendas. Eine derselben, mit 400 Negersklaven, wird Fazenda de Campos genannt; eine zweite, mit 200 Negern, heißt Engenho velho. Als der letzte Besitzer der ersteren starb, trat eine allgemeine Unordnung ein; die Sklaven revoltierten und arbeiteten nicht mehr. Ein Geistlicher benachrichtigte die Erben des Gutes in Portugal von dem Verfall ihres Eigentums und erbot sich, die Sache in Ordnung zu bringen, wenn man ihm einen Anteil an dem Besitz gestatten wolle. Dies wurde genehmigt, allein die Rädelsführer der Sklaven ermordeten ihn in seinem Bett, bewaffneten sich und bildeten in jenen Wäldern eine Republik von Schwarzen, denen niemand leicht Abbruch tun konnte. Sie benutzten die Fazenda für sich, ohne jedoch viel zu arbeiten, lebten frei und jagten in den Wäldern. Mit den Sklaven dieser Fazenda machten sich die des Engenho velho ebenfalls unabhängig, und eine Companie Soldaten konnte nichts gegen sie ausrichten. Jene Neger beschäftigten sich besonders damit, einige vorzügliche Produkte dieser Wälder zu suchen, wie den wohlriechenden peruvianischen und den Copaiva-Balsam (Oleo de Copaüba). Die Neger oder Indianer, welche dieses Produkt einsammeln, bringen es in kleinen wilden Cocosnüssen, die sie oben an ihrer Öffnung mit Wachs zukleben, zum Verkauf. Der Balsam ist so fein, daß er bei der Hitze durch die feste Nuß durchschwitzt. Man schreibt ihm im Lande selber mehr Heilkraft zu, als er wirklich besitzt. Die verwilderten Neger der beiden vorhin genannten Fazendas nehmen Fremde gut auf und zeichnen sich durch ihr Betragen sehr vor den entlaufenden Negersklaven in Minas Geraës und andern Orten aus, welche man dort von ihren im Walde angelegten Dörfern (Quilombos) Gayambolos nennt. Diese fallen, besonders in Minas, die Reisenden an, plündern und töten sie öfters; daher hat man dort gewisse eigne Gayambolen-Jäger mit Namen Capitaes do mato, welche bloß darauf ausgehen, die Schwarzen in ihren Schlupfwinkeln zu fangen oder zu töten.

Der in Goaraparim kommandierende Capitam der Landmiliz hatte uns höflich empfangen und uns ein Haus zum Nachtquartier angewiesen. Wir schifften am anderen Morgen bei der Villa über den zwischen sanftgrünen Gebüschen von Mangue-Bäumen (Conocarpus) höchst malerisch sich ausdehnenden und in der Ferne von grün bewachsenen Gebirgen begrenzten Fluß, auf dessen nördlichem Ufer sich ein Fischerdorf befindet. Alsdann folgten wir dem Seestrande bis Ponta de Fruta, wo in einem Gebüsch mehrere Wohnungen eine zerstreute Povoaçâo bilden. Die Bewohner, Abkömmlinge von Portugiesen und Negern, nahmen uns gut auf. Sie nähren sich kümmerlich von ihren Pflanzungen und dem Fischfang. Nicht weit von Ponta da Fruta erblickt man schon auf einem fernen Berge das Kloster Nossa Senhora da Penha unweit Villa do Espirito-Santo, wohin man noch einen Weg von fünf Legoas hat. Wälder, Wiesen und Gebüsche wechseln hier mit großen, weiten Rohrbrüchen ab. Bei dem kleinen Fluß Jucú, über welchen hier eine lange baufällige Brücke mit Vorsicht passiert werden mußte, fanden wir an der See ein Fischerdorf, durchritten dann einen schönen Urwald und erreichten endlich Villa do Espirito-Santo am Flusse gleichen Namens.

Aufenthalt zu Capitania und Reise zum Rio Doçe

Die Ansiedlungen der Portugiesen an der Mündung dieses schönen Flusses sind schon alt, allein sie litten später sehr durch die Kriege mit den Tapuyas.

In der letzten Hälfte des 17. Jahrhunderts enthielt der Distrikt von Espirito-Santo nicht mehr als 500 Portugiesen und vier indianische Dörfer. Heutzutage erblickt man auf dem südlichen Ufer des Flusses, nicht weit von seiner Mündung, in einem schönen Busen die Villa Velha do Espirito Santo, eine kleine, schlechte offene Villa, die größtenteils in einem Quadrat erbaut ist. Am einen Ende steht die Kirche und am anderen, nahe am Wasser, das Casa da Camara. Auf einem hohen,

Am Fluß Espirito Santo unweit Villa de Victoria

mit Wald bedeckten Berge, unmittelbar neben der Villa, liegt das berühmte Kloster von Nossa Senhora da Penha, eines der reichsten in Brasilien, das von der Abtei zu S. Bento in Rio de Janeiro abhängt. Es soll ein wundertätiges Marienbild besitzen, weswegen eine Menge Menschen dahin wallfahrten. Jetzt befanden sich nur zwei Geistliche daselbst. Die Villa besteht aus niedrigen Lehmhütten, ist ungepflastert und sichtbar im Verfall, seitdem man etwa eine halbe Stunde weiter aufwärts auf dem nördlichen Ufer des Flusses die Villa de Victoria erbaut hat, einen hübschen kleinen Ort, der nach meiner Abreise von da zur Çidade (Stadt) erhoben worden ist. Die Çidade de Nossa Senhora da Victoria ist ein ziemlich netter Ort mit ansehnlichen Gebäuden, nach der altportugiesischen Bauart mit Balkons von hölzernem Gitterwerk versehen, mit gepflasterten Straßen und einem mäßig großen königlichen Gebäude, dem Jesuitenkonvent, worin der Gouverneur wohnt, der hier zu seiner Disposition eine Kompanie reguläres Militär hat. Außer mehreren Klöstern befinden sich hier eine Kirche, vier Kapellen und ein Hospital. Die Stadt ist jedoch etwas tot, und Fremde betrachtet man hier als Seltenheit mit der größten Neugierde. Der daige Küstenhandel ist nicht ganz unbedeutend, daher liegen beständig mehrere Lanchas, Sumacas und andere Barcos hier, auch können Fregatten bis zur Stadt hinauf segeln. Die Fazendas in der Nähe gewinnen viel Zucker, Mandiocamehl, Reis, viele Bananen und andere Erzeugnisse, welche längs der Küste hin versandt werden. Mehrere Forts verteidigen den Eingang in die Mündung des schönen Flusses Espirito Santo, eins unmittelbar an der Mündung; eine zweite Batterie, von Stein erbaut, höher aufwärts mit acht eisernen Kanonen; und noch höher am Berge, zwischen dieser und der Stadt, eine dritte Batterie von 17 bis 18 Kanonen, worunter einige wenige metallene sich befinden. Die Stadt ist auf angenehmen Hügeln etwas uneben erbaut, und der an ihr vorbeiströmende Fluß ist hier auf allen Seiten von hohen Bergen eingeschlossen; diese bestehen zum Teil aus Felsen, die oft nackt und schroff und mit Fleischgewächsen bewachsen sind. Der schöne Spiegel des breiten Flusses wird durch mehrere grün bewachsene Inseln geschmückt.

Nachdem wir angekommen, nahmen wir unsere Wohnung zu Villa Velha do Espirito Santo, weil hier gute Weide für unsere Tiere war. Von hier machten wir in großen Canoen die Fahrt nach der Çidade de Victoria, jedoch wegen eines heftigen Seewindes und der Breite des Wasserspiegels nicht ohne Gefahr. Der Gouverneur, dem wir unsern Besuch abstatteten, empfing uns dem Anschein nach sehr höflich. Da wir ihn um eine Wohnung auf dem Lande in der Nähe der Stadt ersuchten, wies er uns zu Barra de Jucú, an der Mündung des kleinen Flusses Jucú, etwa vier Stunden von der Stadt, ein bequemes gutes Haus an, welches dem Obersten Falcão, Befehlshaber des hiesigen Milizregiments und zugleich einer der angesehensten Pflanzer hiesiger Gegend, gehörte. Ich fand in der Stadt wieder die ersten Nachrichten aus Europa, denn bis hierher und nicht weiter geht aus Rio de Janeiro eine Landpost. In Villa Velha, wohin wir zurückkehrten, fanden wir einige unserer Leute am Fieber krank, und dieses verbreitete sich so schnell, daß in einigen Tagen die meisten derselben darniederlagen. Mit China (Chinin) stellten wir indessen bald unsere Kranken sämtlich wieder her und bezogen dann so schnell als möglich unsere Wohnung zu Barra de Jucú, wo eine äußerst reine frische Seeluft bald die Genesung der Rekonvaleszenten vollendete. Wir richteten uns jetzt in dieser neuen Wohnung für eine Zeit von mehreren Monaten ein, da wir hier die Regenzeit zuzubringen gesonnen waren. Barra de Jucú ist ein kleines Fischerdorf an dem Flusse Jucú, der hier in die See fällt, nachdem er von den bedeutenden Fazendas von Coroaba und Araçatiba herab in vielen Windungen seinen Lauf durch die Waldungen genommen hat.

Die interessantesten Jagdzüge, die wir unternahmen, um die Gegend kennenzulernen, führten uns vorerst unmittelbar jenseits der Brücke des Jucú in den schönen Urwald, der sich nach Villa Velha do Espirito Santo hin ausdehnt. Um indessen große und seltene Tiere zu erlegen, die die Nähe des Menschen mehr scheuen, gingen wir in den zwei bis drei Stunden weit entfernten weitläufigen Urwald in der Nähe der Fazenda von Araçatiba. Dieses Gut hat 400 Negersklaven und in der Nähe sehr ausgedehnte Pflanzungen, besonders von Zuckerrohr. Die Söhne des Obersten wohnen ebenfalls auf besonderen Fazendas, nicht weit von hier entfernt. Araçatiba ist die bedeutendste Fazenda, welche mir auf dieser Reise zu Gesicht gekommen ist. Das Gebäude hat eine breite Front von zwei Stockwerken und eine Kirche. Die Negerhütten mit dem Zuk-ker-Engenho und den Wirtschaftsgebäuden liegen unweit des Hauses am Fuße eines Hügels. Etwa eine Stunde von hier befindet sich in einer wilden, von hohem Urwald rings umgebenen Gegend am Flüßchen Jucú eine zweite Fazenda, Coroaba genannt. Gerne hätten wir in Coroaba uns niedergelassen, aber die Unmöglichkeit, unsere große Begleitung daselbst unterzubringen, nötigte uns, in Barra de Jucú zu bleiben.

Man hatte mehrere für uns sehr nötige Gegenstände, die wir in Capitania (so nennt man schlechtweg ebenfalls die Gegend am Espirito Santo) erwarteten, nach Caravellas gesandt, ein Umstand, der unsere Reisegesellschaft in nicht geringe Verlegenheit setzte. Um derselben abzuhelfen, faßten wir, Herr Freyreiss und ich, den Entschluß, die Reise nach Caravellas schnell zu unternehmen, um dort unsere Geschäfte in Ordnung zu bringen. Leicht eingerichtet und von einigen wenigen wohlbewaffneten Leuten zu Pferde begleitet, verließen wir am 19. Dezember Barra de Jucú. Der zurückbleibende Teil unserer Tropa begab sich indes nach Coroaba, um dort zu arbeiten.

Wir begaben uns nach Pedra d'Agoa, einem einzelnen, auf einer Höhe am Flusse liegenden Hause, um daselbst mit unsern vier Reit- und zwei Lasttieren über den Espirito Santo zu setzen. Wir kamen über den kleinen Fluß Muruim (Murui) oder Passagem, über welchen eine gewöhnlich durch ein Tor verschlossene hölzerne Brücke führt, und erreichten dann, nachdem wir einige Mangue-Sümpfe durchritten hatten, die Seeküste. Drei Legoas von Capitania entfernt fanden wir unser Nachtquartier in der kleinen Povoação von Praya Molle. Hier auf einer über die Meereshöhe nur wenig erhabenen grünen Fläche liegen mehrere Wohnungen zerstreut. Wir fanden in einer derselben eine sehr freundliche Aufnahme und, da alle Bewohner derselben sehr viel Sinn für Musik hatten, eine angenehme Abendunterhaltung durch Musik und Tanz. Obwohl die Portugiesen viele musikalische Anlagen haben, so sieht man in Brasilien auf dem Lande doch kein anderes Instrument als die Viola. Von Praya Molle aus kamen wir am folgenden Morgen zeitig nach der Povoação Carapebuçú. Von hier dehnen sich längs des Meeres vorwärts Waldungen aus, die Buchten umkränzend und die Landspitzen bedeckend. In den Gebüschen längs der Küste hin wohnen einzelne arme Familien, die sich vom Fischfang und von dem Ertrag ihrer Pflanzungen ernähren. Es sind meistens Neger, Mulatten oder andere farbige Leute; Weiße findet man wenige darunter. Sie klagen dem Reisenden sogleich ihre Armut und Not, an der nur Trägheit und Mangel an Industrie schuld sein kann, denn der Boden ist fruchtbar. Zu arm, um Sklaven kaufen zu können, und zu träge, um selbst Hand anzulegen, hungern sie lieber. Nachdem wir 4 Legoas zurückgelegt hatten, traten wir aus dem Walde heraus und erblickten vor uns auf einer Anhöhe über dem Meere die Villa.

Villa Nova ist eine große Aldea der zivilisierten Indianer, welche von den Jesuiten hier angelegt wurde. Sie hat eine große steinerne Kirche und zählt in ihrem ganzen Bezirk von ungefähr neun Legoas im Umfang etwa 1200 Seelen. In der Villa wohnen meistens Indianer, aber auch einige Portugiesen und Neger. Viele besitzen hier Häuser, in die sie von ihren Rossen nur an den Sonn- und Festtagen hereinkommen. Im Jesuitenkloster, welches jetzt dem Geistlichen zur Wohnung dient, findet man noch einige alte Schriften dieses Ordens, welches eine Seltenheit ist, da man in allen seinen übrigen Konventen die Bibliotheken nicht geachtet, sondern zerstört oder verschleudert hat. Die Jesuiten lehrten hier vorzeiten besonders die Lingoa geral; ihre Kapelle Dos Reys Magos soll sehr schön gewesen sein. Der Ort ist tot und scheint nicht stark bewohnt zu sein. Auch herrscht viel Armut hier. Die Indianer bauen ihre Nahrung auf ihren Rossen von Mandioca und Mais, führen etwas Holz und Töpferwaren aus und treiben dabei einen nicht ganz unbedeutenden Fischfang in der See und in dem bei der Villa vorbeifließenden Flusse Saüanha oder Dos Reys Magos. Vom Saüanha vorwärts bis zum Mucuri ist die Seeküste beinahe bloß von einzelnen Küsten-Indianer-Familien bewohnt. Sie reden hier durchgehends die portugiesische Sprache und haben ihre Bogen und Pfeile mit der Flinte vertauscht. Ihre Wohnungen selbst unterscheiden sich wenig von denen der portugiesischen Ansiedler. Ihre Hauptbeschäftigung ist die Arbeit in ihren Pflanzungen und Fischfang in der See. Vom Saüanha nordwärts bedeckt die ganze Küste dichter Wald. In wenigen Stunden erreicht man den Fluß Pyrakäassú (großer Fischfluß), wie die Indianer ursprünglich ihn nannten. Hier an der Barra liegt eine kleine Povoação von wenigen Häusern, die man Aldea Velha nennt. Wir erreichten Aldea Velha in der Abendkühlung. Man wendet sich hier um eine Landspitze an der See und befindet sich plötzlich an dem schönen breiten Flusse, der aus seinen mit Wald bewachsenen Ufern in das Meer hervorströmt. Sechs bis sieben Strohhütten bilden in einer kleinen Talfläche die Aldea; nur ein einziges etwas ansehnlicheres Haus befindet sich darunter und wird jetzt vom Kommandanten des Distrikts, einem Leutnant der Besatzung von Espirito Santo, bewohnt. Da uns dieser Ort nicht auf längere Zeit fesseln konnte, so nahmen wir am folgenden Tage Abschied von unserm gütigen Hauswirt und setzten über den Fluß. Der Strom war sehr hoch, breit und reißend, und beinahe wäre uns eins unserer Reit-Maultiere ertrunken, welches in dieser Gegend ein unersetzlicher Verlust gewesen sein würde.

Bald erreichten wir die Sandküste der See wieder und setzten nun unsere Reise noch vier Legoas weiter fort, bis wir gegen Abend zu dem Militärposten Quartel do Riacho gelangten. Der hier kommandierende Unteroffizier war ein vernünf-

Schiffahrt auf einem Seitenarm des Rio Doce

tiger Mann, der uns manche interessante Nachricht gab. Von
nun an erhielten wir von dem Kriege, den man in den Wäldern am Rio Doçe mit dem feindlichen Stamme der Botocudos führt, immer genauere Kunde, da wir jetzt an den Grenzen der Wildnisse jener Nation angelangt waren. Der Unteroffizier selbst hatte einen Pfeilschuß durch die Schulter erhalten,
als er noch auf einem der Quartelle am Rio Doçe diente; er
war aber völlig von dieser gefährlichen Wunde geheilt. Der
Stamm der Botocudos (von den Europäern so genannt) streift
an den Ufern des Rio Doçe bis hinauf zu dessen Ursprung in
der Capitania von Minas Geraës in den Wäldern umher; sie
leisteten den Portugiesen bisher beharrliche Gegenwehr. Der
kürzlich verstorbene Staatsminister, Conde de Linhares, er-
klärte ihnen in einer bekannten Proklamation förmlich den
Krieg. Auf seinen Befehl wurden die am Rio Doçe schon früher errichteten Militärposten verstärkt und vermehrt, um die
Ansiedlungen der Europäer und den Verkehr nach Minas
stromaufwärts zu decken. Seitdem verschonte man die Botocudos nirgends mehr; ohne Unterschied des Geschlechts und
des Alters wurden sie ausgerottet, wo man sie fand, und nur
hie und da bei besonderen Veranlassungen wurden einzelne,

noch völlig unmündige Kinder erhalten und aufgezogen. Der Ausrottungskrieg gegen sie wurde mit um so größerer Erbitterung und Grausamkeit geführt, je fester man sich überzeugt hielt, daß sie alle in ihre Hände gefallene Feinde töteten und ihr Fleisch verzehrten. Und als man erfuhr, daß sie hie und da am Rio Doçe nach ihrer Weise durch Händeklatschen friedliche Gesinnungen an den Tag gelegt und dann Portugiesen, die im Vertrauen auf diese Friedenserklärung gutmütig zu ihnen hinübergefahren waren, heimtückisch mit ihren furchtbaren Pfeilen getötet hatten, da erlosch auch der letzte Funke des Glaubens, bei diesen Wilden Menschengefühl zu finden. Daß man indessen in diesem, die Würde der Menschheit verletzenden Urteil zu weit ging und daß man an der Unverbesserlichkeit dieser Wilden durch die Art, sie zu behandeln, wenigstens ebensoviel Anteil hat als ihre eigene Roheit, das ist auffallend sichtbar in den sehr günstigen Wirkungen, welche das gemäßigte und menschenfreundliche Benehmen des Gouverneurs Conde dos Arcos in der Capitania von Bahia bei den am Rio Grande de Belmonte sich aufhaltenden Botocudos hervorgebracht hat.

Um die merkwürdige Gegend am Rio Doçe, wovon man uns schon zu Capitania so manches Anziehende erzählt hatte, näher kennenzulernen, verließen wir frühmorgens, von zwei Soldaten begleitet, das Quartel do Riacho und setzten unmittelbar bei den Hütten über den Riacho, von dem jenes Quartel den Namen hat. Wir hatten von hier aus einen sehr beschwerlichen Weg von acht starken Legoas im tiefen Sande und in der glühenden Dezemberhitze zu machen. Der Boden ist ein schwer mit Quarz und kleinen Kieseln gemischter Sand, der die Füße der Menschen und Tiere gar sehr ermüdet. Nach dem Lande hin bedeckt niedriges Gesträuch, besonders von der Zwerg-Cocospalme, den Sand; hinter diesem steigt der dichte Wald in die Höhe, in welchem, nicht weit von der Praya entfernt, das Quartel dos Comboyos liegt, wo drei Soldaten zur Erhaltung der Kommunikation stationiert sind. Beim Eintritt der drückenden Mittagshitze befand sich unsere Tropa schon in einem etwas erschöpften Zustand, da es durchaus an Trinkwasser fehlte, um den brennenden Durst der Lasttiere und besonders der von Schweiß triefenden Fußgänger zu löschen. Wir hielten an und suchten im Schatten der niedrigen Gesträuche Schutz, allein der Boden war so heiß, daß wir auch hier wenig Erfrischung fanden; nur die Füße ruhten, und den Tieren verschafften wir durch das Abladen ihrer Lasten einige Erholung. Hier kam uns jetzt die Erfahrung unserer jungen Indianer vortrefflich zustatten; sie gingen mit einigen Gefäßen in die Gesträuche und sammelten das zwischen den Blättern der Bromelia-Stauden befindliche Wasser. Dieses Wasser ist nach eben gefallenem Regen rein und klar, allein jetzt, da es lange nicht geregnet hatte, war es schwarz und schmutzig; wir fanden sogar Froschlaich und junge Frösche darin. Man goß es durch ein Tuch, vermischte es mit etwas Branntwein, Limonensaft und Zucker, und so gab es uns jetzt eine herrliche Erquickung. Wir brachen nach einiger Ruhe wieder auf, setzten unsere Reise tief in die Nacht hinein fort und fanden uns endlich bei Mondschein in einer sandigen, ebenen, von Holz entblößten Gegend, unweit der Mündung des Rio Doçe. Hier verirrten sich die beiden als Führer mitgenommenen Soldaten, und wir waren genötigt, so ermüdet wir auch waren, dennoch lange zu warten, bis sie den rechten Pfad fanden, auf dem sie uns dann nach dem Quartel da Regencia führten. Dies ist ein Militärposten von fünf Soldaten, welcher an der Mündung des Flusses errichtet ist, um Befehle längs der Küste hin weiterzubefördern, die Reisenden über den Fluß zu setzen und mit der Povoação von Linhares die Verbindung zu unterhalten. Wir brachten die Nacht in dem ziemlich geräumigen Hause der Soldaten hin, in welchem sich mehrere Zimmer mit hölzernen Pritschen und einem Tronck befanden. Kaum war der folgende Morgen angebrochen, als die Neugierde uns hinaustrieb, um den Rio Doçe, den bedeutendsten Fluß zwischen Rio de Janeiro und Bahia, zu sehen. Stolz und majestätisch wälzte sich jetzt der hochgefüllte Strom dem Meere zu. Seine große Wassermasse wogte in einem Bette hin, das uns noch einmal so breit als das unseres deutschen Rheins an seinen breitesten Stellen erschien. Nach einigen Tagen war er jedoch schon wieder etwas von seinem hohen Stand gefallen. Nur in den Wintermonaten, besonders im Dezember, erreicht er jene beträchtliche Stärke. Zu andern Zeiten, besonders nach anhaltend trockner Witterung, erscheinen überall Sandbänke in seiner Mitte, wovon man jetzt keine Spur erblickte. Seine Mündung ist daher nie zugänglich, und große Schiffe können wegen der Untiefen und Sandbänke nicht einlaufen, selbst Lanchas nur bei dem höchsten Wasserstand.

Der Staatsminister Conde de Linhares hatte sein Auge besonders auf diese fruchtbare schöne Gegend gerichtet. Er legte neue Militärposten an und erbaute acht oder zehn Legoas am Fluß aufwärts die Povoação, die jetzt nach ihm Linhares benannt ist, an der Stelle, wo ehemals das erste Quartel gewesen war. Er sandte desertierte Soldaten und andere Sträflinge hierher, um die neue Kolonie zu bevölkern, und ohne Zweifel würden diese Ansiedlungen in kurzer Zeit sich gehoben haben, wenn nicht der Tod jenen tätigen Minister zu früh abgerufen hätte.

Wir sehnten uns nun mit Ungeduld, den schönen Rio Doçe hinaufzuschiffen, um uns womöglich von dem interessanten Schauplatz des Waldkrieges mit den Botocudos durch die eigene Ansicht zu unterrichten. Dennoch mußten wir wegen eines ungestümen Windes, der am 25. Dezember die Wassermasse des Flusses zu sehr bewegte, auf den Rat der Soldaten die Abreise noch um einen Tag verschieben. Der folgende Morgen war warm und still, und wir schifften uns daher mit Anbruch des Tages in einem langen Canoe ein, welches von sechs Soldaten regiert wurde. Wir waren zusammen neun Personen, alle wohl bewaffnet. Um den Rio Doçe bei seinem hohen Stande hinaufzuschiffen werden wenigstens vier Mann erfordert, welche das Canoe mit langen Stangen aufwärts schieben. Da sich überall seichte Stellen finden, die in der trocknen Zeit Sandbänke bilden, so ist auf diesen auch selbst bei hohem Wasser immer Grund zu fassen, und man kommt, wenn alle Umstände möglichst glücklich zusammentreffen, in einem Tage, jedoch erst abends spät, nach Linhares. Das Wetter war sehr günstig, und als wir uns einmal an das Schwanken des schmalen Canoes, welches die dasselbe fortschiebenden Soldaten durch ihr Umhergehen verursachten, gewöhnt hatten, fanden wir die Fahrt sehr angenehm. In seinem hohen Stande hat der Rio Doçe ein trübes, gelbes Wasser, welches nach der allgemeinen Sage der Einwohner sehr leicht Fieber erzeugen soll. Fische leben in Menge darin, selbst der Sägefisch (Pristis Serra) steigt bis weit über Linhares hinauf und bis in die Lagoa von Juparanán, wo er häufig gefangen wird.

Eine der größten Zierden der brasilianischen Wälder, der prachtvolle Arara (Psittacus macao, L.), bei uns in Europa gewöhnlich Aras genannt, war uns wild noch nie zu Gesicht gekommen; jetzt hörten wir laute, rabenartige Stimmen, und über die stolzen Kronen der hohen Sapucaya-Bäume erhoben sich diese prachtvollen Vögel. An ihrem langen Schweif erkannte man sie von fern schon, und ihr brennend rotes Gefieder schimmerte unbeschreiblich schön im Glanze der heiteren Sonne.

Als der Abend anbrach, hielten unsere Soldaten Rat, ob es besser sei, auf der Ilha Comprida (der Langen Insel) oder einer anderen zu übernachten. Die erstere verwarf man, weil sie nur durch einen schmalen seichten Kanal vom festen Lande getrennt ist und wir deshalb nicht sicher vor einem Besuche der Wilden gewesen sein würden. Wir fuhren daher nach der Ilha de Gambin, wo vorzeiten die Gouverneure zu übernachten pflegten, wenn sie die Kolonie am Rio Doçe besuchten. Gegen Mittag erblickten wir Linhares und landeten, nachdem wir mit großer Anstrengung den reißenden Strom durchschnitten und dabei zwei Stangen (Varas) zerbrochen hatten, am nördlichen Ufer.

Linhares ist bis jetzt eine sehr unbedeutende Ansiedlung, ungeachtet, wie weiter oben gesagt worden ist, der Minister Conde de Linhares sich viele Mühe gegeben hatte, sie emporzubringen. Auf seinen Befehl wurden die Gebäude im Quadrat auf einem von Holz befreiten Platz nahe über dem Flußufer und einer steilen Tonwand errichtet. Die Häuser des Ortes sind klein, niedrig, mit Cocos- oder Uricanna-Blättern gedeckt, von Lehm und unbeworfen. Eine Kirche existiert hier noch nicht; man liest die Messe in einem kleinen Hause. Auf der Mitte des Quadrates, das die Gebäude bilden, hat man ein hölzernes Kreuz aufgestellt und hat zu diesem Endzwecke einen mäßig großen Sapucaya-Baum, der hier gestanden, bloß abgeschnitten und mit einem Querbalken versehen. Die Bewohner haben ihre Pflanzungen teils in dem das Dorf rund umgebenden Walde angelegt, teils auf den Inseln im Flusse. Herr Tenente Calmon war jedoch der erste und blieb bis jetzt der einzige, welcher eine Fazenda und Engenho anlegte. Ebenso wie auf seiner Fazenda der fruchtbare Boden, könnten auch hier bei etwas Handel die verschiedenen kostbaren Holzarten benutzt werden, welche diese·Wälder in Menge anfüllen. Peroba, ein vortreffliches Schiffbauholz, wird zwar als ein Regal betrachtet, allein Herr Calmon erhielt die Erlaubnis, einige große schöne Seecanoes davon zu bauen, die er mit den Produkten seiner Fazenda und mehreren vortrefflichen Hölzern, die schon öfter genannt worden sind, nach Capitania und nach andern Orten sendet. Um diese Ansiedlung im allgemeinen gegen die Angriffe und Grausamkeiten der Botocudos zu schützen, hat man acht Destacamente oder Quartelle angelegt, die in verschiedener Richtung in die großen Waldungen vorgeschoben sind; sie sollen zugleich, und ganz besonders, die Handelsverbindungen decken, die man seit kurzer Zeit den Fluß aufwärts nach Minas Geraës hin zu eröffnen gestrebt hat. Wirklich sind schon Soldaten von dort herabgekommen, die in hinlänglicher Anzahl, wohl bewaffnet und mit dem Panzerrock (Gibão d'armas) versehen waren.

Soldaten zu Linhares in ihren Panzerröcken

Diese Panzerröcke, deren sich auf allen Quartellen einige befinden, sind eine unentbehrliche Bedeckung gegen die kräftigen Pfeilschüsse der Wilden. Sie sind weit, von baumwollenem Zeug und mit mehreren Lagen baumwollener Watte dicht gesteppt, haben einen hohen, stehenden Kragen, der den Hals deckt, kurze Ärmel, die den Oberarm schützen, und reichen bis etwa auf die Knie herab, sind jedoch wegen ihrer Schwere besonders an heißen Tagen höchst lästig. Übrigens hat man zu diesen Panzerröcken zu großes Vertrauen, denn man behauptete uns, selbst eine Kugel würde nicht eindringen. Ich ließ daher, um mich von der Wahrheit dieser Versicherung zu überzeugen, einen meiner Jäger auf 80 Schritt mit einer Pürschbüchse darauf schießen, und die Kugel durchbohrte beide Seiten des Rockes, der noch dazu nicht ausgefüllt war. Es zeigte sich indessen aus unseren weiteren Versuchen allerdings, daß die schwersten Schrote auf 60 Schritt völlig plattgeschlagen auf die Erde herabfielen, ohne einzudringen, und daß diese Röcke also den Pfeilen hinlänglichen Widerstand leisten. Zu Linhares sind acht Panzerröcke; die damit bekleideten Leute müssen bei Gefechten den ersten Angriff tun.

Die jetzt zu Linhares lebenden Menschen sind größtenteils Soldaten mit einem Fähnrich, einem Chirurgen und einem Geistlichen sowie einige wenige Pflanzer, welche ihren Unterhalt durch ihre Rossen gewinnen. Diese Kolonie, aus der man leicht einen der wichtigeren Plätze an der Ostküste machen könnte, wurde zur Zeit meiner Anwesenheit daselbst sehr unzweckmäßig und stiefmütterlich behandelt. So mußten die Menschen, welche von hier verreisen wollten, immer erst um die Erlaubnis ansuchen. Keine Familie durfte in drei Monaten mehr als eine Bouteille Branntwein konsumieren, und dergleichen mehr.

Der Aufenthalt am Rio Doçe war unstreitig einer der interessantesten Punkte meiner Reise in Brasilien, denn an diesem Flusse, der an herrlichen Naturszenen und an naturhistorischen Merkwürdigkeiten so reich ist, findet der Naturforscher auf lange Zeit Beschäftigung und die mannigfaltigsten Genüsse. Noch bedeutender würde aber seine Ausbeute sein, wenn man ungehindert und gefahrlos jene noch undurchforschten Wälder durchwandern könnte. Als wir den Zweck unseres Aufenthaltes in Linhares erreicht hatten, nahmen wir Abschied von da, um unsere Reise weiter nördlich längs der Küste fortzusetzen. Unser sicheres bequemes Canoe, mit einem Verdeck von Tüchern versehen und mit mancherlei Lebensmitteln ausgerüstet, brachte uns in vier Stunden bis zur Barra des Rio Doçe nach Regença hinab.

Reise vom Rio Doçe nach Caravellas, zum Flusse Alcobaça und nach Morro d'Arara am Mucuri und zurück

Nachdem wir mit unsern Freunden die Nacht auf dem Quartel zu Regença zugebracht hatten, setzten wir am folgenden Morgen, dem 30. Dezember, mit vieler Mühe unsere Maultiere in dem großen Canoe über den Fluß. Wir folgten ihnen alsdann selbst nach und ritten nachmittags, begleitet von den beiden Herren aus Linhares, noch zwei Legoas längs der öden Sandküste und langten auf dem Quartel de Monserra oder de Juparanán da Praya an, wo sieben Soldaten ihren Posten haben. Hier bei dem Quartel befindet sich eine schmale lange Lagoa, die man Lagoa de Juparanán de Praya nennt, zum Unterschied von dem weit beträchtlicheren Landsee unweit Linhares. In der Zeit des hohen Wassers hat diese Lagoa hier an der Küste einen starken Abfluß in die See, über welchen man alsdann mit dem Canoe übersetzen muß; allein jetzt war er schon versiegt, und unsere Lasttiere konnten ihn trocknen Fußes mit ihrer Ladung passieren. Wir fanden hier einen alten merkwürdigen Mann, einen gewissen Siman (Simon), der schon viele Jahre in völliger Einsamkeit in einem kleinen Häuschen in der Nähe dieses Quartels lebt und nicht die mindeste Furcht vor den Wilden hat. Obgleich dieser Mann schon sehr alt ist, so besitzt er dennoch einen seltenen Grad von Körperkraft und Munterkeit, weswegen ihn alle Nachbarn lieben. Er beschenkte uns mit dem Felle des großen Ameisenbären (Myrmecophaga jubata, L.), hier Tamandua Cavallo genannt, den er kürzlich getötet hatte. Zu Monserra erhielten wir noch mehrere naturhistorische Seltenheiten, wie z. B. den Scarabaeus Hercules, den größten Käfer von Brasilien, den ein Soldat gefangen hatte.

Nachdem wir von unseren gütigen Reisegefährten Abschied genommen hatten, folgten wir der einförmigen Seeküste heute noch sechs bis sieben Legoas. Unsere beiden Soldaten, ein Neger und ein Indianer, hielten sich sehr oft auf, um Schildkröteneier aus dem Sande hervorzugraben, womit sie ihre Tornister anfüllten. Ob uns dies gleich unangenehm war, weil sie durch ihr Zurückbleiben unsere Reise aufhielten, so hatten wir abends dennoch alle Ursache, uns darüber zu freuen. Das Gebiet vom Rio Doçe bis zum S. Matthaeus ist eine menschenleere öde Wüste, wo selbst an den meisten Plätzen kein Trinkwasser zu finden ist; man darf daher die wenigen Stellen, an denen man dieses nötige Bedürfnis finden kann, nicht verfehlen, und aus diesem Grunde ist hier ein des Weges kundiger Führer sehr notwendig. Leider hatte noch keiner unserer Soldaten diese Reise gemacht! An der Stelle, wo wir am Abend bleiben mußten, war alles Suchen nach Wasser ganz

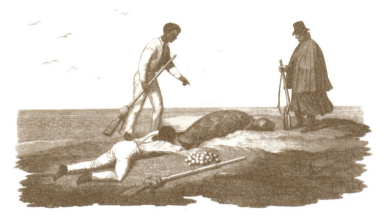

Eierlegende Schildkröte an der Küste

vergebens, wir fanden keins und konnten deshalb auch unsere mitgebrachten Provisionen nicht benutzen, da diese harten Speisen nur durch Wasser genießbar gemacht werden. Es blieb uns daher nichts übrig, als unsern Hunger mit ein wenig trocknem Maismehl und den glücklicherweise von den Soldaten gesammelten Schildkröteneiern, die man in Seewasser abkochen konnte, zu stillen. Als man sich beschäftigte, dieses herbeizuholen und Treibholz auf dem Strande zu sammeln, fanden wir – welche Merkwürdigkeit! – in geringer Enfernung von unserm Feuer eine kolossale Seeschildkröte (Testudo mydas, L.), die eben im Begriff war, ihre Eier zu legen; erwünschter konnte unserer hungrigen Gesellschaft nichts begegnen. Einer unserer beiden Soldaten legte sich seiner ganzen Länge nach neben die Versorgerin unserer Küche auf die Erde nieder, griff in die Tiefe des Erdloches hinab und warf die Eier beständig heraus, so wie die Schildkröte sie legte. Auf diese Art sammelten wir in einer Zeit von etwa 10 Minuten an 100 Eier. Man beratschlagte nun, ob es zweckmäßig sei, dieses schöne Tier unseren Sammlungen einzuverleiben; allein das große Gewicht der Schildkröte, für welche man ein besonderes Maultier einzig und allein hätte bestimmen müssen, und überdies die Schwierigkeit, die ungefügige Last aufzuladen, bestimmte uns, ihr das Leben zu schenken und mit ihrem Tribut an Eiern uns zu begnügen.

Am folgenden Morgen brachen wir früh wieder auf. Der 1. Januar, welchen in unserm Vaterlande Schnee und Eis zu bezeichnen pflegen, brachte uns hier schon früh um sieben Uhr warme Sonnenstrahlen und am Mittag eine seltene, unerträgliche Hitze. Wir hatten am vergangenen Abend, da uns der Durst so sehr plagte, nicht sehr weit von einem trinkbaren Wasser uns gelagert, ohne es zu wissen. In der Mittagsstunde gelangten wir zu einer Erdhöhle, in welcher sich eine Quelle von klarem frischem Wasser befand, eine Entdeckung, die in diesem Augenblick von unschätzbarem Wert für uns war.

Am Abend erreichten wir die Barra des S. Matthaeus, eines mäßigen Flusses mit angenehmen Ufern, von Mangue-Gebüschen und weiter hinauf von Wald umgeben. Ein paar Lanchas (kleine Seefahrzeuge) lagen am südlichen Ufer vor Anker; am nördlichen befindet sich die Povoação, die den Namen Barra de S. Matthaeus trägt und welche aus 25 Feuerstellen besteht. Im Flusse S. Matthaeus, dessen ursprünglich brasilianischer Name Cricaré ist, findet man eine naturhistorische Seltenheit, die heutzutage nur in sehr wenigen Flüssen der Ostküste gefunden wird; dies ist der Manati (Peixe Boi der Portugiesen; Seekuh). Über die Naturgeschichte dieses sonderbaren Tieres schwebt noch manche Dunkelheit; besonders ist sein innerer Bau noch immer nicht gehörig untersucht. Ob ich gleich während eines drei- bis viermonatigen Aufenthalts in dieser Gegend wiederholt die größten Versprechungen machte, um ein solches Tier zu erhalten, so wurden meine Hoffnungen doch nicht erfüllt.

Etwa eine halbe Legoa von S. Matthaeus ergießt sich der kleine Fluß Guajintiba in die See. Auf diesem pflegt man sich einzuschiffen und drei Legoas nach der Fazenda von As Itaünas zu machen. Der kleine, jetzt aber starke Fluß hat dicht mit

Gebüsch bewachsene Ufer. Am häufigsten sieht man, besonders nach der See hinab, die Mangue-Gebüsche, deren Rinde mit Vorteil zum Gerben der Häute benutzt wird. Das Wasser des Flusses ist dunkelbraun und sehr fischreich. Einige Fischer hatten eben, als wir vorüberfuhren, ein ganzes Canoe voll schöner Fische gefangen. Wir landeten an einer verödeten und, wie es schien, verlassenen Pflanzung, wo die köstlichen Ananasse verwildert wuchsen, groß, saftig und aromatisch. Die eßbare Ananas wird in Brasilien nicht wild gefunden, allein man zieht sie sehr häufig in den Pflanzungen, und da wuchert sie dann gleich einer wilden Pflanze fort. Man benutzt sie hier auch, um Branntwein daraus zu machen. Gleichen Gebrauch macht man von der Frucht des Acajú-Baumes (Anacardium). Der Acajú-Baum (Cajúeiro) wächst in Brasilien an der Ostküste überall in sandigen Gegenden. Sein Wuchs gleicht dem unseres Apfelbaumes.

Gegen Abend wurde unsere Fahrt um so angenehmer, als wir hier von keinen Moskiten geplagt wurden, die uns sonst oft die schönsten Abende verdarben. Hoher, finsterer Wald bildete romantische Gruppen an den Ufern, und der heitere Vollmond, der jetzt hervortrat, vollendete noch das reizende Gemälde. Von der Fazenda her tönte uns von fern schon die Trommel der Schwarzen entgegen. Die Negersklaven behalten gar gern ihre vaterländischen Gebräuche, so viel sie können, bei. So sieht man unter ihnen alle die musikalischen Instrumente, von denen die Reisebeschreiber von Afrika reden, und unter diesen spielt die Trommel eine Hauptrolle.

Itaünas ist eine Vieh-Fazenda mit einem Koral für das Rindvieh und einer schlechten Hütte, wo einige Neger und Indianer die Tiere warten. Der Besitzer hat hier einige indianische Familien versammelt, die mit der Zeit eine Ansiedlung bilden sollen; sie waren früherhin bestimmt, die Seeküste gegen die Tapuyas zu schützen, daher wird Itaünas eigentlich als ein Quartel angesehen. Einige Indianer, die zufällig mit uns dieselbe Bestimmung hatten, begleiteten uns nordwärts von Itaünas. Sie waren mit ihren Gewehren versehen und des Weges vollkommen kundig. Nach einem Wege von etwa zwei Legoas erreichten wir den Bach Barra Nova mit einer kleinen Povoação von einigen Häusern, die auf einer mäßigen, aber steilen Höhe erbaut sind. Hier ruhten wir während der Mittagshitze und erreichten dann mit der Abenddämmerung die Mündung des Mucuri, eines nicht sehr starken schönen Flusses, der aus dichten Wäldern hervortritt.

Villa de S. José do Port'Allegre, gewöhnlich de Mucuri genannt, ist am nördlichen Ufer des Flusses unweit seiner Mündung erbaut. Es ist ein kleiner Ort von 30 bis 40 Häusern, in deren Mitte eine kleine Kapelle steht, und bildet ein an der vorderen Seite nach dem Flusse zu offenes Quadrat. Die Häuser sind klein und beinahe sämtlich mit Stroh gedeckt; Schafe, Schweine und Ziegen weiden auf dem inneren Platz umher. Die Einwohner, großenteils Indianer, sind arm und haben keinen Handel; sie führen zuweilen etwas Farinha aus, allein Engenhos gibt es hier am Flusse gar nicht; nur der Escrivam der Villa verkauft Branntwein und einige andere Lebensbedürfnisse. Außerdem befindet sich hier ein Geistlicher, und zwei der Einwohner versehen abwechselnd das Amt des Juiz, wie in allen Villas von Brasilien. Der Geistliche des Ortes, Herr Padre Vigario Mendes, ist der einzige Bewohner dieser Gegend, der eine etwas bedeutende Fazenda besitzt; er hat daselbst einiges Rindvieh, das ihn mit Milch versieht, eine wahre Seltenheit an dieser Küste! Herr Mendes, dem wir durch den Minister Conde da Barca besonders empfohlen waren, empfing uns sehr zuvorkommend. Der Minister besaß hier am Flusse Mucuri ansehnliche Ländereien, denen man jetzt Sicherheit vor den Wilden zu verschaffen beschäftigt war. Die hiesigen Wälder sind mit einer Menge des kostbarsten Holzes angefüllt. Um sie zu benutzen, hatte man die Absicht, ein Holzsägewerk hier anzulegen, und ein Mühlenmeister aus Thüringen namens Kramer erhielt den Auftrag, dasselbe einzurichten. Da indessen jene Gegend bis jetzt noch ganz im Besitz der Patachos und der wilden Tiere und deshalb die Anlegung des Holzsägewerks noch nicht ausführbar war, so gab der Minister zuvörderst dem Ouvidor der Comarca von Porto Seguro, José Marçelino de Cunha, den Befehl, sich hierher zu begeben, die nötigen Leute zur Anlegung einer Fazenda und der zum Unterhalt der Bewohner und Sklaven nötigen Pflanzungen zusammenzubringen und sie gegen die Anfälle der Tapuyas zu schützen. Es traf sich zufällig, daß der Capitam Bento Lourenzo Vas de Abreu Lima, ein Bewohner von Minas Novas, welcher mit 22 Bewaffneten von den Grenzen der Ca-

pitania von Minas Geraës am Mucuri herab durch die Wildnisse durchgebrochen war, gerade zu dieser Zeit glücklich die
Seeküste erreicht hatte. Durch sein unerwartetes Erscheinen
in der Villa do Port'Allegre bewogen, gab der Minister dem
Ouvidor auch noch den Auftrag, mit den nötigen Leuten jenen unternehmenden Mineiro zu unterstützen, um auf der
von ihm gemachten Picade eine völlig gangbare Straße durch
jene Wälder hinauf schlagen zu lassen. Ich hatte die Freude,
diesen interessanten Mann hier zu finden, und erfuhr von ihm
die näheren Umstände seiner kühnen, äußerst merkwürdigen
und gefahrvollen Unternehmung. Zwischen den Gebirgen von
Minas Geraës und der schwach bewohnten Ostküste dehnen
sich weite Wildnisse aus, in welchen noch viele Horden von
den freien wilden Stämmen der Urbewohner umherziehen, die
auch wahrscheinlich sich noch lange von den Portugiesen unabhängig erhalten werden. Diese Wildnisse sucht man von
verschiedenen Punkten aus mit gangbaren Straßen zu durch-
brechen, um die Produkte von Minas der ärmeren menschen-
leeren Küste leichter zuführen und ihnen eine schnellere Verbindung mit den Hauptstädten und dem Meere verschaffen
zu können. Da die Flüsse die schnellste Kommunikation gestatten, so hat man diese Straßen auf und an denselben fortzu-
führen beschlossen.

Nachdem wir uns zehn Tage hier verweilet, setzten wir unsere Reise fort. Von dem Mucuri bis zum Peruipe, einem andern Flusse, hat man fünf Legoas. Ehe man die Landspitze
der Seeküste erreicht, führt der Weg nach der Villa Viçoza.
Hier verirrten wir uns und kamen an die Mündung des Peruipe, wo einige Fischerhütten herum lagen. Wir sahen uns genötigt, wieder zurückzugehen. Es war heller Tag, als wir durch
die Gesträuche zu einem Wiesenplatz am Fluß gelangten, wo
wir unter einem reizenden Cocospalmenhain die aus etwa
100 Häusern bestehende Villa Viçoza erblickten. Ein durch
seine Größe sich auszeichnendes, weißbeworfenes Gebäude
erkannten wir sogleich für das Haus der Camara oder das königliche Gebäude, ritten hier an und fanden den Ouvidor in
Gesellschaft von zwei See-Capitainen, den Herren José da
Trinade und Silveira José Manoel de Araujo, die von der Regierung beauftragt waren, die Küste in dieser Gegend astrono-
misch genau zu bestimmen und eine Karte von derselben zu

Waffen und Zierat der Puris, Botocudos, Machacaris

verfertigen. Übrigens war das Gefolge des Ouvidors von der
seltsamsten Zusammensetzung; denn außer einigen Portugiesen und Negersklaven hatte er zehn bis zwölf junge Botocudos
von Belmonte und einen jungen Machacali bei sich. Der Anblick der Botocudos befremdete uns über allen Ausdruck; wir
hatten nie dergleichen sonderbare und auffallend häßliche
Wesen gesehen. Ihre originellen Gesichter waren durch große
Blöcke von Holz, die sie in der Unterlippe und den Ohrläpp-
chen trugen, verzerrt; die Lippe tritt dadurch weit hervor, und
die Ohren hängen bei einigen wie große Flügel bis gegen die
Schultern herab. Ihr brauner Körper war mit Schmutz bedeckt. Sie waren schon sehr vertraut mit dem Ouvidor, der sie
im Zimmer beständig um sich hatte, um ihr Zutrauen immer
mehr zu gewinnen. Er hatte einige Leute, die botocudisch
sprachen, und ließ uns Proben ihres Gesanges geben, der
einem unartikulierten Geheul gleicht. Die meisten dieser jungen Indianer hatten kürzlich die Pocken gehabt. Sie waren
noch über und über mit Narben und Flecken bezeichnet, welches bei ihrem durch die Krankheit abgemagerten Körper
ihre natürliche Häßlichkeit noch bedeutend vermehrte. Die
Pocken, zuerst durch die Europäer in diese Gegend gebracht,

sind den Indianern im höchsten Grade gefährlich. Viele ihrer Stämme sind von dieser Krankheit völlig aufgerieben worden. Auch von der Begleitung des Ouvidors waren mehrere in Caravellas gestorben; die meisten aber hatte man hergestellt, und zwar – wie man mir versicherte – durch Branntwein, den man ihnen in Menge gegeben hatte. Die Wilden haben vor dieser Krankheit eine schreckliche Furcht. Grausam und schauderhaft ist, was man mir von einem gewissen Pflanzer erzählte.

Villa von Porto Seguro am Fluß Buranhem

Derselbe soll, um sich an den Tapuyas, seinen Nachbarn und Feinden, zu rächen, Kleidungsstücke, welche an den Pocken Gestorbene getragen hatten, in den Wald haben legen lassen, und viele dieser Wilden sollen durch diese unmenschliche Maßregel elend ums Leben gekommen sein.

Als der Ouvidor die Reise nach dem Mucuri antrat, schifften wir uns ein, um vorerst Caravellas und den Fluß Alcobaça zu besuchen. Das Canoe glitt den schönen, grün eingefaßten Peruipe hinunter und wendete sich dann da, wo der Fluß in die See östlich mündet, in einen breiten Seitenarm hinein, der mit dem Caravellas in Verbindung steht. Cocospalmen erheben bei der Villa ihre stolzen Gipfel und geben der Landschaft einen schönen, originellen Charakter. Die Milch oder das in der Frucht sich befindende Wasser ist in den alten Nüssen, die man nach Europa bringt, sehr fade und von schlechtem Geschmack; hier aber werden sie etwas unreif abgenommen, und dann hat dieses Wasser etwas sehr angenehm Bittersüßliches und ist dabei ungemein kühlend und erfrischend. Man bereitet hierzulande aus diesem wohltätigen Geschenk der Natur verschiedene, sehr wohlschmeckende Gerichte. So schabt man zum Beispiel die Nuß und kocht sie mit schwarzen Bohnen, denen sie einen angenehmen Geschmack mitteilt. Auch verfertigt man daraus ein sehr gutes Konfekt mit Zucker und Gewürzen, das aber leider die Reise nach Europa nicht aushält. Ein Cocosbaum kann an hundert Früchte zugleich tragen, die man auf den Wert von etwa fünf bis sechs Talern anschlägt. Hat man also eine Pflanzung von 300 bis 400 dieser Bäume, so gewährt dieselbe schon eine beträchtliche Einnahme. Man verkauft einen solchen gesunden Baum für 4000 Reis, etwa eine Carolin. Das Holz des Baumes ist ebenfalls sehr brauchbar, denn es ist zähe und hart. Die Fahrt war gegen Abend sehr angenehm. Wir schifften aus einem Kanal in den andern, denn zwischen Viçoza und Caravellas befindet sich ein wahres Flußnetz, das von einer Menge von Mangue-Inseln gebildet wird. Ein heftiges Gewitter, von einem Platzregen begleitet, überfiel uns hier und hielt an bis zu unserer Ankunft in Caravellas, wo wir in der Dunkelheit eintrafen und im Hause der Camara, der Wohnung des Ouvidors, unseren Aufenthalt fanden.

Caravellas ist die bedeutendste Villa der Comarca von Porto Seguro. Sie hat gerade und in rechten Winkeln sich durchschneidende Straßen, darunter fünf bis sechs Hauptstraßen und mehrere Nebengassen; alle aber ungepflastert und mit Gras bewachsen. Die ansehnlichste Kirche liegt nahe bei dem Casa de Camara auf einem freien Platz. Die Häuser der Villa sind nett gebaut, jedoch meist nur ein Stockwerk hoch.

Caravellas treibt einen beträchtlichen Handel mit den Produkten der Gegend, besonders mit Mandiocamehl, etwas Baumwolle usw. Dieser Handel führt eine ziemliche Anzahl von Schiffen aus Pernambuco, Bahia, Rio de Janeiro, Capitania und den anderen Häfen der Ostküste hierher. Dreißig bis vierzig kleinere Fahrzeuge liegen zuweilen hier vereint, auch hat man oft Gelegenheit, mit dem Casqueiro nach Rio zu reisen oder Briefe zu senden. Besonders geschäftig sind die Schiffe von Pernambuco für den Transport des Mandiocamehls, da jene Gegend an diesem wichtigen Produkt Mangel leidet; trockne Jahre bringen zuweilen dort eine vollkommene Hungersnot hervor.

Da wir die Absicht hatten, nach der Reise an den Mucuri, wo wir einige Zeit zu verweilen gedachten, noch einmal hierher zurückzukehren, so hielten wir uns jetzt nur drei Tage auf und reisten dann nach dem Alcobaça ab, der nördlich vom Caravellas durch die Urwälder herabkommt. An demselben liegt eine Fazenda des Ministers Conde do Barca, Ponte do Gentio (die Brücke der Wilden) genannt, welche wir in Augenschein zu nehmen wünschten. Wir fuhren erst einige Stunden in einem Canoe den Caravellas aufwärts und setzten dann die Reise zu Lande fort. Gegen Abend erreichten wir die kleine Fazenda de Pindoba. Bei Pindoba setzten wir über einen kleinen Waldbach, bestiegen dann die von den Besitzern der benachbarten Fazendas geliehenen Pferde und ritten durch öde Wildnisse, in welchen Wald, Gebüsche und Heiden, voll von hohem Rohrgras, miteinander abwechselten. Auf den zerstreut liegenden Fazendas oder Rossen findet man große Schoppen, in denen man das Mandiocamehl, das Hauptprodukt dieser Gegend, in Menge bereitet. Diese Gebäude sind von allen Seiten offen und bestehen nur aus einem von starken Pfeilern getragenen Rohr- oder Palmdach, unter welchem sich verschiedene große eingemauerte Pfannen zum Trocknen des Mehls befinden. Am Ende des Waldes erreichten wir die Wohnung der Senhora Isabella, Besitzerin ansehnlicher Mandiocapflanzungen, einer äußerst wohltätigen und deshalb in der Gegend beliebten Frau. Da sie im Rufe steht, mancherlei Krankheiten heilen zu können, so kommen viele Leidende und Arme zu ihrem Hause, die sie entweder heilt oder doch beschenkt und mit Nahrungsmitteln versieht. Sie nahm uns sehr gastfreundlich auf und gab uns auf die Reise ein kleines Schwein und eine große Ente mit, da wir, wie sie behauptete, in Ponte do Gentio würden Hunger leiden müssen.

Bald erreichten wir den Fluß Alcobaça, der hier klein ist, und schifften uns auf demselben ein. Die Fahrt ging in der Abendkühlung etwa ein paar Stunden weit aufwärts, bei der Fazenda des Herrn Munis Cordeiro vorbei; alsdann erreichten wir die auf dem nördlichen Ufer liegende Fazenda des Ministers. Ponte do Gentio ist eine Fazenda mit einem dazugehörigen Stück Land, welche der Minister von dem Erben des Capitam Mor João da Sylva Santos gekauft hat, und befand sich früher in einem sehr blühenden Zustand. Gegenwärtig befinden sich hier einige indianische Familien, sechs Familien der Ilhores (Bewohner der azorischen Inseln), neun Chinesen, einige Negersklaven und ein Portugiese als Feitor. Die Chinesen hatte die Regierung nach Rio de Janeiro kommen lassen, um dort Tee zu bauen; späterhin wurden einige nach Caravellas und andere hierher geschickt, um im Tagelohn zu arbeiten; allein sie sind zu träge und verrichten nur äußerst leichte Arbeiten. Sie bewohnen zusammen ein kleines Haus. Einer von ihnen ist Christ geworden und hat eine junge Indianerin geheiratet. Die Gebräuche ihres Vaterlandes haben sie auch hier beibehalten; sie feiern ihre Festtage, essen alle Arten von Geflügel besonders gern und sollen in der Wahl ihrer Lebensmittel nicht besonders streng sein. In ihrer Rohrhütte haben sie alles äußerst nett und sauber eingerichtet. Ihre Betten zum Beispiel sind mit feinen weißen Vorhängen versehen, die auf das netteste drapiert und an den Seiten mit sehr zierlichen bronzenen Haken aufgezogen sind. Diese zierlichen Betten machen einen sonderbaren Kontrast mit der elenden Rohrhütte, in der sie aufgestellt sind. Die Chinesen schlafen übrigens auf einer feinen Rohrmatte und ruhen mit dem Kopfe auf einem kleinen runden Kissen. Ihre Mahlzeit von Reis sahen wir sie nach echt chinesischer Art mit zwei kleinen Stäbchen zu sich nehmen. Sie sahen es sehr gern, wenn wir sie besuchten; alsdann erzählten sie uns in äußerst gebrochener portugiesischer Sprache von ihrem geliebten Vaterlande und wie es dort so viel besser sei als in Brasilien. Auch öffneten sie uns ihre Kasten, in welchen sie schlechtes chinesisches Porzellan und eine große Menge von Fächern aller Art, die sie zum Verkauf mit sich genommen hatten, sorgfältig verwahrten.

Wir durchstrichen die nahen Wälder mit unsern Jägern und mit einigen hier wohnenden Mamelucken. Mancherlei Tiere wurden erlegt, unter andern erhielten wir hier zum ersten Male das gemeine Faultier (Bradypus tridactylus, L.), da wir bis jetzt nur immer das mit dem schwarzen Halskragen (Bradypus torquatus, ILLIGERI) gesehen hatten. Hier hätten wir bald das Unglück gehabt, Herrn Freyreiss zu verlieren. Er hatte sich eines Morgens allein mit der Flinte auf die Jagd begeben und kam mittags zur gewöhnlichen Zeit nicht zurück.

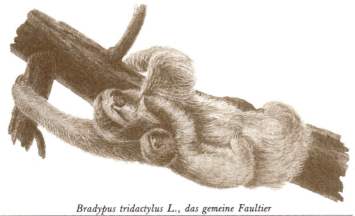

Bradypus tridactylus L., das gemeine Faultier

Es wurde Abend, und die Dunkelheit nahm schon immer mehr zu, und noch immer erwarteten wir ihn vergeblich. Mit jeder Minute wurde unsere Besorgnis um ihn größer. Ich ließ daher meine Leute beständig schießen, um ihm ein Zeichen zu geben. Endlich hörten wir aus weiter Ferne den schwachen Laut eines Schusses. Nun ließ ich schnell die Indianer, mit brennenden Fackeln oder vielmehr glimmendem Holze versehen, nach der Gegend zu vordringen, von woher der Schuß war gehört worden. Glücklicherweise fanden sie den Verirrten und kehrten um Mitternacht mit ihm zurück. Sehr ermüdet und entkräftet erreichte er die Fazenda und erzählte uns nun sein gefahrvolles Abenteuer.

Am 25. Januar verließen wir Ponte do Gentio und kehrten nach der Wohnung der Senhora Isabella zurück. Da fanden wir die Bewohner mit der Bereitung des Mandiocamehls beschäftigt. Ein zahm erzogener Tucan (Ramphastos dicolorus, L.) zog hier unsere Aufmerksamkeit auf sich. Seine possierlichen Bewegungen bei der ungeschickten Gestalt und dem sonderbaren großen Schnabel belustigte uns sehr. Äußerst gefräßig verschluckte er alles Eßbare, das ihm vorkam, selbst auch Fleisch. Man bot ihn uns zum Geschenk an; allein da dieser Vogel unser Klima nicht verträgt, so trugen wir Bedenken, ihn anzunehmen. – Man zieht hier viel Honig von stachellosen gelben Bienen. Zu diesem Ende hängt man Abschnitte von ausgehöhlten Baumästen unter dem Dach auf, die an den Enden mit Lehm zugestrichen sind und in deren Mitte sich ein kleines rundes Flugloch befindet. Dieser Honig ist sehr aromatisch, allein nicht ganz so süß als unser europäischer. Aus Honig mit Wasser vermischt bereitet man hier ein sehr angenehmes kühlendes Getränk.

Am folgenden Tag ritten wir nach Pindoba zurück und langten am Abend in Caravellas wieder an. Nach einem Aufenthalt von zwei Tagen waren auch hier unsere Geschäfte abgetan, und wir schifften uns wieder nach Viçoza ein. Als wir in Viçoza in das Haus der Camara eintraten, hausten hier noch die sämtlichen Botocudos des Ouvidors. Noch beschwerlicher als diese unangenehme Gesellschaft wurde uns das ununterbrochene Geheul eines Hundes, der von einer giftigen Schlange gebissen worden war. Man gab ihm den ausgepreßten Saft des Cardo Santo (Argemone mexicana), einer gelbblühenden Distel, die überall gemein ist, allein er starb. Man hält gewöhnlich irrigerweise die Zahl der brasilianischen Giftschlangen für größer, als sie wirklich ist. Bei weitem die gefährlichsten sind die Klapperschlange (Crotalus horridus) und der Çurucucú (Lachesis mutus, DAUDIN, oder Crotalus mutus, L.); die letztere, besonders die, welche sieben bis acht Fuß lang wird, ist überall in Brasilien zu Hause. Die Klapperschlange, welche die Portugiesen Cobra Cascavella nennen, hält sich nur in den hohen trocknen Gegenden auf. In Minas Geraës zum Beispiel und im Innern der Capitania von Bahia ist sie ziemlich häufig.

Wir kehrten von Viçoza nach dem Mucuri zurück, hielten uns aber in der Villa nicht lange auf, da der Ouvidor sich schon auf der Stelle befand, wo man sich mit Anlegung der neuen Fazenda zu Morro d'Arara beschäftigte. Herr Freyreiss hatte beschlossen, von hier nach Capitania zu unserer Tropa zurückzureisen; ich zog es vor, den Mucuri hinauf zu der Arbeit im Walde zu schiffen, um dort in jenen Wäldern einige Monate zuzubringen. Wir richteten unser Gepäck ein und brachten noch ein paar Tage in Mucuri zu.

Am 3. Februar morgens reisten wir nach unseren verschiedenen Bestimmungsorten ab. Herr Freyreiss ließ sich über den Mucuri setzen, um nach Capitania zurückzukehren, und ich schiffte mit zwei anderen Canoen den Fluß hinauf. Wir begrüßten uns wechselseitig durch ein Gewehr- und Pistolenfeuer noch einmal aus der Ferne und verschwanden einander schnell aus den Augen.

Die für die Fazenda und das Holzsägewerk des Ministers Conde da Barca ausgewählte Stelle liegt etwa anderthalb Tagereisen aufwärts am Mucuri und führt von den vielen daselbst vorgefundenen Araras (Psittacus maċao, L.) den Namen Morro d'Arara (Araraberg). Dahin begab ich mich jetzt in Gesellschaft des Escrivam von Belmonte, Capitam Simplício da Sylveira, eines Mannes, der besonders mit gebraucht worden war, als man am Belmonte mit den Botocudos einen Vertrag zu schließen suchte. Er und ein junger Meniän-Indianer, der ihn begleitete, redeten die Sprache jener Wilden. Die Ufer des Mucuri, überall von dichtem Wald eingefaßt, bieten bei den wiederholten Krümmungen des im ganzen schmalen Flusses mannigfaltige, malerische Waldansichten dar. Wir mußten unser Canoe gegen den jetzt hohen reißenden Strom mühsam aufwärts schieben, eine Arbeit, die uns um so viel beschwerlicher wurde, da die Mittagssone glühende Strahlen auf unsere Scheitel herabsandte und das Holz des Canoes so erhitzte, daß man es kaum anzufassen vermochte. Als die Abenddämmerung eintrat, stiegen wir im finstern Walde ans Land und zündeten unsere Feuer an. Die Nacht war sehr warm und schön, aber, wie es in heißen Ländern gewöhnlich ist, äußerst feucht. Viele Stimmen von Vögeln, die des Caburé, der Choralua, des Bacurau (Caprimulgus) und der Capueira (Perdix guianensis), lassen sich nur in der Dämmerung hören und beleben alsdann diese schauerlichen weiten Wildnisse. Unsere abgehärteten halbnackten Canoeführer, die Indianer, legten sich ohne Bedeckung und zum Teil entfernt vom Feuer sogleich auf die feuchte Erde nieder und schliefen sehr sanft; wir hingegen verbargen uns unter starken wollenen Decken auf einem aus Zweigen und Cocosblättern gebildeten Lager. Während am kommenden Morgen das Frühstück zubereitet wurde, ließ sich nahe bei uns ein Schwarm Araras mit lautem Geschrei nieder. Einer unserer Leute, Mariano, sprang sogleich auf, ergriff die Flinte und schlich sich an die Vögel hin; der Schuß schallte majestätisch durch die einsame Wildnis, und der Jäger kehrte frohlockend mit dem ersten jener prachtvollen Tiere zurück, das wir auf dieser Reise erlegt hatten. Nach der Mittagsmahlzeit schifften wir weiter und landeten abends an einer Sandbank, auf welcher wir Feuer anzündeten. Als wir hier beschäftigt waren, unsern Arara für die Sammlung zu präparieren, sahen wir ein großes Canoe voll Menschen zu uns heraufrudern. Es war der Engländer Charles Frazer mit seiner Begleitung, der zu Comechatibá an der Küste unweit Porto Seguro eine Niederlassung besaß. Er hatte jetzt mit uns gleichen Reiseplan. Wir übernachteten hier und brachen am folgenden Morgen miteinander auf. Gegen Mittag erreichten wir am nördlichen Ufer des Mucuri den Eingang eines engen schattenreichen Kanals von etwa 10 bis 12 Schritten Breite. Dieser natürliche, früherhin dicht verwachsene Kanal war vor einigen Tagen auf Befehl des Ouvidors aufgeräumt und die überhängenden Gebüsche weggehauen worden. Es ist der Eingang in einen schönen, ziemlich ansehnlichen See, die Lagoa d'Arara, welche rundum von Waldbergen eingeschlossen ist. Etwa eine Viertelstunde an der Lagoa hinaus hatte der Ouvidor jetzt die Niederlassung des Ministers zu Morro d'Arara zu gründen angefangen; man hatte daselbst schon Holz ausgehauen und einige Hütten erbaut. Der Ouvidor empfing uns höflich, und ich machte sogleich meine Einrichtung, mich ein paar Monate in dieser einsamen Wildnis aufzuhalten.

Aufenthalt zu Morro d'Arara, zu Mucuri, Viçoza und Caravellas bis zur Abreise nach Belmonte

Um sich von der Lebensart, welche wir zu Morro d'Arara führten, einen Begriff zu machen , denke man sich eine Wildnis, in welcher eine Gesellschaft von Menschen einen einsamen Vorposten bildet, der zwar durch Überfluß an Wildbret, Fischen und trinkbarem Wasser von der Natur mit Lebensmitteln hinlänglich versorgt, aber dabei durch die Entfernung von bewohnten Orten ganz auf sich beschränkt ist und gegen die überall ihn umgebenden rohen Urbewohner der Wälder beständig auf seiner Hut sein muß. Patachos und vielleicht auch Botocudos umstreiften uns täglich, um uns zu beobachten. Daher war bei uns alles bewaffnet; wir zählten 50 bis 60 streitbare Männer. Man hatte am Ufer der Lagoa bereits an der Wand des einen Berges das Gehölz niedergehauen, so daß es gleich einem wilden Verhaue durcheinandergestürzt da lag.

Ansicht der Hütten zu Morro d'Arara

Täglich zogen am Morgen etwa 24 Indianer, die zu diesem Zweck vorzüglich brauchbar sind, zur Arbeit aus. Ein Teil von ihnen war mit Äxten, ein anderer mit einem sichelartigen Instrument (Fouçe), welches an einem Stock befestigt ist, versehen; die ersteren hieben die Stämme nieder, die letzteren das Unterholz und das jüngere Gesträuch. Der Ouvidor hatte nahe an der Lagoa fünf bis sechs Hütten erbauen lassen, deren Dächer mit Uricanna-Blättern gedeckt waren. Vier unserer Indianer mußten jeden Morgen auf den ganzen Tag hinaus, um zu fischen, zu jagen und unsere Mundeos oder Tierfallen nachzusehen. Sobald am Abend alle unsere Leute vereint waren, hatten wir einen offenen Angriff der Wilden nicht zu fürchten. Gegen einen nächtlichen Überfall, den sie nicht leicht in dunklen, aber desto lieber in mondhellen Nächten, wie wir sie jetzt hatten, wagen, schützte uns die Wachsamkeit unserer Hunde. Oft hörte man diese Wilden die Stimmen der Eulen (Curuja), der Capueira oder anderer Tiere und besonders der Abendvögel nachahmen, allein unsere in dieser Kunst ebenso geübten Indianer unterschieden immer sehr richtig die Nachahmung von der Natur. Unkundige würden vielleicht versucht haben, den rufenden Vogel zu beschleichen, wo alsdann die Pfeile der Tapuyas sie über ihren Irrtum belehrt haben würden. Wenn unsere Leute abends im Mondschein die Baduca tanzten und die Viola dazu spielten, wobei immer mit den Händen geklatscht wird, wiederholten die Wilden jenseits der Lagoa dieses Händeklatschen. Der Ouvidor, der sich überall viel Mühe gab, die Wilden zu gewinnen, versuchte auch hier oft, sie herbeizuziehen, und rief ihnen zu: Schamanih (Camarad)! oder Capitam Ney (großer Anführer)! usw.; doch alle seine Versuche waren fruchtlos, ungeachtet unsere auf Kundschaft ausgeschickten Indianer häufig an der Spur der Wilden erkannten, daß dieselben bei Nacht die Holzschläge umkreist und ringsumher unsern Aufenthalt beobachtet hatten.

Unsere naturhistorischen Sammlungen bekamen zu Morro d'Arara durch unsere Mundeos einen reichen Zuwachs, besonders an Quadrupeden. Sie waren unsere vorzüglichste Nahrungsquelle, denn wenn man gleich hauptsächlich sich von Fischen nährte, so zogen wir Europäer dieser Nahrung doch immer frisches Fleisch vor. Der Paca (Coelogenys paca), das Aguti (Dasyprocta aguti), die Macuca (Tinamus brasiliensis) und das gemeine Tatú (Tatou noir, AZARA), dessen Fleisch weiß, zart und schmackhaft ist, waren uns für unsere Küche vorzüglich erwünscht. Eines Tages, als wir ausgefahren waren, um die Fallen zu untersuchen, befanden wir uns auf der Lagoa, als ein Indianer, der mein Canoe dirigierte, uns plötzlich auf einen Anta aufmerksam machte, der in dem See schwamm und das Ufer zu erreichen suchte. Wir schossen aus einiger Entfernung, allein die meisten Schüsse versagten, bis endlich das unförmliche Tier leicht verwundet wurde, indem durch sein dickes Fell die Schrote nicht bedeutend eindringen konnten. Wir stiegen nun ans Land und verfolgten die blutige Spur, vergaßen sie aber bald ganz über einer großen Gefahr, in welche hier mein Indianer geriet. Er kam einer fünf Fuß langen Jararacca, welche im dürren Laube verborgen lag, zu nahe. Diese richtete sich auf, zeigte ihre furchtbaren Waffen und war im Begriff, nach ihm zu beißen, als ich sie durch einen glücklichen Schuß tötete und den erschrockenen Jäger errettete. Die Indianer und selbst die portugiesischen Jäger gehen beständig mit bloßen Füßen auf die Jagd; Schuhe und Strümpfe sind hier für den Landmann eine seltene, teure Sache, deren man sich bloß an Festtagen bedient. Sie sind eben dadurch dem Biß der Schlangen, die oft im dürren Laube verborgen liegen, weit mehr ausgesetzt; dennoch trifft sie ein solcher Fall seltener, als man denken sollte.

Der Ouvidor reiste auf einige Zeit mit vielen Leuten nach Caravellas, wodurch unsere Gesellschaft sehr vermindert wurde; allein wir erhielten bald wieder großen Zuwachs. Capitam Bento Lourenzo hatte die neue Straße mit seinen Mineiros so weit fortgesetzt, daß er unserer einsamen Wildnis bereits nahe war. Die Picadores kamen einen Tag früher und zeigten uns die Ankunft ihrer Truppe an. Am folgenden Abend erschien der Capitam mit 80 bis 90 Mann und nahm bei uns Quartier. Die verschiedenen Menschenrassen, welche der Capitam in seiner Truppe verband, machten den Anblick unseres Lagers sehr originell und malerisch; außer uns Deutschen und Portugiesen befanden sich in unserer Mannschaft Neger, Kreolen, Mulatten, Mamelucken, Küsten-Indianer, ein Botocude, ein Malali, einige Maconis, Capuchos oder Caposch-Indianer, alle Soldaten aus Minas Geraës. Der Capitam mit seinen Leuten verweilte noch einige Tage zu Morro d'Arara, um das Eisengerät und die Flintenschlösser durch unsern Schmied ausbessern zu lassen. Am 22. Februar verließ die Truppe des Capitam unsere Wohnungen, um sich nun weiter durch die Wälder hindurchzuarbeiten. Einige von uns begleiteten sie eine Strecke weit auf der neuen Straße in die

Wälder. Hier war es, wo wir unter alten Urwaldstämmen ausruhten und von den Mineiros durch kühlendes Getränk erfrischt wurden. Wir sämtlich ruhten im Kreise, während Capitam Bento Lourenzo, welcher an seinem großen grauen Filz-
hut leicht zu erkennen ist, das Getränk, Jacuba genannt, in
einer Cuia bereitete.

Zusammenkunft mit Capitam Bento Lourenzo am Mucuri

Nach einer Abwesenheit von etwa drei Wochen kehrte der Ouvidor mit einigen Canoen und vielen Leuten zurück. Er brachte uns die traurige Nachricht mit, daß die Wilden etwa eine Legoa weit von Villa do Port'Allegre, auf der neuen Minas-Straße des Capitam Bento Lourenzo, am 28. Februar fünf Menschen, Weiber und Kinder, ermordet hatten. Da die Wilden nach dieser Tat sich nicht zurückzogen, sondern nach wie vor in der Nähe der Pflanzungen von Mucuri herumschwärmten, so wurden diese von ihren Besitzern verlassen, welche sich alle in die Villa begaben. Der Ouvidor hatte sogleich den Befehl gegeben, eine Entrade zu machen und dazu bewaffnete Leute von S. Matthaeus, Villa Verde, Porto Seguro und andern Orten sich versammeln zu lassen. Der Ouvidor verließ Morro d'Arara am 9. und kehrte nach der Villa zurück. Er nahm uns nun auch hier die nötigsten Leute und Waffen mit fort, um sie gegen die Wilden zu gebrauchen. Die Entrade bewirkte indessen nichts, denn man traf die klugen vorsichtigen Tapuyas gar nicht an.

Jetzt kam der Monat März und mit ihm der Anfang der kalten Jahreszeit, die hier durch vielen Regen sich ankündigt. Häufig hatten wir am Morgen große Hitze und gegen Mittag heftige Gewitter, die dann oft einen bis zwei Tage anhielten und wahre Regenströme zur Erde sandten. Bei solchem Wetter war unser einsamer Aufenthalt in dem kleinen finsteren Waldtal sehr traurig. Dünste stiegen wie dicke Wolken aus den feuchten Urwäldern auf und umhüllten uns so, daß man kaum das nahe gegenüberliegende Dickicht erkennen konnte. Diese abwechselnde und feuchte Witterung erzeugte viele Krankheiten. Fieber und Kopfschmerzen waren häufig, und selbst die eingeborenen Indianer blieben davon nicht frei, so daß man mehrere derselben nach der Villa hinabschicken mußte. Wir Ausländer litten besonders; es fehlte uns dabei an den nötigen Arzneimitteln, besonders an der Chinarinde, einem für fremde Reisende in diesen Himmelsstrichen ganz unentbehrliches Bedürfnis. Ich griff, da das Fieber auch bei mir nicht weichen wollte, zu der Chinarinde, welche ich als hier am Mucuri einheimisch kennengelernt hatte. Die mir von dieser Rinde mitgeteilten Stücke waren sehr dick abgeschält und noch frisch, also nicht geeignet, pulverisiert zu werden. Wir schnitten sie in kleine Stückchen, kochten sie sehr stark und tranken diesen Aufguß. Den das Klima gewohnten Portugiesen half dieses Mittel, allein wir Deutsche verspürten davon nur einen Aufschub des Fieberanfalles, der nachher desto heftiger wieder eintrat. Da in diesem kläglichen Zustande der

Mangel einer passenden Nahrung uns immer fühlbarer wurde und ich einsah, daß ich bei dem Genuß von schwarzen Bohnen und fettem oder gesalzenem Fleisch, worauf wir jetzt beschränkt waren, meine Gesundheit nicht wieder erlangen würde, so entschloß ich mich, nach der Villa hinab zu reisen, und führte diesen Entschluß am 10. März aus. Die heftigen Winde, die in dieser Jahreszeit an der Seeküste wehen, sind für die Gesundheit viel zuträglicher als die feuchte, dicke, warme Luft in den Wäldern.

In der Villa fehlte es ebenfalls an Lebensmitteln, da überhaupt hier viel Armut herrscht. Man hatte nichts als Mandiocamehl, Bohnen und zuweilen etwas Fisch; uns Kranken glückte es indessen, durch den Ankauf von Hühnern eine angemessene Nahrung zu erhalten. Da die brasilianische China uns nicht herzustellen schien, so sandte ich einen Boten nach Villa de St. Matthaeus, der mir etwas echte China von Perú zurückbrachte. Diese bewirkte zwar bald unsere Genesung, allein es dauerte noch viele Wochen, bis wir uns völlig von der Entkräftung erholt hatten.

In den ersten Tagen des Monats Mai erschien Herr Freyreiss mit dem Reste unserer Truppe am Mucuri. Zu Linhares am Rio Doçe hatte er einen kurzen Aufenthalt gemacht, jedoch die Lage der daselbst befindlichen Ansiedlungen schon nicht mehr so gefunden, als wie wir sie zur Zeit unserer gemeinschaftlichen Anwesenheit daselbst gesehen. Wilder und kühner als je hatten die Botocudos sich dort von neuem in Masse(n) gezeigt. Auf dem südlichen Flußufer, unweit des Quartels d'Aguiar, bei der Lagoa dos Indios hatten sie drei Soldaten ermordet und, wie man behauptete, aufgefressen. Nachdem ich mit Herrn Freyreiss noch einige Wochen in Mucuri zugebracht hatte, die völlige Wiederherstellung der Kranken abzuwarten, reisten wir nach Villa Viçoza, nahmen dort unsere Wohnung im Hause der Camara und durchstreiften von da aus die umliegende Gegend.

Villa Viçoza ist ein kleiner Flecken, der zwischen Cocosbäumen sehr angenehm liegt und mit Farinha Handel treibt. Mehrere Einwohner besitzen kleine Lanchas, in welchen die Produkte der Pflanzungen längs der Küste zur See versandt werden. Die Eigentümer der Lanchas sind hier die reichsten und angesehensten Bürger; unter ihnen zeichnet sich Herr

Bernardo da Motta durch seine wohltätigen Gesinnungen und seinen redlichen Charakter aus. Er benutzt die Kenntnis von mehreren Krankheiten des Landes und eine bedeutende Erfahrung, die er sich nach und nach erworben hat, um durch seinen Rat und die Mitteilung erprobter Heilmittel seinen leidenden Landsleuten nützlich zu werden. In dem heißen Klima Brasiliens sind die Einwohner zahlreichen Übeln und vorzüglich mannigfaltigen Hautkrankheiten und hartnäckigen Fiebern ausgesetzt, die bei zweckmäßiger Behandlung durch geschickte Ärzte oder Chirurgen zwar selten gefährlich werden, an denen aber dennoch hier aus Mangel an zweckmäßiger Hilfe oder durch verkehrte Behandlung viele Menschen sterben. Herr da Motta suchte in Viçoza diesem Übel soviel als möglich abzuhelfen, und ob er gleich keine gründlichen medizinischen Kenntnisse besitzt, so hat ihn seine Erfahrung doch manche treffliche Behandlungsart kennengelehrt, und bei der Bescheidenheit, mit welcher er alles Nützliche und Gute, das ihm von andern mitgeteilt wird, prüft und anerkennt, erweitern sich seine Kenntnisse und seine nützliche Wirksamkeit immer mehr. Die größte Wohltat, welche der König seinen Untertanen in Brasilien erzeigen könnte, würde die Anstellung tüchtiger Ärzte und Chirurgen in den verschiedenen Teilen des Landes und die Einrichtung guter öffentlicher Landschulen sein, um die rohe Unwissenheit und den blinden Aberglauben, die so viel Elend und Verderben stiften und verbreiten, unter dem gemeinen Volk allmählich zu entfernen. An solchen Lehranstalten fehlt es gänzlich. Anmaßende Geistliche, denen es an Kraft und Willen fehlt, an der Belehrung und Bildung des Volkes zu arbeiten, tragen vielmehr noch tätig zur Unterdrückung der gesunden Vernunft und des eignen Nachdenkens bei und erschweren jede Verbreitung einer vernünftigen Aufklärung.

Am 11. Juni verließ ich Viçoza und reiste nach Caravellas, wo ich die Ankunft des Casqueiro von Rio de Janeiro abwartete.

Nachdem wir uns vier Wochen in Caravellas aufgehalten hatten, sahen wir endlich den lange ersehnten Casqueiro einlaufen. Er brachte uns mancherlei nötige Bedürfnisse aus Rio de Janeiro und nahm unsere Sammlungen an Bord, um diese unsern Freunden in der Königsstadt zu überliefern. Capitam Bento Lourenzo hatte auch Caravellas erreicht, nachdem seine Straße großenteils vollendet war. Als alle unsere Geschäfte beseitigt waren, trat ich meine weitere Reise längs der Küste nordwärts an, Herr Freyreiss mit seinen Leuten blieb am Mucuri zurück.

Ich verließ Caravellas am Morgen des 23. Juli. Obgleich jetzt die kälteste Jahreszeit des hiesigen Klimas eingetreten war, so war doch an diesem Tag die Hitze drückend. Die Einwohner dieser Gegenden litten jetzt sehr häufig an Katarrhen, Husten und Kopfschmerzen, denn die sogenannte kalte Jahreszeit hat auf ihre an die Wärme gewöhnten Körper denselben Einfluß als auf uns die Kälte des ersten Frostes im November oder Dezember. Verschiedene Personen in Caravellas waren an den Krankheiten gestorben, welche die Veränderung der Temperatur herbeiführte, während wir Fremde weniger dadurch litten. Der freie Wiesenplatz, auf welchem Caravellas erbaut ist, wird rundum von sumpfigen Wäldern und Gebüschen eingeschlossen, worin die Pflanzungen oder Rossen der Bewohner zerstreut liegen. Man durchreitet diesen Wald bis zur Mündung des Flusses Caravellas, wo etwa 12 Fischerhütten eine schwache Povoaçâo bilden. Von der Barra des Flusses, welche geräumig und sicher ist, folgt man dem flachen sandigen Seestrand.

Wir erreichten gegen Abend einen rasch fließenden Bach, den man die Barra Velha nennt. Unweit der Mündung des Flusses hat man an dem nördlichen Ufer desselben die Villa de Alcobaça auf einer weißen Sandfläche erbaut, die mit kurzem Gras, mit niedrigen kriechenden Mimosen, mit weißblühendem Plumbago und mit den schönen rosenroten Blumen der Vinca rosea bedeckt ist. – Alcobaça hat etwa 200 Häuser und 900 Einwohner. Die meisten der Gebäude sind mit Ziegeln gedeckt, und die Kirche ist von Steinen erbaut.

Fünf Legoas weiter nördlich vom Flusse Alcobaça fällt der Rio do Prado in das Meer, der ehemals bei den Urbewohnern dieser Gegend den Namen Sucurucú trug. Der Weg längs der Küste bis dorthin ist ein ebener fester Sand. Die Villa do Prado, welche anfänglich aus Indianern gebildet wurde, ist unbedeutender als Alcobaça, denn sie hat nur etwa 50 bis 60 Feuerstellen und 600 Einwohner.

Da ein heftiges Regenwetter eintrat und überdies eines unserer Maultiere entlaufen war, so sah ich mich genötigt, ein paar Tage in dieser traurigen Sandgegend zu bleiben. Ich wurde indessen am letzten Tage meiner Anwesenheit reichlich für diesen Nachteil entschädigt, denn zufällig erschien an demselben ein Trupp von Wilden in der Villa, auf deren Bekanntschaft ich längst vergebens gehofft hatte. Sie waren vom Stamme der Patachos, den ich bis jetzt noch nicht von Angesicht kannte, und erst vor wenigen Tagen aus den Wäldern zu den Pflanzungen herabgekommen. Völlig nackt traten sie, ihre Waffen in der Hand, in die Villa ein, wo sogleich eine Menge von Menschen sich um sie her versammelte. Sie brachten große Kugeln von schwarzem Wachs zum Verkauf, und wir tauschten gegen Messer und rote Schnupftücher eine Menge von Bogen und Pfeilen von ihnen ein. Sie hatten nichts Auffallendes, waren weder bemalt noch sonst entstellt; einige waren klein, die meisten von mittlerer, etwas schlanker Gestalt, mit großem knochigem Gesicht und plumpen Zügen. Nur wenige unter ihnen hatten Tücher umgebunden, die man ihnen früher geschenkt hatte. Ihr eben nicht ausgezeichneter Anführer (von den Portugiesen Capitam genannt) trug eine rote wollene Mütze und blaue Hose, die er auch früher irgendwo erhalten hatte. Nahrung war sogleich ihr Hauptanliegen. Man gab ihnen etwas Mehl und einige Cocosnüsse, die sie mit einer kleinen Axt sehr wohl zu öffnen wußten, worauf sie mit ihren gesunden starken Zähnen die weiße Kernmasse aus der harten Schale herausbissen; merkwürdig war dabei die Begierde, mit welcher sie aßen. Im Tauschhandel zeigten sich einige von ihnen sehr klug, sie forderten vorzüglich Messer oder Äxte; jedoch ein rotes Tuch ließ sich einer von ihnen sogleich um den Hals binden. Man steckte ihnen auf 40 Schritt eine Cososnuß auf eine Stange und ließ sie nach diesem Ziele schießen, das von ihnen nie gefehlt wurde. Da niemand mit ihnen reden konnte, so hielten sie sich nicht lange auf und kehrten nach ihren Wohnungen zurück. Um sie noch näher kennenzulernen, schiffte ich am 30. Juli den Fluß Prado aufwärts bis zu der Stelle, wo die Wilden ihre Hütten gehabt hatten; allein ich fand sie nicht mehr, sie waren schon weiter gezogen. Es leben hier an den Ufern des Sucurucú sowohl Patachos als Machacaris in den Wäldern. Die letzteren sind immer mehr zum Frieden gegen die Weißen geneigt gewesen als die ersteren, mit denen man erst seit drei Jahren ein friedliches Einverständnis hat zustande bringen können.

Patachos

Die Patachos gleichen im Äußeren sehr den Puris und Machacaris, nur sind sie größer als die ersteren. Sie entstellen ebensowenig als diese ihr Gesicht und tragen ebenso ihre Haare natürlich um den Kopf herabhängend, bloß im Genick und über den Augen abgeschnitten; doch rasieren auch manche unter ihnen den ganzen Kopf und lassen bloß vorn und hinten einen kleinen Busch stehen. Die Unterlippe und das Ohr durchbohren einige und tragen in der gemachten kleinen Öffnung ein dünnes kurzes Rohrstäbchen. Um den Hals trugen die Männer, so wie die aller andern Stämme der Ostküste, ihr Messer an einer Schnur, und die Rosenkränze, die man ihnen schenkte, hingen sie ebenfalls um denselben. Ihr Körper war in seiner natürlichen rötlichbraunen Farbe und nirgend bemalt. Sehr sonderbar und auffallend ist ihr Gebrauch, an einem gewissen Teil ihres Körpers die Vorhaut mit einer Schlingpflanze zuzubinden, wodurch derselbe eine höchst sonderbare Gestalt erhält. Ihre Waffen sind in der Hauptsache dieselben als die der andern Wilden. Ihre Bogen sind jedoch größer als bei allen übrigen Stämmen der Tapuyas. Ich maß einen derselben und fand, daß er 8 Fuß $9\frac{1}{2}$ Zoll englisches Maß in der Höhe hielt. Sie sind von Airi- oder Pao d'arco(Bignonia-)Holz gemacht. Die Pfeile sind unten mit Arara-, Mutum- oder Raubvogelfedern befiedert, und ihre Spitze ist mit Taquarussú- oder Ubá-Rohr beschaftet; allein nirgends fand ich unter den verschiedenen Stämmen der Tapuyas die Bogenschnur aus Darmsaiten oder Tiersehnen gemacht, wie dies Lindley fälschlich berichtet. Auf dem Rücken trägt ein jeder Mann einen um den Hals befestigten Beutel oder Sack, von Embira oder andern Schnüren geflochten, worin er verschiedene Kleinigkeiten aufzuheben pflegt. Ihre Weiber sind ebensowenig bemalt und gehen völlig nackt. Die Hütten dieser Wilden unterscheiden sich durch eine abweichende Bauart von den früher beschriebenen der Puris. Junge Stämme und eingesteckte Stangen werden oben übergebogen, zusammengebunden und darüber Pattioba- und Cocosblätter gedeckt. Diese Hüttchen sind sehr flach und niedrig. Neben einer jeden von ihnen bemerkt man einen Rost, der aus vier in die Erde eingesteckten gabelartigen Pfählen besteht, in die vier Stäbe gelegt und auf welche nahe aneinander Querstäbe gereiht werden, um die erlegten Jagdtiere darauf zu braten oder zu rösten.

Die Patachos gleichen in vieler Hinsicht den Machacaris, oder Machacalis, auch sind ihre Sprachen etwas verwandt, obgleich in manchem Betracht wieder sehr verschieden. Beide Völkerstämme sollen gegen die Botocudos zusammenhalten und scheinen ihre Gefangenen zum Teil als Sklaven zu behandeln, denn noch unlängst boten sie zu Villa do Prado eine junge Botocudin zum Verkauf an. Nie hat man einen begründeten Verdacht gehabt, daß diese Patachos Menschenfleisch essen. In den Hauptzügen gleicht sich zwar der moralische Charakter aller dieser Wilden-Stämme sehr, dennoch hat jeder von ihnen wieder seine verschiedenen Eigenheiten: So sind die Patachos unter allen am meisten mißtrauisch und zurückhaltend, ihre Mienen sind immer kalt und finster, auch geben sie den Weißen ihre Kinder nur äußerst selten, um sie bei ihnen erziehen zu lassen, wie es die andern Stämme nicht ungern zu tun pflegen.

Erfreut, die Bekanntschaft dieses Stammes der Urbewohner gemacht zu haben, verließ ich Villa do Prado und ritt schnell meinen schon früher vorangezogenen Lasttieren und Leuten nach. – Die Küste von Prado nimmt weiter nordwärts eine andere Gestalt an, als sie vorher hatte. Es erheben sich an der See hohe Wände von rotem und andersfarbigem Ton, der auf eisenhaltigem buntem Sandstein aufgeschichtet ist. Wald bedeckt die Höhe dieser Küste, und häufige Taleinschnitte öffnen sich nach dem Meere hin, die mit dunkelgrünbelaubten finsteren Urwäldern, dem Wohnsitz der Patachos, angefüllt sind. Aus allen diesen kleinen Tälern fließen Bäche hervor, deren Barras zur Zeit der Flut dem Reisenden oft sehr beschwerlich werden. Eine andere Unbequemlichkeit, welche diese Küstengegend für die Reisenden hat, sind die Felsengruppen, welche an den hohen Wänden derselben unmittelbar in das Meer vortreten. Bei der Ebbe umreitet man diese Klippen trocknen Fußes, allein zur Zeit der Flut kann man an ihnen nicht vorbei, weil die Wellen, wild schäumend und tobend, sich an ihnen brechen und weißen Schaum in die Höhe spritzen. Befindet man sich während der Zeit, in welcher gerade die Flut zunimmt, in der Mitte zwischen ein paar dieser Felsgruppen unter der hohen steilen Uferwand, so kann man sogar in große Gefahr kommen, indem man alsdann der schnellen Zunahme der See nicht mehr entgehen kann.

Von zweien meiner Leute zu Pferde begleitet, erreichte ich in schnellem Ritt die Landspitze, welche den Namen Comechatibá, oder in der alten indianischen Sprache eigentlich Currubichatibá, trägt. Der Vollmond spiegelte sich prachtvoll im Meere und beleuchtete die einsamen Hütten einiger Küsten-Indianer, deren Bewohner von unseren vorangegangenen Lasttieren aus dem Schlafe geweckt worden waren. In geringer Entfernung von diesen Hütten liegt die Fazenda von Caledonia, welche der Engländer Charles Frazer vor etwa sieben Jahren hier angelegt hat. Herr Frazer, der einen großen Teil unserer Erde bereiste, kaufte etwa 30 starke Neger, um diese Fazenda anzubauen. Er war gegenwärtig in Bahia und hatte während seiner Abwesenheit einem Portugiesen aus Villa do Prado die Aufsicht der Fazenda übergeben. Bei unserer Ankunft nahm uns der Feitor auf; die Neger, welche eben versammelt waren, um nach ihrer Trommelmusik zu tanzen, kamen sogleich herbeigelaufen, die Fremden zu betrachten. Bald war das ganze Zimmer mit diesen Sklaven angefüllt, die jung, schön gebildet und zum Teil von hohem kräftigem Körperbau waren; aber der Feitor hatte nicht so viel Autorität, um uns ermüdete Reisende von dieser lästigen Gesellschaft zu befreien. Ich hielt mich einige Tage hier auf und fand Gelegenheit, die kürzlich erst von ihren Bewohnern verlassenen Hütten der Patachos im Walde zu besuchen.

Von Comechatibá nördlich liegen wieder hohe Wände und Felsen an der See, die an einer Stelle selbst so in das Meer vorrücken, daß man sich genötigt sieht, einen Umweg über die Höhen zu machen. Hier oben findet sich eine Fläche, welche den Namen Imbassuaba trägt. Sie ist ein von Wald ringsumher eingeschlossenes Campo mit schönen Gräsern und mancherlei wilden Pflanzen, die uns neu und für unsere Sammlungen willkommen waren. Von da erreicht man bald wieder die Seeküste und, nach einem Wege von $1\frac{1}{2}$ Legoa von Comechatibá aus, den kleinen Fluß Cahy, der nur zur Zeit der Ebbe passiert werden kann. Zu diesem Übergang war es, als wir ihn erreichten, schon beinahe zu spät; allein die des Weges und der Gewässer vollkommen kundigen Neger und Indianer der Fazenda durchwateten den Bach und trugen auf den Köpfen und Schultern unser Gepäck hinüber, welches glücklich genug vollkommen trocken an das jenseitige Ufer gelangte. Weiter nördlich fanden wir in der Entfernung von drei bis vier Legoas einen anderen, etwas stärkeren Fluß, den Corumbao. Anderthalb Legoas nördlich von Corumbao fällt der Fluß Cramemoan in die See. Man durchreitet bis dahin eine weite Ebene mit vielen rohrartigen Gräsern, niederen Aricuri- und Guriri-Palmen und mit schönen Gesträuchen usw. besetzt. Diese Ebene gewährt den Botanikern eine reiche Unterhaltung und Beschäftigung. In der Dämmerung erreichte ich das kleine indianische Dörfchen Cramemoan, das auf Befehl des Ouvidors hier auf einem Hügel am Flusse erbaut ist und eigentlich als Destacament, unter den Namen Quartel da Cunha, zur Sicherheit dieser Gegend dienen soll. Die Indianer waren nicht wenig erstaunt über den so seltenen und späten Besuch einer beladenen Tropa in dieser einsamen Gegend; sie drängten sich herbei, um sich mit uns zu unterhalten, während unsere Leute in einer verlassenen Hütte ein Feuer anzündeten. Sie leben von ihren Pflanzungen, vom Fischfang im Fluß und in der See und machen im Walde Estoppa und Embira, die sie nach Porto Seguro verkaufen. Da hier an der Küste Pulver und Blei selten und äußerst teuer ist, so jagen sie zum Teil mit Bogen und Pfeilen, die sie von ihren Nachbarn in den Wäldern, den Patachos, gegen Messer eingetauscht hatten. Obgleich diese Leute von dem Ouvidor eigentlich hierher gesetzt wurden, um die Überfahrt über den Fluß zu besorgen, so sind sie doch mit dieser Einrichtung nicht zufrieden und leben größtenteils auf ihren Pflanzungen in der Nähe. Sie sind von starkem robustem Körperbau, aber so träge, daß sie bei schlechtem Wetter lieber ohne Lebensmittel in ihren Hütten liegen bleiben, als daß sie mit einiger Beschwerde arbeiten.

Nachdem wir mit unserer ganzen Tropa am nördlichen Ufer angelangt waren, folgten wir der ebenen, mit dichten Gesträuchen bewachsenen Fläche längs der See, welche in der Ferne von Höhen begrenzt wird; allein bald zeigten sich am Meer wieder steile Höhen von Ton- und Sandstein-Wänden, die man ersteigen muß, weil die Küste selbst durch die heftige Brandung unzugänglich ist. Man folgt einem steilen Pfade auf die Höhe jener Barreiras und findet dort eine trockene hohe Fläche, ein Campo, das den Namen Jaüassema oder Juassema hat. Hier soll, nach der Tradition der Einwohner, in den früheren Zeiten der portugiesischen Einwanderung ein großer volkreicher Ort, die Stadt gleichen Namens, oder Insuacome, gelegen haben, die aber ebenso wie S. Amaro, Porto Seguro und andere Niederlassungen von der kriegerischen und barbarischen Anthropophagen-Nation der Abaquirá oder Abatyrá zerstört wurde. Zu Jaüassema soll man noch gegenwärtig Stücke von Backsteinen, Metalle und ähnliche Gegenstände finden. Sie sind die ältesten Monumente der Geschichte von Brasilien, denn über die Zeit der europäischen Einwanderung hinaus findet man keine Denkmäler an dieser Küste.

Wir erreichten die See wieder und kamen gegen Mittag an eine Stelle, wo die mit der hohen Flut gegen die Felsen anprallenden Wogen den Weg völlig verschlossen; es war schlechterdings unmöglich, mit beladenen Maultieren über die Höhen zu klettern. Wir faßten uns also in Geduld und luden unsere Tiere ab. In der Nähe eines kleinen Corrego von klarem Wasser wurde ein Feuer angezündet, Decken und Häute schützten uns einigermaßen gegen den frischen, alles durchdringenden Seewind, und unser frugales Mittagessen wurde in einem Kessel ans Feuer gesetzt. Unser Aufenthalt an dieser einsamen romantischen Stelle der Küste dauerte, bis der Vollmond am Himmel hervortrat; jetzt waren die Felsen so weit entblößt, daß wir sie umreiten konnten.

In der Mitte der Nacht befanden wir uns am Ufer des Rio do Frade, eines kleinen Flusses, der diesen Namen erhalten hat, weil einst ein Franziskaner-Missionar in demselben ertrank. Seine Barra ist schiffbar für große Canoes. Auf dem jenseitigen Ufer wohnen, auf Befehl des Ouvidors, einige indianische Familien, um die Reisenden überzusetzen. Man hat diesem Posten den Namen des Destacaments von Linhares gegeben, ob sie gleich keine Soldaten sind. Wir fanden nun in der Hütte der Indianer zwar Unterkommen, aber wegen ihrer elenden Beschaffenheit wenig Bequemlichkeit und Erholung nach unserm nächtlichen Ritt. Indessen wir hier vom Frost nicht wenig litten, sahen wir die halbnackten Bewohner des Hauses in ihren Schlafnetzen liegen, wo sie das beständig unterhaltene Feuer dennoch unmöglich erwärmen konnte. Die Sorge, das Feuer im Brande zu erhalten, war den Weibern übertragen, und der schon erwachsene Sohn des Hauses rief von Zeit zu Zeit seine Mutter auf, ihr Geschäft nicht zu versäumen. Kühl und windig erschien der neue Morgen. Wir packten unsere nassen Kleidungsstücke zusammen und ritten nach Trancozo. Die See hatte bei der völligen Ebbe weite Strecken von flachen Felsbänken an der Küste entblößt; hier suchten einige in den nahen Gebüschen zerstreut wohnende Indianer Mollusken zum Essen.

Nach einem Wege von drei Legoas erreichten wir eine Stelle, wo ein kleiner Bach sich ins Meer öffnet, den man gewöhnlich Rio de Trancozo nennt, der aber in der alten indianischen Sprache Itapitanga (Sohn der Steine) genannt wurde, wahrscheinlich weil er aus steinigen Bergen herabkommt. Trancozo ist eine in einem langen Quadrat erbaute Indianer-Villa. In der Mitte desselben steht das Rathaus und an dem dem Meere zugekehrten Ende die Kirche, die ehemals ein Kloster der Jesuiten war. Seit der Aufhebung dieses Ordens ist der Konvent demoliert und die Bibliothek verschleudert worden. Die Villa zählte im Jahre 1813 etwa 50 Feuerstellen und 500 Seelen; ihre Bewohner sind sämtlich Indianer, zum Teil recht dunkelbraun, und nur einige wenige portugiesische Familien leben hier, zu denen der Geistliche, der Escrivam und ein Krämer gehören. Die meisten Häuser standen jetzt leer, da die Bewohner auf ihren Pflanzungen leben und nur an Festtagen zur Kirche kommen. Man führt von hier etwa 1000 Alkeren Farinha, Baumwolle und verschiedene Waldprodukte aus; zu den letzteren gehören besonders Bretter, Gamellas und Canoes, ferner etwas Embira und Estoppa. Die Pflanzungen der Indianer sind ziemlich gut angebaut. Sie bauen verschiedene eßbare Wurzeln, zum Beispiel Batatas, Mangaranitos (Arum esculentum), Cará, Aypi oder süße Mandioca, an usw. und verkaufen auch wohl diese Gewächse. Der Fischfang ist ebenfalls eine Hauptbeschäftigung der Indianer. Sie fischen bei ruhigem Wetter mit ihren Canoes bis weit in die See hinein, auch macht man Camboas an der Seeküste. Auf dem erhöhten Rücken zu Trancozo hält man etwas Rindvieh, besonders besitzt der Escrivam eine ganz bedeutende Herde; allein die Zucht dieser Tiere ist hier mit großen Unbequemlichkeiten verbunden. Auf dem hiesigen Campo ist eine trockene kräftige Weide, auf welcher das Vieh in kurzer Zeit fett wird. Gibt man ihm alsdann nicht gleich darauf eine kühle nasse Weide, so fällt es sämtlich. Man schickt daher, um dieser Gefahr zu entgehen, die Herde von Zeit zu Zeit nach dem Rio do Frade. Dieser Wechsel der Weide muß das Jahr hindurch mehrere Male wiederholt werden und ist wohl mit Ursache, daß das Vieh eine sehr geringe Quantität Milch gibt.

Der Weg von Trancozo nach Porto Seguro hat wenig Abwechslung. Hohe Wände von einer weißblaulichen, roten oder violetten Substanz, die dem Ton gleicht, tragen oben auf ihren ebenen Rücken Fazendas, und man sieht die Gipfel der sie beschattenden Cocosbäume im Winde wogen. Man durchschreitet den Bach Rio da Barra auf einer hölzernen Brücke, die als eine Seltenheit genannt zu werden verdient, und steigt öfters an den hohen Wänden der Küste, wegen Unzugänglichkeit der Felsen am Seestrande, hinauf und hinab. Nach einem Wege von drei Legoas traten wir aus einem kleinen Gebüsch hervor und befanden uns an dem Flusse Porto Seguro, an dessen nördlichem Ufer unter hohen Cocospalmen der untere Teil der Villa do Porto Seguro mit freundlich roten Ziegeldächern sich zeigt. Porto Seguro, im Range die erste Villa der Comarca von Porto Seguro, dennoch aber weniger bedeutend als Caravellas, ist ein wenig ansehnlicher Ort von 420 Feuerstellen, welcher in mehreren etwas voneinander getrennten Teilen erbaut ist. Der Hauptteil ist klein und besteht aus wenigen mit Gras bewachsenen Straßen, in welchen meistens niedrige und einstöckige und nur einige wenige Häuser von zwei Stockwerken stehen. Hier befinden sich die Kirche, der ehemalige Jesuiten-Konvent, jetzt die Wohnung des Professors der lateinischen Sprache, und das Rathaus mit den Gefängnissen. Der größte Teil der Bewohner hat sich indessen von der Höhe hinabgezogen nach einem anderen Teil der Villa, näher am Flusse, welchen man Os Marcos nennt und welcher zur Betreibung des Handels vorteilhafter gelegen ist. Dieser Teil der Villa ist der beträchtlichste. Er liegt am Abhang der Höhe und ist zerstreut und unregelmäßig aus mehrenteils niederen Häusern zusammengesetzt, welche großenteils mit Gebüschen von Orangen- und Bananenbäumen umgeben sind. Hier wohnen die wohlhabendsten Einwohner, die Besitzer der Schiffe, welche den Handel von Porto Seguro betreiben. Der dritte Teil der Villa liegt unten, unmittelbar an der Mündung des Flusses. Er wird Pontinha oder Ponta d'Area genannt und hat, außer einigen Vendas, mehrenteils niedere, zerstreute, von Fischern oder Seeleuten bewohnte und von Cocospalmen beschattete Häuser. Die obere Villa ist gewöhnlich sehr öde und tot. Manche Häuser stehen sogar verschlossen und verfallen, denn nur an Sonn- und Festtagen versammelt man sich hier oben; alsdann aber ist dieser Teil von geputzten Menschen sehr belebt. Die Portugiesen versäumen nicht leicht die Messe, und jedermann erscheint da gern in seinen besten Kleidungsstücken. Menschen, die in der Woche kaum ihre Blößen bedecken, zeigen sich am Sonntag auf das netteste gekleidet. Unmittelbar über dem ziemlich steilen Abhang liegt der Konvent der Jesuiten, ein massives ansehnliches Gebäude. Hier nahm mich Herr Professor Antonio Joaquim Morreira de Pinha sehr gastfreundschaftlich auf. Aus seinen Fenstern genossen wir der herrlichen Aussicht auf den ruhigen Spiegel des Meeres. In den vom Winde durchheulten Hallen des alten Gebäudes, wo einst Jesuiten ihre Herrschaft ausübten, fühlt man den Wechsel der Zeiten recht lebhaft. Verödet stehen die Zellen, die vorzeiten von regsamer Geschäftigkeit belebt waren, und Fledermäuse hausen in den alten Mauern. Von der Bibliothek, die sich ehemals hier befand, findet sich keine Spur mehr.

Der Fluß Porto Seguro, Buranhem (Buraniem) in der altindianischen Sprache, hat eine sehr gute, durch ein vortretendes Felsenriff geschützte Barra. Es befinden sich hier etwa 40 Lanchas, kleine zweimastige Schiffe, welche auf den Fang der Garupa und des Mero, zweier Arten von Seefischen, ausfahren und immer vier bis sechs Wochen in See bleiben; alsdann kehrt eine jede derselben mit einer Ladung von 1500 bis 2000 eingesalzenen Fischen zurück, deren die Villa im Jahr etwa 90 000 bis 100 000 Stück ausführt. Da im Durchschnitt ein jeder Fisch nach einem Mittelpreis mit 160 bis 200 Reis bezahlt wird, so gibt dies einen beträchtlichen Gewinn für die Villa. Dennoch findet man unter den 2600 Einwohnern, welche diese Villa enthalten soll, wenig wohlhabende, indem es den meisten durchaus an der nötigen Industrie fehlt, um ihren Wohlstand zu verbessern. Sie setzen ihre Fische gewöhnlich in Bahia und anderen Orten gegen andere Produkte um und verzehren einen großen Teil ihrer Salzfische selbst, die daher ihre Hauptnahrung ausmachen. Es gibt deswegen auch sehr viele Menschen hier, die am Skorbut leiden, und der Reisende wird bei seinem Eintritt in die Villa sogleich von einer Menge armer Kranken heimgesucht. Landbau findet man hier sehr wenig, und nur ein geringer Teil der Einwohner besitzt Pflanzungen. Die Bewohner von Porto Seguro haben den Ruf, sehr gute

Seeleute zu sein, und weil der Handelsverkehr mit Bahia stark ist, so findet man an dieser ganzen Küste nirgends so häufig Gelegenheit, die Reise dahin zu machen, als hier.

Wir verweilten einige Zeit zu Porto Seguro, um den Ort und seine Umgebungen kennenzulernen, und setzten dann unsere Reise nordwärts an der Küste hin fort, da außer dem Wege längs des Strandes nirgends in das Land hinein eine andere Straße führt. Unsere Tropa hatte mehrere kleine Flüsse zu durchwaten, welche bei der Ebbe völlig unbedeutend, bei der Flut aber nicht zu passieren sind; man kennt sie unter den Namen des Rio das Mangues und der Barra de Mutari.

Der Fluß Sta. Cruz öffnet sich etwa fünf Legoas weit vom Porto Seguro in die See. Er hat eine gute, sichere Barra, wel-

Ansicht der Mündung des Flusses und der Kirche zu Sta. Cruz

che durch ein vorlaufendes Felsenriff gegen das Ungestüm der
See gedeckt wird. Sta. Cruz ist bekannt als die älteste Ansiedlung der Portugiesen in Brasilien. Pedro Alvarez Cabral landete hier am 3. Mai 1500. Die Villa zu Sta. Cruz liegt an der
Mündung des Flusses auf dem südlichen Ufer. Die Kirche
und ein Teil des Ortes befinden sich auf einer Höhe. Ein paar
Cocospalmen machen sie sehr kenntlich. Am Fuße dieser
Höhe liegt der übrige Teil der Villa, aus niederen Häusern bestehend, in Gebüschen von Orangen- und Bananenbäumen
zerstreut. Die hiesige Villa hat mehr Landbau als Porto Seguro, denn dieses wird von hier aus mit Farinha versorgt, welche man auch noch nach andern Orten der Ostküste ausführt.

Der Fang der Garupa beschäftigt auch hier einige Schiffe, jedoch wurde er jetzt nur mit vier Lanchas betrieben.

Ich ließ in Sta. Cruz meine Tropa sogleich durch den Fluß setzen und nahm alsdann meinen Aufenthalt in der Povoaçâo von S. André, die in geringer Entfernung vom Fluß auf dem nördlichen Ufer liegt. Man nahm uns hier sehr gastfreundschaftlich auf, und mehrere Kranke kamen sogleich herbei, indem man hier alle reisenden Fremden für Ärzte hält. Da die meisten am Fieber litten, eine hier nicht selten vorkommende Krankheit, so konnte ich ihnen zum Glück mit etwas echter China helfen.

Unter den Bäumen, welche die Wohnung umgeben, zeichnete sich ein kolossaler Gamelera-Baum (Ficus) aus, der seine Riesenzweige horizontal weit hinaussandte und auf einem kurzen, kolossal dicken Stamme eine prachtvoll majestätische Krone trug. Auf diesem Baume, an seinem Stamme und auf seinen Ästen befand sich eine reiche botanische Kollektion, denn mancherlei Arten von Bromelia, ein schöner Kaktus, Schlingpflanzen, Laubmoose und Flechten waren, nebst einer Menge von anderen Saft- und Laubgewächsen, auf die merkwürdigste Art im dunklen Schatten dieses Feigenbaumes gesellschaftlich vereint. Das Holz der Gamelera wird von den Wilden hie und da zum Anzünden des Feuers benutzt, indem sie es in einem Stück andern Holzes herumdrehen. Sehr häufig war hier ferner das Anacardium occidentale, L., der Acajú-Baum, dessen säuerliche birnförmige Frucht häufig gegessen wird; er stand jetzt gerade in voller Blüte. Zu S. André fand ich einige Einwohner mit Bereitung von dünnen Stricken beschäftigt, die man, als sie vollendet waren, mit der frischen saftigen Rinde des Arueira-Strauches (Schinus molle) einrieb, wodurch sie schwarzbraun glänzend und im Wasser sehr dauerhaft werden, indem der fettigharzige Saft der unteren Rinde sie völlig überzieht und durchdringt. Man wendet indessen dieses Mittel bloß bei Tucum-Stricken an, die dann auf diese Art beharzt in Bahia gut bezahlt werden. Stricke von Grawatha (Bromelia) oder von Baumwolle reibt man mit Mangue-(Rhyzophora)Blättern.

Da die unangenehme windige Witterung sich etwas gebessert hatte, so nahm ich Abschied von unserm Wirt zu S. André, um an demselben Tage den Fluß Mogiquiçaba noch zu erreichen, der von den Bewohnern der Gegend gewöhnlich Misquiçaba genannt wird. Die Küste ist bis dorthin bei der Ebbe sehr schön und eben wie eine Tenne. An allen diesen ebenen Sandküsten des östlichen Brasiliens findet man sehr häufig die Krabbe, welche die Portugiesen Çiri nennen. Dies sonderbare Tier hat einen grau-bläulichen Körper und blaß-weißgelbliche Füße und Unterseite. Es gräbt sich Löcher in den weichen, von der Brandung benetzten Sand, um sich darin bei herannahender Gefahr zu verbergen. Nähert man sich ihm, so richtet es sich sogleich auf, öffnet die aufgerichteten Zangen und rennt pfeilschnell seitwärts dem Meere zu. Am Feuer gebraten oder gekocht, sind diese Krabben recht wohlschmeckend. Sie haben aber auch einen offiziellen Nutzen, denn zerstoßen soll ihr Saft ein wirksames Mittel gegen die Hämorrhoiden sein. An einem kleinen Bach, der den Namen der Barra de Guayú trägt, haben einige wenige Familien sich angebaut und eine kleine Povoaçao gebildet. Von hier aus erreichte ich bald den Fluß Mogiquiçaba, welcher unbedeutender ist als der von Sta. Cruz. An dem südlichen Ufer, nahe an seiner Mündung, befindet sich eine Fazenda des Ouvidors dieser Comarca, die bloß Rindvieh und einige schlechte Hütten enthält. Etwa achtzehn Negersklaven beschäftigen sich hier unter andern mit der Verfertigung von Schiffstauen aus den Fasern der Cocos de Piassaba, einer Palme, die in dieser Gegend wächst und sich von hier nördlich häufig findet.

Wir fanden zu Mogiquiçaba eine angenehme vaterländische Nahrung – nämlich Milch –, die wir seit langer Zeit entbehrt hatten. Die hier gezogenen Kühe sind schön und fett, dennoch geben sie nicht so gute und viele Milch als unser europäisches Rindvieh, welches wohl von dem trocknen Sandboden herrührt.

Von Mogiquiçaba bis zum Fluß Belmonte dehnt sich eine fünf Legoas weite Fläche aus. Ungefähr auf der Hälfte des Weges kommt man an eine Stelle, wo ein jetzt versiegter Arm des Flusses ehemals in die See trat. Diese Stelle heißt jetzt noch Barra Velha oder die alte Mündung. Der Weg auf der Küste geht über ebenen festen Sand; allein ein näherer Pfad führt durch eine einförmige, mit kurzem Gras bewachsene Viehdrift, in der hie und da einzelne Gruppen der Aricuri- und Guriri-Palme stehen. Nach einer ermüdenden beschwerlichen Tagereise in großer Hitze auf trocknem brennendem Boden erblickten wir am Abend, mit nicht geringer Freude, die wogenden Gipfel des Palmenhains, unter welchem die Villa de Belmonte erbaut ist. Belmonte ist eine kleine unansehnliche und jetzt zum Teil verfallene Villa, die etwa vor 50 oder 60 Jahren aus Indianern angelegt wurde, deren indessen jetzt nur noch wenige hier sind. Das Rathaus, von Lehm und Holz erbaut, war dem völligen Einsturz nahe; schon fehlte eine ganze Wand, so daß man von außen in das Innere des Hauses hineinsehen konnte. Die Villa bildet ein Quadrat von etwa 60 Häusern mit ungefähr 600 Einwohnern, an dessen einem Ende die Kirche liegt. Die großenteils mit Stroh gedeckten Hütten und die ungepflasterten, mit Gras bewachsenen, unregelmäßigen Straßen machen die Villa einem unserer schlechteren Dörfer ähnlich. Belmonte unterhält etwa drei bis vier Lanchas, durch welche ein schwacher Handel mit Farinha, Baumwolle, Reis und Holzarten nach Bahia betrieben wird. Man führt jetzt jährlich etwa aus: 1000 Alkeren Farinha, ebensoviel Reis und etwa 2000 Alkeren Milho, auch etwas Branntwein, obgleich nur zwei Engenhocas hier existieren. Die Ufer des Flusses sind fruchtbar, da sie zum Teil überschwemmt werden. Es befand sich hier gegenwärtig ein Schotte, der mit Baumwolle ein nicht unbedeutendes Geschäft betrieb. Diese arme kleine Villa hat jetzt durch die Kommunikation, die man auf und an dem Flusse nach Minas Novas in der Capitania von Minas Geraës eröffnet hat, einigen Vorteil erhalten; aber doch hatte man noch jetzt kaum die nötigen Lebensmittel hier vorrätig, und für Geld hätten wir Fremden nichts erhalten, wären wir nicht durch die Sorge einiger unserer Bekannten unter den Bewohnern mit dem Nötigsten versehen worden. Von Zeit zu Zeit bringen indessen die Mineiros in ihren Canoes Lebensmittel und andere Bedürfnisse, zum Beispiel Milho, Speck, Salzfleisch, Schießpulver, Baumwolle usw., an diese ärmere Küste herab, welche teils zur Versorgung der Villa de Belmonte dienen, teils weiter nach Porto Seguro und Bahia versandt werden.

In Belmonte findet sich noch eine besondere Rasse von zivilisierten christlichen Indianern, welche man mit dem Namen Meniens bezeichnet und die sich selbst Camacan nennen. Von ihrem, ihnen selbst wohlbekannten wahren Ursprung zeugen noch die schon sehr verunstalteten Reste ihrer Sprache. Vorzeiten wohnten sie höher oben am Flusse, bis die Paulisten sie von da vertrieben und viele von ihnen ausrotteten. Was von ihnen übrigblieb, floh hinab nach der Villa und baute sich daselbst an. Da sind sie allmählich ganz von ihrer früheren Lebensart abgewichen und leben nun, völlig entwildert und zum Teil mit der Rasse der Neger vermischt, teils als Soldaten, teils als Fischer und Pflanzer. Nur ein paar alte Leute unter ihnen verstehen noch einige Worte ihrer alten Sprache. Sie sind in Handarbeiten geschickt und verfertigen Rohrmatten, an welchen man die durchgezogenen Bindfäden von außen nicht bemerkt, Strohhüte, Körbe, Fischnetze, auch kleinere Netze, um Seekrebse zu fangen, usw.

Aufenthalt am Rio Grande de Belmonte und unter den Botocudos

Um die schönen interessanten Wildnisse am Flusse Belmonte kennenzulernen, entschloß ich mich, einige Monate in den Sertões zuzubringen und vielleicht selbst bis nach Minas den Fluß hinaufzuschiffen. Ich nahm in der Villa zwei Canoes, bemannte sie mit fünf Menschen und belud sie mit meinen Leuten und meinem Gepäck. Am 17. August verließ ich mit der steigenden Flut Belmonte und schiffte durch einen kleinen Seitenkanal in den Fluß, der hier ansehnlich breit und zum Teil mit Sandbänken angefüllt ist. Die Ansicht desselben ist der des Rio Doce in vielen Stücken ähnlich, nur ist er bei weitem nicht so beträchtlich und mag etwa 500 bis 600 Schritt in der Breite halten.

Als die Sonne sich neigte, landeten wir auf einer Corroa in der Nähe von Ipibura, wo einige Menschen, meistens Menien-Indianer, zerstreut wohnen. Hier fand ich Gelegenheit, eine vorzüglich schöne Haut von einer erst kürzlich erlegten Unze zu kaufen. Einige Fischer, welche zu Ipibura ihre Hütten errichtet hatten, beschenkten uns mit Flußschildkröteneiern, welche ganz rund, von der Dicke großer Kirschen und mit einer harten, glänzend weißen Schale überzogen waren; sie haben nicht den unangenehmen Fischgeschmack, welchen man an den Meerschildkröteneiern findet, und sind daher eine sehr angenehme Speise. Die Zeit, wo man diese Eier frisch findet, fing jetzt an. Sie liegen auf allen Sandbänken in Mengen verscharrt und werden von den Fischern emsig aufgesucht. Mit dem Eintritt der Nacht fing es an, heftig zu regnen. Wir flüchteten daher in einige alte verlassene Fischerhütten von Palmblättern, in welchen aber eine Menge von Flöhen und Sandflöhen unsere Ruhe störten. Auch Moskiten quälten uns hier, und nur der erstickende Rauch unserer Feuer verschaffte uns einige Ruhe vor ihnen. Wir hatten während der Nacht immer unsere Canoes mit dem Gepäck im Auge behalten, daher waren wir sämtlich völlig durchnäßt und mußten die ganze Nacht in den nassen Kleidern zubringen.

Am folgenden Morgen fanden wir unser großes Canoe halb voll Wasser und unser ganzes Gepäck naß; kaum hatten wir unsere Gewehre und unser Pulver in den Hütten trocken erhalten können. Man schöpfte nun eilig das Wasser aus, und zu allgemeiner Freude brach die Sonne heiter durch die dichten Wolken und erwärmte und trocknete unsere halb erstarrten Glieder. Mit frohem Mut setzten wir nun unsere Reise fort. Gegen Mittag erreichten wir die Mündung des Obú, eines kleinen, in den Belmonte eintretenden Flusses. Etwas landeinwärts befindet sich an demselben eine von ihm benannte Povoação von 12 bis 14 Feuerstellen, wo man besonders viel Mandioca, Reis, Milio und auch etwas Zuckerrohr baut und nach der Villa zum Verkauf bringt. Zucker-Engenhos gibt es hier nicht; die Bewohner pressen den Zuckersaft bloß zwischen zwei dünnen Walzen aus und erhalten dadurch den zu ihrem Bedarf nötigen Sirup. Die Mündung des kleinen Flusses nennt man Bocca d'Obú. Vor derselben liegt eine Insel, welche den Namen der Ilha da Bocca d'Obú trägt. Ich ließ die Canoes an der Mündung dieses Baches anlegen, um das nötige Mehl für meine Leute zur weiteren Reise anzuschaffen, und wir benutzten diese Gelegenheit, um den nahen Wald zu durchstreifen. Ein zufällig von Obú herauskommendes, mit Mehl beladenes Canoe setzte uns in den Stand, unser Geschäft zu beschleunigen. Wir kauften von ihm den nötigen Vorrat und stießen wieder vom Lande ab.

Den Abend brachten wir auf der Corroa de Piranga zu, wo

wir Schildkröteneier aus dem Sande hervorgruben. In diesem tiefen Sande durchkreuzten sich in allen Richtungen die Spuren der Antas und Unzen, die bei Nacht hier umherwandeln; von andern lebenden Wesen fanden wir nur Meerschwalben (Sterna), die aus Sorge für ihre Brut auf die fremden Gäste schreiend herabstießen. Wir bauten uns hier einige kleine Hütten von Cocos-Blättern, in denen wir die Nacht zubrachten. Am folgenden Morgen fuhren wir bei einem heiteren und lieblichen Wetter weiter. Noch nie hatten wir die Ufer mit so schönen und mannigfaltig verflochtenen Gewächsen bedeckt gesehen. Hier zeigte sich uns besonders ein prachtvoller Strauch, ein den Trompetenblumen (Bignonia) sehr nahe verwandtes Gewächs – mit brennend hochroten großen Blumen –, das im dunklen Schatten glühend prangte. Überall umflochten rankende Sträucher und Gewächse die hohen Urwaldstämme mit einem undurchdringlichen Gewebe; sanft rosenrot trat das junge Laub der Sapucaya-Bäume hervor; unmittelbar am Ufer – wo Cecropia-Stämme gleich Girandolen ihre Äste mit den handförmigen Blättern ausbreiteten – wiegten sich im Sande die hohen Gebüsche der Canna brava. Bei einer verlassenen Pflanzung erreichten wir die Mündung eines kleinen Flusses, des Rio da Salza oder Peruaçú, der den Rio Grande mit dem Rio Prado vereinigt. Weil die Barra des Flusses Belmonte der Schiffahrt nicht sehr günstig ist, hat man jetzt den Plan entworfen, diesen Kanal durch Wegräumung der darin befindlichen Hindernisse, und besonders der umgefallenen Stämme, für Canoes schiffbar zu machen. Da wir hier das Geschrei der Araras aus den benachbarten Wäldern laut zu uns herüberschallen hörten, so konnten wir dem Wunsche, Jagd auf sie zu machen, nicht widerstehen. Wir setzten einige Jäger ans Land und hatten uns diesmal eines glücklichen Erfolgs zu erfreuen. Einer der Jäger schlich sich an sie heran, und sein in dem hohen Urwald herrlich widerhallender Schuß erlegte zwei dieser großen schönen Vögel. Erfreut durch den glücklichen Versuch einer Arara-Jagd, schifften wir weiter an der Corroa da Palha vorbei, wo ein kleiner Bach, der Riacho da Palha, in den Fluß fällt, und erreichten gegen Abend die Corroa de Timicui, wo alte verlassene Fischerhütten uns für die Nacht beherbergten. Hier war es, wo ich den Schädel der großen schönen Unze (Yaguarété) finden sollte, deren Haut ich zu Ipibura gekauft hatte und welche nicht weit von hier im Walde vor etwa acht Tagen erlegt worden war. Ein paar Jäger, welche mit einigen Hunden den Wald nach Rehen und anderm Wildbret durchstreiften, trafen zufällig das Untier unweit des Flusses in der Nähe eines kleinen Riacho an; die Hunde gingen darauf los und trieben es, wie dies gewöhnlich zu geschehen pflegt, auf einen schief liegenden Baumstamm, wo es einen tödlichen Schuß erhielt.

Am 21. verließen wir früh Timicui und schifften nach einer langen Insel im Flusse hinauf, welche man Ilha Grande nennt.

Am Abend wurde auf einer Corroa in der Gegend, die man As Barreiras nennt, gelandet. Vor Tagesanbruch verließen wir am 22. die Corroa. Unsere Ruderschläge und das Rufen unserer Canoeiros, die miteinander um die Prämie wetteiferten, welche ich dem Fleißigsten unter ihnen bestimmt hatte, setzten die ganze Gegend in Unruhe. Von ihnen aufgescheucht, erhoben sich vor uns ganze Scharen Bisam-Enten. Schon am vorigen Tage hatten wir in der Ferne vor uns ein Gebirge bemerkt, welches uns jetzt deutlicher wurde; es trägt den Namen der Serra das Guaribas. Diese Gebirgskette durchschneidet die großen Urwälder in der Richtung von Süden nach Norden. An der Stelle, wo wir uns jetzt befanden, fangen die Ufer des Flusses an, sich allmählich zu erheben. Stein- und Felsentrümmer verkündigen die Nähe von Urgebirgen, und die Corroas werden seltener in dem Maße, als das Bett eingeengt und die Wassermasse tiefer wird. Oft ist der dunkelglänzende Wasserspiegel zwischen steile Berge eingepreßt, behält aber doch immer noch eine ansehnliche Breite. Wir hörten und sahen nahe am Ufer die schönen Araras und beobachteten heute zum ersten Male einen noch nie gesehenen merkwürdigen Vogel, den Aniuma (Anhuma, Palamedea cornuta, L.), der in dieser Höhe des Flusses nicht selten ist. Dieses schöne Tier, von der Größe einer starken Gans, jedoch mit höheren Füßen und langem Hals, hat auf der Stirn einen dünnen vier bis fünf Zoll langen hornartigen Auswuchs und an dem vorderen Gelenk eines jeden Flügels zwei starke und zugespitzte Sporne. Er ist scheu, verrät sich aber bald durch seine laute Stimme, welche, obgleich viel tönender und stärker, doch in ihrer Modulation etwas dem Ruf unserer wilden Holztaube (Columba Oenas) gleicht, dabei aber von einigen sonderbaren

Kehltönen begleitet ist. Dieser Ruf schallt weit durch die Wildnis und gewährte unserm Jagdsinn eine neue Unterhaltung. Mehrere dieser Vögel flogen, von unsern Ruderschlägen aufgescheucht, dem Walde zu; sie glichen im Fluge dem Urubú (Vultur Aura, L.).

Am Nachmittag erreichten wir eine Wendung des Flusses. Hier überfiel uns ein furchtbares Ungewitter mit Platzregen und Sturm, von dem unser bedecktes großes Canoe heftig bewegt wurde. Es ging indessen bald vorüber, und als der Himmel sich wieder aufklärte, erblickten wir nahe vor uns die Insel Cachoeirinha, auf welcher das Quartel dos Arcos erbaut ist. Dieser Militärposten wurde auf Befehl des Gouverneurs, Conde dos Arcos, durch den Ouvidor der Comarca, Marçelino da Cunha, vor zwei und einem halben Jahr errichtet. Das Destacamento dos Arcos wurde mit einem Fähnrich und 20 Soldaten besetzt, wovon aber so viele desertiert sind, daß jetzt nur etwa noch zehn, großenteils farbige Leute, Indianer oder Mulatten, übriggeblieben waren. Die Lebensart der Soldaten ist sehr schlecht, ihr Sold gering, und ihre Nahrung, die in Mandiocamehl, Bohnen und Salzfleisch besteht, müssen sie selbst erarbeiten. Der hiesige Vorrat an Pulver und Blei beträgt selten ein paar Pfund, und von den alten Gewehren sind nur sehr wenige brauchbar, weshalb man sich im Fall eines Angriffs in großer Verlegenheit sehen würde. Die Bestimmung dieser Soldaten ist zugleich, die Reisenden und ihre Waren oder Gepäck den Fluß auf- und abwärts zu schiffen; daher sind sie meistens in diesem Geschäft sehr erfahren, und einige können als vortreffliche Canoeiros gelten. Ihr Kommandant war vor kurzem verreist gewesen und hatte während seiner Abwesenheit einem Unteroffizier das Kommando übertragen; dieser hatte einem Botocuden, der sich eine Ungezogenheit erlaubt hatte, eine Strafe auferlegt, worauf sich alle Stammesverwandten des Bestraften, deren sich gewöhnlich eine bedeutende Anzahl hier aufhalten, sehr beleidigt fanden und vereint in die Wälder zurückzogen.

Ich benutzte besonders die Abwesenheit der Botocudos, um ihre vor kurzer Zeit verlassenen Hütten, die ziemlich weit vom Fluß entfernt in einer dicht geschlossenen Wildnis lagen, zu besuchen und durch eigne Ansicht kennenzulernen. Sie bestanden bloß aus Blättern von Cocos-Palmen, welche in läng-

lichrunder Gestalt so in die Erde gesteckt waren, daß ihre
Spitzen, indem sie sich übereinander hinneigten, oben eine
Wölbung bildeten. In den Hütten fand ich nichts von ihrem
Gerät als große dicke Steine, mit welchen sie gewisse wilde
Cocosnüsse, die sie Ororó nennen, aufzuschlagen pflegen.

Insel Cachoeirinha im Rio Grande de Belmonte

Nicht weit von einer der Hütten befand sich das Grab eines
Mannes, das ich zu untersuchen beschloß. Es lag auf einer
kleinen freien Stelle unter alten hohen Urstämmen und war

oben über und über mit kurzen, dicken Stücken Holz belegt. Nachdem man diese weggeräumt hatte, fanden wir die Grube mit Erde angefüllt, aus welcher die Knochen einzeln zum Vorschein kamen. Ein junger Botocude mit Namen Burnetta, der das Grab angezeigt hatte, äußerte, als man auf die Knochen stieß, sein lautes Mißfallen; man stellte daher das Nachgraben ein und kehrte für diesen Tag nach dem Quartel zurück; doch gab ich den Gedanken einer Untersuchung jenes Grabes nicht auf. Nach mehreren Tagen begab ich mich wieder an die Stelle, in der Hoffnung, noch vor der Ankunft der Wilden meinen Zweck zu erreichen. Wir hatten uns deswegen, außer unsern Jagdgewehren, auch mit einer Hacke versehen. Unser Vorsatz war, die Nachforschung mit der größten Eile zu beendigen; allein auf dem engen Pfädchen, welches zwischen den hohen Waldstämmen sich durchwand, stießen uns manche interessante Vögel auf, die uns aufhielten. Wir schossen einige davon, und eben war ich im Begriff, einen derselben aufzuheben, als ich plötzlich durch den kurzen, aber unsanften Ton einer rauhen Stimme angerufen wurde. Schnell kehrte ich mich um, und siehe da, nahe hinter mir mehrere Botocudos! Nackt und braun, wie die Tiere des Waldes, standen sie da, mit den großen Pflöcken von weißem Holz in den Ohren und der Unterlippe, Bogen und Pfeile in ihrer Hand. Die Überraschung, ich gestehe es, war für mich nicht gering; hätten sie feindselig gedacht, so war ich von ihren Pfeilen durchbohrt, ehe ich ihre Nähe nur ahnen konnte. Jetzt trat ich keck zu ihnen hin und sagte ihnen, was ich von ihrer Sprache wußte. Sie drückten mich, nach Art der Portugiesen, an die Brust, klopften mir auf die Schulter und schrien mir laute rauhe Töne entgegen, besonders aber riefen sie bei Erblickung der beiden Rohre einer Doppelflinte mit Verwunderung wiederholt: Pun Uruhú (mehrere Flinten)! Einige mit schweren Säcken beladene Weiber kamen nun, eine nach der andern, auch herbei, betrachteten mich mit gleicher Neugier und teilten einander ihre Bemerkungen mit. Männer und Weiber waren völlig unbekleidet. Die ersteren waren von mittlerer Größe, stark, muskulös und wohl gebildet, jedoch meistens etwas schlank, allein die großen Holzpflöcke in Ohren und Unterlippe entstellten sie sehr; sie trugen Bündel von Bogen und Pfeilen unter den Armen und einige auch Wassergefäße von

Taquarussú. Ihre Haare hatten sie abgeschoren, mit Ausnahme einer runden Krone oben auf dem Kopf; ebenso selbst die kleinen Kinder, deren die Mütter eine ziemliche Anzahl auf ihren Schultern trugen und an der Hand führten. Einer meiner Leute, George, der die Sprache dieser Wilden etwas verstand, war während der Zeit herbeigekommen und unterhielt sich mit ihnen, wodurch sie denn sogleich sehr zutraulich

Botocuden-Chef Kerengnatnuk mit Familie

wurden. Sie fragten nach ihren Landsleuten, welche der Ouvidor nach Rio gesandt hatte, und freuten sich sehr, als sie erfuhren, daß sie dieselben auf dem Destacament finden würden. Ihre Ungeduld war nun so groß, daß sie schnell davon eilten. Ich aber war nun sehr froh über unser Verweilen; hätten die Wilden, die ihr Weg gerade an dem Grab vorbeiführte, uns bei der beabsichtigten Nachgrabung überrascht, so möchte leicht ihr Unwillen uns in große Gefahr gebracht haben. Ich verschob nun mein Vorhaben bis zu einer günstigeren Zeit, und kaum war ich einige Schritte gegangen, als der Anführer jener Truppe, Capitam June, ein alter Mann von rauhem Äußeren, aber gutem Gemüt, mir plötzlich entgegentrat. Er begrüßte uns auf dieselbe Weise wie seine Landsleute, allein das Ansehen dieses Waldmenschen war noch weit auffallender als das der andern, denn er trug Ohr- und Mundtafeln von vier Zoll vier Linien englisches Maß im Durchmesser. Auch er war stark und muskulös gebaut, doch hatte ihn das Alter schon mit Runzeln gezeichnet. Da er seine Frau zurückgelassen hatte, so trug er selbst zwei schwer angefüllte Säcke auf dem Rücken und ein großes Bündel von Pfeilen und Pfeilrohr. Er keuchte unter dieser Last und lief mit vorgeneigtem Körper schnell dahin.

Als ich bald darauf auch nach dem Quartel zurückkam, fand ich schon eine große Menge von Botocuden in allen Zimmern des Hauses nach ihrer Bequemlichkeit gelagert. Einige saßen am Feuer und brieten unreife Mammão-Früchte; andere aßen Mehl, welches sie vom Kommandanten erhalten hatten, und ein großer Teil von ihnen war im Anstaunen meiner ihnen fremdartig vorkommenden Leute begriffen. Sie waren nicht wenig verwundert über die weißere Haut, die blonden Haare und die blauen Augen derselben. Alle Winkel des Hauses durchschlichen sie, um Lebensmittel aufzusuchen, und immer rege war ihre Eßlust. Alle Mammão-Stämme wurden von ihnen bestiegen, und wo nur irgendeine Frucht durch eine etwas mehr gelblichgrüne Farbe den Anfang der Reife verriet, wurde sie abgenommen; ja sehr viele verzehrten sie ganz unreif; sie rösteten sie alsdann auf den heißen Kohlen oder kochten sie auch wohl. Ich trat mit diesen Wilden nun sogleich in einen Tauschhandel, indem ich ihnen Messer, rote Schnupftücher, Glaskorallen und dergleichen Kleinigkeiten gegen ihre Waffen, Säcke und andere Gerätschaften gab. Sie liebten ganz vorzüglich alles Eisengerät und befestigten, nach Art aller Tapuyas der Ostküste, die eingehandelten Messer sogleich an einer Schnur, die sie um ihren Hals trugen. Einen sehr interessanten Anblick gewährte uns die Bewillkommnung der jungen, mit dem Ouvidor in Rio gewesenen und nun nach und nach herbeikommenden Botocudos von seiten ihrer Landsleute und Verwandten. Sie wurden recht herzlich von ihnen empfangen, der alte Capitam June sang ein Freudenlied, und einige wollten sogar gesehen haben, daß er vor Freude geweint habe. Nach einigen sollen die Botocudos zum Willkommen einander am Handgelenk beriechen; Herr Sellow unter andern will diese Erfahrung gemacht haben, allein ungeachtet ich lange und oft unter diesen Wilden war und sie öfters Ankommende bewillkommnen sah, habe ich doch nie etwas Ähnliches bemerkt oder gehört. Der alte Capitam hatte sich mit seinen nächsten Freunden in dem von allen Seiten offenen und bloß mit einem Strohdach bedeckten Schuppen einquartiert, der zur Bereitung des Mandiocamehls bestimmt war; hier hatten sie sich neben das Mandiocarad und den zum Trocknen des Mehls dienenden Ofen ein großes Feuer angezündet und lagen um dasselbe her, umgeben von einem dikken Rauch, in der Asche, von welcher ihre braune Hautfarbe jetzt zum Teil grau erschien. Oft stand der Capitam selbst auf, forderte barsch und rauh eine Axt und ging, um Brennholz zu holen. Auch wagte er von Zeit zu Zeit einen Angriff auf uns und die Portugiesen, um Mehl zu erhalten, oder rüttelte die Melonen-Bäume, um ihre Früchte zu bekommen. Diese Botocudos, welche am Rio Doce so unversöhnlich handeln, sind hier am Belmonte so wenig gefürchtet, daß man es wohl schon gewagt hat, mehrere Tagereisen weit mit ihnen in die großen Wälder auf die Jagd zu gehen und dort mit ihnen in ihren Hütten zu schlafen – indessen sind dergleichen Versuche noch nicht sehr häufig, da das Mißtrauen gegen sie sich nicht so leicht ganz verliert. Doch ist es auch nicht bloß dieses Mißtrauen und die Furcht, sich in die Gewalt der Wilden hingegeben zu sehen, was dem Europäer dergleichen Waldzüge in Gesellschaft der Wilden verleidet, sondern selbst ihre große Muskelkraft und Ausdauer – denn äußerst ermüdet kehrten unsere Leute immer nach jedem Waldgang mit den Botocudos zurück. Die Stärke ihrer Muskeln setzt sie in den Stand, äußerst schnell und behende in der großen Hitze bergauf und bergab zu gehen. Sie durchdringen die verwachsensten, dichtesten Wälder, nichts hält sie auf. Jeden Fluß durchwaten oder durchschwimmen sie, wenn er nicht reißend ist. Völlig nackt, also durch Kleidungsstücke nicht belästigt, nie in Schweiß geratend, bloß Bogen und Pfeile in der Hand tragend, können sie sich mit Leichtigkeit bücken, mit ihrer abgehärteten Haut, die weder Dornen noch andere Verletzung fürchtet, durch die kleinste Öffnung im Gesträuch durchschlüpfen und so in einem Tage weite Strecken Weges zurücklegen. Diese körperliche Überlegenheit erfuhren meine Jäger unter andern bei einem jungen Botocuden, der Jukeräcke hieß. Er hatte mit der Flinte sehr gut schießen gelernt, war aber dabei ein ausgezeichneter Bogenschütze. Ich sandte ihn mit noch andern Botocuden zuweilen in den Wald, um Tiere zu erlegen – für etwas Mehl und Branntwein jagten sie willig einen ganzen Tag. Jukeräcke besonders war sehr gut zu gebrauchen, da er sehr gewandt war und zu allen körperlichen Übungen viel Geschick zeigte. Anfangs begleiteten meine Jäger diese Leute, allein bald klagten sie über die zu große Schnellfüßigkeit der Botocudos und ließen sie allein jagen.

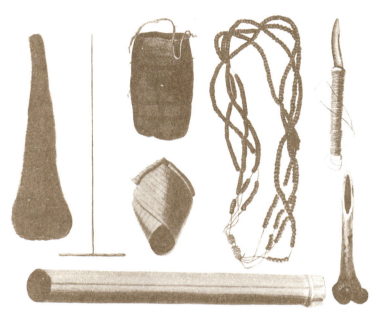

Geräte und Zierat der Botocudos

Die Botocudos, welche sich ihres Vorteils wegen gern in der Nähe der Europäer aufhalten, haben auch die Erfahrung gemacht, daß es hier bei dem Quartel zuweilen an Lebensmitteln gebricht. Einige unter ihnen hatten deshalb selbst Pflanzungen angelegt; eine solche befand sich am nördlichen Ufer des Flusses, dem Quartel gegenüber. Es waren da einige Hütten, bei welchen die Wilden Bananenbäume gepflanzt hatten. Die Hütten hatten sie indessen wieder verlassen, nachdem sie einige von ihren Toten darin beerdigt hatten, und bei ihrer jetzigen Rückkehr verbrannten sie dieselben sogar; aber die Bananenbäume halten sie der Frucht wegen noch in Ehren. Auch weiter oben am Belmonte, in dem Gebiet von Minas

Novas, ist eine Gegend, wo einige Botocudos sich eigene Pflanzungen angelegt hatten. Aber auch da haben sie sich bald wieder in die Wälder verloren, und die Machacaris haben jetzt an derselben Stelle ein Dorf oder eine ansehnliche Rancharia gebildet. Diese Beispiele zeigen, daß die Botocudos wirklich sich schon der Zvilisation zu nähern anfangen, aber zugleich auch, daß es ihnen sehr schwer wird, ihrem angestammten, ungebundenen Jägerleben zu entsagen, da sie so leicht selbst von ihren angelegten Pflanzungen zu demselben wieder zurückkehren. Nur die anwachsende Bevölkerung der Europäer und die Einschränkung der Grenzen ihrer Jagdreviere werden sie allmählich zu einer Veränderung ihrer Lebensweise bewegen können.

Die gegenwärtig mit uns unter einem Dache wohnenden Botocudos gewährten uns die größte Unterhaltung und öfters interessante Auftritte. So kam der alte Capitam, welchem ich seine Bogen und Pfeile abgekauft hatte, eines Tages zu mir, um mir dieselben wieder abzuborgen, weil er, nach seinem Vorgeben, ohne sie nicht jagen könne. Ich willfahrte ihm, doch verstrich die anberaumte Zeit, und meine Pfeile erschienen nicht wieder; auch sah ich sie nie in der Hand des Wilden. Ich forderte sie nun freundlich von ihm zurück, aber umsonst! Endlich erfuhr ich, daß er sie im Walde verborgen habe, und es dauerte lange, bis meine ernsteren Worte, unterstützt von dem Kommandanten des Quartels, ihn zuletzt bewogen, sie wieder hervorzuholen und abzuliefern. Äxte (in ihrer Sprache Carapó) und Messer haben in ihren Augen den größten Wert. Der ersteren bedienen sie sich besonders, um das Holz des Pao d'arco (Bignonia), woraus sie ihre Bogen machen, zu spalten. Sie tauschen sie beide für ihre Bogen und Pfeile ein, und doch ist ihre Eßlust so überwiegend, daß sie für ein wenig Mehl das eben eingetauschte Messer wieder hingeben. Die Insel, worauf die Gebäude des Quartels liegen, ist nur an ihrem vorderen oder unteren Teile von Wald entblößt und mit Pflanzungen versehen, welche sowohl den Soldaten als den Botocuden Nahrung geben; der hintere Teil hingegen ist zum Teil mit Gesträuchen und mit Hochwald bedeckt, worin man noch keine Wege hat; ebenso ist es auch an den benachbarten Ufern des Flusses. Die Minas-Straße am südlichen Ufer ausgenommen, findet man überall im dichten Wald nur einige schmale Pfädchen, welche sich die Botocudos oder die wilden Tiere gebahnt haben. Unsere meisten Jagdzüge unternahmen wir deshalb teilweise auf Canoen. Man machte ein Stück des Weges auf dem Flusse hinauf oder hinab, stieg dann am Ufer aus und vertiefte sich in die Wälder. Unter diesen Exkursionen waren einige sehr angenehm, besonders die den Fluß aufwärts gemachten. Die Flußstelle, welche der Gegend ihren Namen gibt – und Cachoeirinha heißt –, verdient besonders einer Erwähnung. Hier fand ich die Wasserfläche des Flusses zwischen ansehnliche Berge eingeengt, die der finstere Hochwald ununterbrochen bedeckte. Diese Wälder erschienen jetzt, mit der Farbe des Frühlings geschmückt, im größten Reize: teils mit jungem Laube, aschgrau, dunkel- oder hellgrün, gelbgrün, rötlichbraun oder rosenrot, teils mit Blüten, weiß, hochgelb, violett oder rosenrot prangend. Am Fuße dieser Berge, unmittelbar am Flusse, machen Felsstücke, zum Teil sehr groß und sonderbar geformt, die Vorboten jener Gebirgsnatur von Minas, die hier wohl erst ihren Anfang nimmt; denn weiter unten am Flusse erscheinen die Felsblöcke noch nicht.

Ein Inselchen am Ufer, ganz aus Felsstücken bestehend, ist merkwürdig wegen der Menge von Vogelnestern, womit einige kurze krumme Bäume wirklich überladen waren. Der Vogel, der diese beutelförmigen Nester aus den Fasern der Tillandsia zusammenfitzt, ist der schwarz und gelb gefiederte und mit den Pirolen verwandte Japui (Cassicus oder Oriolus persicus); südlicher als Belmonte habe ich ihn nicht mehr gefunden. Diese Vögel sind sehr gesellig. Sie bauen, wie alle Cassiken, beutelförmige Nester, die sie an einem dünnen Zweige aufhängen, und legen zwei Eier hinein, jetzt waren diese Nester unbewohnt, denn die Brutzeit ist im November, Dezember und Januar. Die Fischer pflegen die jungen Vögel auszunehmen, um sie als Köder an die Angeln zu gebrauchen.

Man gelangt auf dieser Fahrt an eine Wendung des eingeengten Flusses, wo das ganze Strombett mit Felsblöcken so ausgefüllt ist, daß nur in der Mitte ein schmaler Kanal für die Canoes übrigbleibt; der Strom schießt reißend hindurch und fällt nachher über die Felstafeln sanft hinab. Diese Stelle ist's, welche Cachoeirinha oder der kleine Fall genannt wird. Der Stoß der anprallenden Strommasse hat in den Felsstücken auf die sonderbarste Art runde, kesselförmige, zum Teil auffallend regelmäßige Öffnungen ausgehöhlt. Ich hatte ein großes Canoe, welches zwei Botocuden, Jukeräcke, Ahó, und einer meiner Leute regierten. Der Strom war aber hier so reißend, daß die drei Personen nicht imstande waren, das Canoe so nahe, als ich es wünschte, an den Wasserfall hinzuschieben. Aufwärts werden über diese und ähnliche Stellen die Canoes gezogen, hinabwärts aber beschifft man sie mit den dieser Gegend kundigen Soldaten der Quartelle. In der Zeit des hohen Wasserstandes gleitet man beinahe ohne Gefahr und sehr schnell über die Hindernisse hinweg, die bei niederem Wasser selbst geübten Canoeiros oft gefährlich werden. In solcher Zeit, wo, wie jetzt, die Felsklippen hervorragen, erinnert die hiesige Gegend an ähnliche malerische Szenen unserer Schweiz. Hier sieht man keine Tiere, auch keine anderen Vögel als mehrere Arten von Schwalben, welche in der Kühlung der Wasserstrudel den Insekten nachfliegen.

Dicotyles labiatus Cuv., das Nabelschwein mit weißem Unterkiefer

Als wir auf dem Destacament wieder ankamen, fanden wir daselbst Mangel an Lebensmitteln, weil die Fischzüge sehr unglücklich ausgefallen waren. Wir sandten daher sogleich unsere Jäger in zwei Canoen den Fluß hinab, um zu jagen. Sie hatten diesmal mehr Glück als gewöhnlich, denn nach 36 Stunden kehrten abends die fünf Schützen zurück und überlieferten in dem einen der Canoes 11, in dem anderen 10, zusammen 21 wilde Schweine von der Art des Queixada branca (Dicotyles labiatus, CUVIER); sie hatten auf ihrem Jagdzug 14 Rudel dieses Wildbrets angetroffen. Man kann sich aus dem Gesagten eine Vorstellung von der Menge der wilden Schweine machen, welche die Urwälder von Brasilien bewohnen. Die Wilden ziehen diesem Wildbret nach; sie lieben nichts so sehr als diese Tiere und die Affen. Die Ankunft unserer Jäger mit den so köstlich beladenen Canoen war nicht allein für uns hungrige Europäer sehr willkommen, sondern besonders für die versammelte Menge der Botocudos, die mit gierigen Blicken die Beute schon zu verzehren schienen. Sie waren sogleich in der lebhaftesten Tätigkeit und boten sich sehr zudringlich an, die Schweine zu sengen und zuzurichten, wenn wir ihnen etwas davon abgeben wollten. Wirklich besitzen die Wilden in diesem Geschäft eine vorzügliche Fertigkeit. Jung und alt legte sogleich Hand ans Werk; sie zündeten augenblicklich eine Menge Feuer an, warfen die Schweine in die Flamme, sengten ihnen schnell die Borsten ab, schabten sie rein, weideten sie aus und wuschen sie am Flusse. Für ihre Mühe erhielten sie den Kopf und die Eingeweide. Die Soldaten wurden alsdann angestellt, um das Wildbret zu zerlegen, in dünne Schichten zu schneiden und einzusalzen, wodurch wir nun Lebensmittel für einige Zeit besaßen. Außer dieser Befriedigung eines dringenden Bedürfnisses hatte mir der erwähnte Jagdzug noch verschiedene interessante naturhistorische Merkwürdigkeiten verschafft. Meine Leute hatten einen Anhuma (Aniuma, Palamedea cornuta, L.), der nicht leicht zu schießen ist, auf einer Sandbank beschlichen und geschossen. Da er nur flügellahm war, so wurde er einige Zeit lebend erhalten und beobachtet. Die Botocudos, durch unsern Fleiß auf der Jagd angefeuert, machten ebenfalls Streifzüge in die Wälder, von welchen sie einige Rehe, Agutis und andere Tiere zurückbrachten, die sie größtenteils sogleich verzehrten. Sie braten das Fleisch (welches man Bucaniren oder Muquiar nennt) und trocknen das, was sie nicht gleich essen, am Feuer, um es aufzuheben. Mein Jagdgehilfe Ahó hatte einst von der Höhe eines Baumes herab mehrere jagdbare Tiere erlegt und kehrte sehr vergnügt zurück; allein gutmütig teilte er nach einer solchen glücklichen Jagd jedesmal mit seinen Landsleuten. Mehrere Botocudos waren mit geborgten Äxten in den Wald gezogen, um sich für die an uns vertauschten Bogen und Pfeile wieder neue zu verfertigen. Das Pao d'arco oder Tapicurú, woraus sie dieselben machen, ist ein hoher Baum mit hartem, zähem Holz, der im Monat August und September mit schönem bräunlichrotem Laub hervorbricht und dann große schöne gelbe Blumen trägt. Sein Holz ist weißlich, hat aber inwendig einen schwefelgelben Kern, und aus diesem eigentlich verfertigen die Wilden am Belmonte und in den nördlicheren Gegenden ihre Bogen. Diese Arbeit macht ihnen viele Mühe, daher scheuen sie dieselbe und wollten lieber Bogen von uns borgen, ja einige versuchten sogar, sie uns zu entwenden.

Da ich jetzt vollkommen Muße hatte, den Fluß Belmonte höher aufwärts zu beschiffen, um die zoologischen Produkte der ihn einfassenden Wälder näher kennenzulernen, so unternahm ich eine Fahrt bis zum Quartel do Salto, welches zu Lande etwa 12 Legoas, zu Wasser aber etwa drei Tagereisen von dem Quartel dos Arcos entfernt ist; doch müssen vier Männer mit einem nicht besonders schwerbeladenen Canoe schon stark arbeiten, um die Reise in dieser Zeit zurückzulegen. Mein Canoe war ziemlich leicht und hatte vier des Flusses vollkommen kundige Canoeiros. Ich verließ das Quartel dos Arcos erst gegen Mittag; wir überschifften daher heute nur die oben erwähnte Cachoeirinha. Bei dem Hinabschiffen über diesen Wasserfall werden, wegen der reißenden Schnelligkeit des herabschießenden Wassers, die vortretenden Felsblöcke und verschiedene Wendungen zwischen denselben den Canoen gefährlich. Ehe wir die Cachoeirinha erreichten, hielten wir am südlichen Flußufer an, um in dem dichten Urwald lange Stangen von hartem, zähem Holz zu hauen, die man zum Fortschieben der Canoen gebraucht. Nächstdem schnitten wir hier auch lange Cipós; von dreien oder vieren dieser starken holzigen Ranken drehte man ein starkes Seil, das zum Ziehen an dem Vorderteil des Canoes befestigt wurde. So gerüstet, unternahmen wir die mühsame Fahrt über die Cachoeirinha hinauf. Zwei Schiffer, die bald bis an die Hüften im Wasser wateten und bald von Fels zu Fels sprangen, zuweilen auch wohl zwischen die Steinblöcke bis an den Hals ins Wasser fielen, zogen das leere Canoe, und die übrigen Leute schoben hinten nach. Ich kletterte unterdessen mit meinem Jagdgewehr über die Felsen am Ufer hinauf und erlegte bei

Halt am Rio da Cachoeira

dieser Gelegenheit eine mir noch neue Art von Schwalbe mit gabelförmigem Schwanz und einer schwarzen Querbinde unter der Kehle; andere Arten, die weiße und grüne und die rostkehlige Schwalbe, schwärmten überall in Menge umher. Als meine Canoeiros die Kaskaden der Cachoeirinha überwunden hatten, neigte sich der Tag. Wir beschlossen daher, auf einer Sandbank am Ufer, etwas oberhalb des Falles, zu übernachten – man nennt diese Stelle Raçaseiro. Noch leuchtete uns die Sonne, als es in dem benachbarten hohen Urwald schon völlig Nacht war. Die Araras riefen ihr rauhes Abendlied und benachrichtigten die Eulen und Nachtschwalben von dem Herannahen der Zeit ihrer Tätigkeit. Da es schönes, heiteres Wetter war, übernachteten wir ohne Hütten bei einem guten Feuer, ich mit einer dichten wollenen Decke, die Canoeiros mit einer Strohmatte bedeckt; eine große trockene Ochsenhaut diente zur Unterlage. Am folgenden Tag setzten wir unsere Reise fort. Von hier aus hat der Fluß einen etwas geringeren Fall, doch blieb seine Ansicht in der Hauptsache dieselbe. Die Wassermasse war bei geringer Tiefe durch große Granitblöcke unterbrochen, welche nach dem Ufer hin sich mehrten und am Rande der hohen Urwälder am größten waren und dicht gedrängt lagen. Viele dieser Blöcke sind mit einer Menge von Glimmer gemischt, auch findet man hier in allen Flüssen, besonders in den kleinen einfallenden Seitenbächen, etwas Gold und selbst Edelstein. Das Wasser des Belmonte, das in der Zeit, wo die Flüsse anschwellen, gelb und trüb aussieht, war jetzt klar und hell, und wir konnten deswegen den unter Wasser befindlichen Felsstücken besser ausweichen. Die Ufer dieses Tales steigen schnell mit gebirgigen Urwäldern empor, und die großen Felsblöcke erstrecken sich nun schon in Menge bis in den Wald hinein. Da viele Baumarten um diese Zeit ihr Laub verlieren, die meisten aber immer grün bleiben, so erschien hier der Wald halb grün und halb grau; nach Minas hin ist diese Erscheinung noch viel auffallender, ja in vielen Gegenden soll das Laub ganz abfallen. Die mancherlei jetzt ausbrechenden Arten des jungen Laubes fingen indessen gerade jetzt an, der Landschaft wieder neues Leben und Reiz zu geben. Das Tapicurú (Bignonia) war über und über mit seinen hervorbrechenden schönen, bräunlichroten Blättern bedeckt, die Kronen der Sapucaya-Bäume

(Lecytis) zeigten sich im schönsten Rosenrot, die Bougainvillaea brasiliensis umwand die Wipfel der zum Teil noch unbelaubten Bäume und überdeckte sie mit ihren dunkel-rosenroten Blumen; ebenso prangten hier mehrere Arten teils hochstämmiger, teils auf der Erde fortrankender, teils aufsteigender Trompetenblumen (Bignonia) mit allen Abwechslungen rosenroter, violetter, weißer und gelber Blüten. In dieser Jahreszeit würde es dem besten Landschaftsmaler kaum möglich sein, die mannigfaltig abwechselnde Farbenmischung der Riesenkronen dieser Urwälder darzustellen, und wenn er's vermöchte, so würde jeder, der diese Gegenden nicht selbst gesehen hat, sein Gemälde für eine bloße Dichtung der Phantasie halten.

Der folgende Morgen war wieder in dichten Nebel gehüllt – der indessen nicht kalt, sondern nur sehr feucht war –, allein die kräftige tropische Sonne durchbrach bald den dichten Schleier des Tales und trocknete uns wieder. Wir umschifften nun eine hohe schwärzliche, mit gelben Quarzadern durchzogene Felswand und gelangten alsdann zu dem Landungsplatz des Quartels do Salto. Da in der Gegend dieses Militärpostens der Fluß durch einen bedeutenden Fall völlig unfahrbar wird, so muß man vor dieser Stelle landen und zu Lande den Weg über einen Berg machen; jenseits des Quartels schifft man sich alsdann in andern Canoen wieder ein. Ich ließ mein Gepäck ausladen und nach dem Destacament hinübertragen. Der Weg dorthin führt an einer steilen Bergwand hinauf, wo man einen kleinen Schuppen für die auszuladenden Waren erbaut hat, welche nach Minas bestimmt sind. Auf der Höhe tritt man in den hohen Wald ein, wo Bromelia-Pflanzen an der Erde ein undurchdringliches Dickicht bilden und fünf bis sechs Fuß hohe Begonia-Stauden mit ihren großen Blättern in Menge wachsen.

Das Quartel do Salto liegt am Flusse in einer etwas breiten Stelle des Tales, wo jetzt bei dem kleinen Wasser eine Fläche von nacktem Steingeröll zum Vorschein kam, die zu beiden Seiten den schmalen Fluß umgibt. Die Gebäude sind von Lehm, mit großen langen Tafeln von der Rinde des Pao d'arco gedeckt. Der Kommandant, ein Cabo und farbiger Mann, nahm mich gut auf und wies mir in einem der Gebäude ein Zimmer an. Er hatte nur ein paar Soldaten hier, die übrigen waren mit einigen Canoen nach Minas hinaufgeschifft. Alle leeren Räume waren dagegen mit Botocuden angefüllt, welchen man diesen Aufenthalt gestattet, um den Frieden mit ihnen zu erhalten. Jucakemet erschien ebenfalls. Er war einer der größten Botocuden, die ich gesehen habe, und trug in den Ohren und der Unterlippe sehr große Tafeln. Unlängst hatte er, wie man mir erzählte, mit dem Capitam Gipakeiu, dem Anführer einer anderen Truppe, einen heftigen Streit gehabt und Hand an ihn gelegt, worauf jener sogleich einen Pfeil nach ihm abgeschossen und ihn am Hals leicht verwundet hatte; er zeigte uns noch die Narbe davon. Jucakemet vermied jetzt sorgfältig die Gegend, in welcher Capitam Gipakeiu umherzog; er war am Salto auf dem südlichen Ufer des Flusses und letzterer am nördlichen, in der Gegend des Quartel dos Arcos, in den großen Wäldern mit der Jagd der wilden Schweine beschäftigt. Unmittelbar bei den Gebäuden des Destacaments läuft die Minas-Straße vorbei. Sie ist von hier an aufwärts sehr gangbar und gut, nach Belmonte hinab aber, wie oben bemerkt worden, noch nicht zu gebrauchen. Erst vor einigen Tagen war eine Tropa mit Baumwolle beladener Maultiere von Minas Novas herabgekommen und hatte als Rückfracht Salz mitgenommen, ein Bedürfnis, welches in jenen hohen Gegenden sehr mangelt.

Ich blieb den folgenden Tag am Salto und unternahm frühmorgens eine Wanderung nach dem nicht weit entlegenen Wasserfall, der sich durch sein Geräusch schon von fern ankündigt. Ein zweites Anliegen, welches mich hier noch einen Tag zu verweilen bewogen hatte, war die Hoffnung, eines Botocuden-Schädels habhaft zu werden. Am Quartel dos Arcos war ich an der zu diesem Zweck beschlossenen Ausgrabung eines Leichnams gehindert worden; hier war ich glücklicher. In geringer Entfernung von den Gebäuden hatte man in dem dichten Urwald unter rankenden, schön blühenden Gewächsen einen jungen Botocuden von 20 bis 30 Jahren begraben, der einer der unruhigsten Krieger dieses Stammes gewesen war. Wir begaben uns, mit Hacken versehen, zu dem Grabe und befreiten den merkwürdigen Schädel aus seiner Gefangenschaft. Er zeigte auf den ersten Anblick eine osteologische Merkwürdigkeit; das große Holz der Unterlippe hatte nämlich die unteren Vorderzähne nicht nur hinweggeschoben, sondern sogar schon an diesem noch jungen Schädel die Alveolen der Zähne zugedrückt und verwischt, welches sich sonst nur bei sehr alten Leuten zu finden pflegt. Ob ich gleich alle mögliche Sorgfalt angewandt hatte, diese Nachgrabung geheimzuhalten, so verbreitete sich doch das Gerücht davon schnell auf dem Quartel und erregte großes Aufsehen unter den ungebildeten Menschen. Von Neugierde getrieben und doch mit einem heimlichen Grausen kamen mehrere an die Tür meiner Wohnung und forderten,den Kopf zu sehen, den ich aber sogleich in meinem Koffer verborgen hatte und so schnell als möglich nach der Villa de Belmonte hinabzusenden suchte. Doch hatten, wie ich jetzt beobachtete, die Botocudos weniger Anstoß an meinem Unternehmen genommen als die Soldaten des Quartels, von denen auch mehrere sich geweigert hatten, bei der Ausgrabung die gewünschte Hilfe zu leisten. Nachdem ich an diesem interessanten Ort meine Absichten erreicht hatte, kehrte ich nach dem Landungsplatz zurück und schiffte mich am zweiten Tag nach meiner Ankunft morgens früh wieder ein.

Die Fahrt geht sehr schnell den Fluß hinab; man erreicht in einem Tage die Insel Cachoeirinha wieder. Über die Cachoeirinha, wo wir beim Hinaufschiffen unser Canoe ausladen mußten, fuhren wir jetzt ohne bedeutende Beschwerde hinunter. Unser Canoe war sehr groß, und doch schöpfte es viel Wasser, da es mit dem Vorderteil in die durch ihren Fall sehr bewegten Wellen von dem Felsen herabschoß; wir wurden daher alle naß, und ein kleiner Botocude, welchen ich mitgenommen hatte, vergoß aus Angst Ströme von Tränen. Als gegen Abend unser Canoe die Cachoeirinha hinabglitt, prallte es gegen einen Felsen an und saß plötzlich fest. Ich war vorher ausgestiegen und zu Fuß längs dem Flußufer hin geklettert, da ich, unerfahren im Schwimmen, mich der Gefahr eines unerwünschten Bades nicht aussetzen wollte; ich war erfreut, nur von fern den Stoß mit anzusehen, der alle meine Leute in dem Canoe durcheinanderwarf. Das Wasser war in das Fahrzeug getreten, und mein kleiner Botocude fing wieder heftig an zu weinen; dennoch kam alles glücklich hinab, und wir erreichten noch vor Sonnenuntergang das Quartel dos Arcos.

Ich fand bei meiner Ankunft auf der Insel einen meiner

Leute am Fieber krank, welches mich nötigte, einige Tage hier zu verweilen; durch gute China, womit ich versehen war, war er bald wieder hergestellt. Dann begab ich mich mit etlichen Jägern nach der mehrere Legoas weit den Fluß hinab liegenden Ilha do Chave. Da das noch immer anhaltende Regenwetter uns oft hinderte zu jagen und vorzüglich den Anhumas gehörig nachzustellen, so benutzte ich diese Zeit zu einem Besuche auf dem Quartel dos Arcos, wo während meiner Abwesenheit eine neue Horde von Botocuden angekommen war, deren Anführer Makiängiäng bei den Portugiesen den Namen des Capitam Gipakeiu (des großen Capitain) führte. Am folgenden Morgen wurde ich schon von den neu angekommenen Botocuden geweckt, welche ungeduldig waren, den Fremdling kennenzulernen. Sie klopften heftig an die verschlossene Tür, bis ich sie öffnete, und überhäuften mich sogleich mit einer Menge von Freundschaftsbezeigungen. Capitam Gipakeiu war sehr für mich eingenommen, weil man ihm gesagt hatte, ich sei ein großer Verehrer der Botocudos und brenne vor Ungeduld, ihn, den großen Anführer, kennenzulernen. Er war nur von mittlerer Größe, aber stark und kräftig gebaut; in Ohren und Unterlippe trug er große Holztafeln; bis zum Munde herab war sein Gesicht glühendrot bemalt, dabei aber hatte er eine schwarze Linie von einem Ohr zum andern unter der Nase hingezogen; den Körper ließ er übrigens in seiner natürlichen Farbe. Als ich ihn mit Farinha befriedigt und mir noch geneigter gemacht hatte, sandte er nach seiner Hütte in den Wald, um einige Gegenstände zum Tauschhandel herbeiholen zu lassen; unter diesen zeichnete sich ein kurzes Sprachrohr Cuntschun Cocann aus, welches aus der Schwanzhaut des großen Gürteltiers (Dasypus maximus, Grand Tatou ou Tatou premier, AZARA) gemacht war; es dient diesen Wilden, um sich im Walde zusammenzurufen. Dem Quartel gegenüber, am nördlichen Ufer des Flusses, lag eine schon früher erwähnte Bananenpflanzung, die einige Botocuden daselbst angelegt hatten. Darin befanden sich etliche verlassene Hütten, in welchen sie ein paar weibliche Leichen begraben hatten. Jetzt, bei der Ankunft des Capitam, wurden diese Hütten verbrannt, da sie die Wohnungen nie mehr gebrauchen, worin Tote begraben liegen. An dieser Stelle indessen wurden nun eine Menge von neuen Hütten erbaut. Überall in dem

Vier Botocuden-Physiognomien und ein Mumienkopf

schattenreichen Walde herrschte ein reges Leben, denn nicht bloß am Ufer, sondern viel weiter in den Wald hinein hatten sich die neuen Ankömmlinge angesiedelt. Man sah allerorten eine zahlreiche braune Jugend beschäftigt, hier sich im Flusse zu baden, dort sich Bogen und Pfeile zu verfertigen, nach den Früchten auf die Bäume zu steigen oder Fische zu schießen usw. Allerorten waren Menschen in dem nahen Urwald verteilt, welche einander zuriefen, Holz einsammelten und andere Geschäfte betrieben. Man erhielt hier eine anschauliche Vorstellung von einer sich neu ansiedelnden Wilden-Republik und beobachtete mit Vergnügen die unter ihnen herrschende lebendige Tätigkeit. Als Capitam Gipakeiu mit seinen Leuten auf dem Quartel eintraf, trug ein jeder derselben ein paar lange Stangen als Herausforderung für die Gesellschaft des Jucakemet, den er hier vermutete, der aber, wie schon gesagt, wohlweislich am Salto auf dem südlichen Ufer des Flusses sich aufhielt. Capitam Gipakeiu blieb noch einige Tage mit seinen Leuten in der Nähe des Quartels, zog dann auf dem nördlichen Flußufer in die Wälder, um die verschiedenen jetzt reifenden Früchte aufzusuchen. Diese Gewohnheit haben alle Wilden. Sie kennen die Zeit der Reife einer jeden

Frucht genau und sind nicht mehr zu halten, sobald dieselbe herannaht. Jetzt war die Cipó oder Schlingpflanze an der Zeit, welche von ihnen Atschá genannt wird. Sie wickeln die grünen Stengel dieses Gewächses in Bündel zusammen und nehmen sie mit nach ihren Hütten. Dort rösten sie dieselben am Feuer und kauen sie. Sie enthalten ein starkes nahrhaftes Mark, welches völlig den Geschmack unserer Kartoffel hat.

Als ich meine Absicht, die Bekanntschaft der im Quartel angekommenen Botocuden zu machen, erreicht hatte, kehrte auch ich wieder nach der Ilha do Chave zurück, wo meine Leute meiner harrten.

Am 25. September verließ ich die Insel und kehrte mit allen meinen Leuten nach dem Quartel zurück. Auf dem Wege dahin traf ich einen Trupp von Botocudos an, die um ihr Feuer gelagert waren. Sie gehörten zu den Leuten des Capitam Gipakeiu, hatten hier den an dieser Stelle seichten Fluß durchwatet und sich gegen ihre Gewohnheit am südlichen Ufer niedergelassen. Mehrere von ihren jungen Leuten sprangen in unser Canoe, um mit uns nach dem Destacament zu fahren. Kaum waren wir daselbst angekommen, als ein anderer Trupp Wilder vom südlichen Ufer eintraf. Dies war die Horde des Capitam Jeparack (Jeparaque), die ich noch nicht gesehen hatte. Höchst sonderbar war es anzusehen, wie alle diese braunen Menschen, Bogen und Pfeile in die Höhe haltend, durch die ganze Breite des Flusses herüberwateten. Man konnte das Geräusch, das ihr Zug im Wasser verursachte, von weitem hören. Alle trugen Bündel von sechs bis acht Fuß langen Stangen auf der Schulter, um sich mit Capitam June und Gipakeiu und ihren Horden zu schlagen; allein der letztere war jetzt tiefer im Walde, und selbst June mit seinem Haufen war gerade vom Quartel abwesend. Eifrig liefen nun die Wilden in allen Zimmern der Gebäude umher, um ihre Gegner zu suchen. Als sie niemand fanden, ließen sie ihre Stangen zum Zeichen der Herausforderung auf dem Quartel stehen und zogen gegen Abend wieder ab. Sie unterhielten indessen an den folgenden Tagen, wie sie es gewöhnlich bei niedrigem Stande des Flusses zu tun pflegen, eine beständige Kommunikation zwischen beiden Ufern. Am 28. traf Capitam Jeparack mit einem Trupp seiner Leute wieder bei uns ein. Sie trugen auch jetzt wieder lange Schlagstangen und fragten nach Capitam

Eine Familie der Botocudos auf der Reise

Gipakeiu, doch abermals umsonst. Da sie indessen immer in der Nähe blieben, so fanden sie dennoch endlich die Gelegenheit, ihre Streitlust zu befriedigen. Capitam June mit seinen drei erwachsenen Söhnen und seinen übrigen Männern, der sich zur Partei des Capitam Gipakeiu hielt, hatte die Herausforderung angenommen.

An einem schönen, von heiterstem Himmel verherrlichten Sonntagmorgen sah man nun alle Botocuden vom Quartel, teils schwarz, teils rot im Gesicht bemalt, plötzlich aufbrechen und durch den Fluß auf das nördliche Ufer waten, alle mit Bündeln von Stangen auf ihren Schultern. Bald darauf trat aus dem Walde, wo in einigen daselbst befindlichen großen Hütten eine Menge Weiber und Kinder Schutz gesucht hatten, Capitam June mit seinen Leuten hervor. Kaum hatte sich die Nachricht von dem bevorstehenden Kampf auf dem Quartel verbreitet, als eine Menge von Zuschauern, unter denen die Soldaten, ein Geistlicher aus Minas und mehrere Fremde sich befanden und denen auch ich mich zugesellte, zum Kampfplatz hinübereilten. Jeder von uns nahm zur Sicherheit eine Pistole oder ein Messer unter den Rock, auf den Fall, daß

die Schlägerei sich etwa gegen uns wenden sollte. Als wir am jenseitigen Ufer gelandet waren, fanden wir alle die Wilden gedrängt auf einem Haufen stehen und bildeten einen Halbzirkel um sie her. Der Streit nahm jetzt gerade seinen Anfang. Zuerst stießen die Krieger der beiden Parteien kurze rauhe Herausforderungstöne gegeneinander aus, gingen ernst, wie böse Hunde, umeinander herum und brachten dabei ihre Stangen in Bereitschaft. Dann trat Capitam Jeparack auf, ging zwischen den Männern umher, sah mit weitgeöffneten Augen gerade und ernst vor sich hin und sang mit tremolierender Stimme ein langes Lied, welches wahrscheinlich von der ihm widerfahrenen Beleidigung handelte. Auf diese Art erhitzten sich die Gegner immer mehr. Plötzlich trafen zwei von ihnen aufeinander, stießen sich wechselseitig mit dem Arm vor die Brust, daß sie zurücktaumelten, und griffen alsdann zu den Stangen. Der eine schlug zuerst aus allen Kräften auf den andern los, ohne Rücksicht, wohin sein Schlag fiel, der Gegner aber hielt ernst und ruhig den ersten Angriff aus, ohne eine Miene zu verziehen; dann aber brach auch er los, und so bearbeiteten sie einander mit kräftigen Hieben, deren Spuren in dick aufgelaufenen Schwielen noch lange auf den nackten Körpern sichtbar blieben. Da an den Schlagstangen öfters noch spitze Reste von den abgeschnittenen Ästen befindlich waren, so blieb es nicht immer bloß bei Schwielen, sondern manchem floß auch das Blut vom Kopfe herab. Wenn sich zwei Kämpfer weidlich durchgebleut hatten, so traten ein paar andere auf; öfters auch sah man mehrere Paare zugleich im Kampf, doch griffen sie nie einander mit den Händen an. Wenn so die Zweikämpfe eine Zeitlang gedauert hatten, so gingen sie einige Zeit nachdenkend mit dem Herausforderungston zwischen einander herum, bis wieder heroische Begeisterung sich ihrer bemächtigte und ihre Stangen in Bewegung setzte. Die Weiber fochten währenddessen ebenfalls ritterlich. Unter beständigem Weinen und Heulen ergriffen sie einander bei den Haaren, schlugen sich mit den Fäusten, zerkratzten sich mit den Nägeln und rissen einander die Holzpflöcke aus den Lippen und Ohren, die dann als Trophäen auf dem Boden des Kampfplatzes umherlagen. Warf eine die andere zu Boden, so stand wieder eine dritte hinter ihr, die sie beim Bein ergriff und ebenfalls hinwarf; dann zerrten sie einander auf der Erde herum. Die Männer erniedrigten sich nicht so weit, die Weiber der Gegenpartei zu schlagen, sondern sie stießen sie nur mit dem Ende ihrer Streitstangen oder traten ihnen mit den Füßen dermaßen in die Seite, daß sie davon über und über rollten. Auch aus den benachbarten Hütten tönten die Klagen und das Geheul der Weiber und Kinder herüber und erhöhten den Eindruck dieses höchst sonderbaren Schauspiels. Auf solche Art wechselte der Streit etwa eine Stunde lang. Wenn alle ermüdet schienen, so zeigten einige der Wilden dadurch ihren Mut und ihre Ausdauer, daß sie mit dem Herausforderungston zwischen den andern umhergingen. Capitam Jeparack hielt als Hauptperson der beleidigten Partei bis zuletzt aus; alle schienen ermüdet und abgespannt, als er immer noch nicht gesonnen war, Frieden zu schließen, noch immer sein tremolierendes Lied fortsang und seine Leute zum Kampf aufmunterte, bis wir zu ihm hingingen, ihn auf die Schulter klopften und ihm sagten, er sei ein braver Krieger, allein es sei nun Zeit, Frieden zu machen, worauf er dann auch endlich plötzlich das Schlachtfeld verließ und nach dem Quartel hinüberging. Capitam June hatte nicht so viel Energie gezeigt; als ein alter Mann hatte er nicht mit geschlagen, sondern sich immer im Hintergrund gehalten.

Wir kehrten nun sämtlich von dem mit Ohrpflöcken und zerbrochenen Schlagstangen geschmückten Wahlplatz nach dem Quartel zurück. Da fanden wir unsere alten Bekannten, Jukeräcke, Medcann, Ahó und andere, mit Schwielen kläglich bedeckt; allein sie bewiesen, wie sehr der Mensch sich abhärten kann, denn keiner von ihnen äußerte nur den geringsten Gedanken an seine geschwollenen Glieder, sondern sie setzten oder legten sich sogleich auf ihre zum Teil offenen Schmarren und ließen sich das Mehl sehr wohl schmecken, welches der Kommandant ihnen reichte. Bogen und Pfeile aller dieser Wilden hatten während des ganzen Vorganges an den benachbarten Bäumen angelehnt gestanden, ohne daß man danach gegriffen hätte; jedoch soll es bei ähnlichen Gelegenheiten zuweilen von den Stangen zu den Waffen gekommen sein, weshalb die Portugiesen dergleichen Schlägereien in ihrer Nähe nicht sehr lieben. Ich erfuhr erst späterhin die Ursache des Kampfes, wovon wir Zuschauer gewesen waren. Capitam June mit seinen Leuten hatte auf dem südlichen Flußufer im Jagdrevier des Jeparack eine Jagd gehalten und einige wilde Schweine erlegt. Dies sah der letztere als eine große Beleidigung an, da die Botocudos mehr oder weniger immer die Grenzen eines gewissen Jagdreviers beobachten und sie nicht leicht übertreten. Ähnliche Beleidigungen geben gewöhnlich die Veranlassung zu ihren Streitigkeiten und Kriegen. In der Nähe des Destacaments dos Arcos war vor diesem eben erzählten nur ein einziger ähnlicher Zweikampf vorgefallen, und es war also ein besonders glücklicher Zufall, der mir hier gerade während meines kurzen Aufenthalts an diesem Ort den Anblick eines Schauspiels gewährte. Reisende kommen nur selten dazu, Zeugen einer solchen Szene zu sein, die dennoch für die nähere Kenntnis der Wilden und ihres Charakters so wichtig ist.

Da verschiedene Angelegenheiten mich nötigten, nach dem Mucuri zurückzukehren, so verließ ich am Ende des Septembers die Insel Cachoeirinha und schiffte nach der Villa de Belmonte hinab. Die Fahrt ging zwar etwas langsam, weil das Wasser jetzt sehr niedrig war, aber die Jagd und manche Beobachtung von Naturmerkwürdigkeiten machte sie uns dennoch sehr angenehm und unterhaltend. An den jetzt entblößten Ufern des Flusses bemerkten wir die Löcher, die sich der sonderbare Fisch gräbt, welchen Linné Loricaria plecostomus genannt hat; hier hat er den Namen Cachimbo oder Cachimbao. Dieser Fisch gräbt Löcher von geringer Tiefe ins Ufer, um bei hohem Wasserstand in denselben, wenn er ruhen will, sich gegen die Heftigkeit des Stromes schützen zu können. Zuweilen klopft er, wie die Fischer behaupten, an den Boden der Canoes, und dieses Klopfen soll er mit dem Kopf hervorbringen, wenn er beschäftigt ist, den Schlamm und Byssus zu verzehren, der sich unten an die Schiffe anzusetzen pflegt. Das Frühjahr war schon vorgerückt, und wir hörten jetzt die in den Waldungen häufig erschallende, tief brummende Stimme des Mutum (Crax alector, L.), die weit durch die Wildnis tönt und die Jagd dieser großen schönen Vögel sehr erleichtert. Am häufigsten zeigen sie sich um die Zeit, wo die Flüsse im Wachsen sind.

Am 28. September erreichte ich die Villa de Belmonte. Sobald ich hier die nötigen Vorkehrungen zu meiner Reise nach Mucuri getroffen hatte, begab ich mich auf den Weg, hatte aber, verfolgt von einem höchst ungünstigen Wetter, mit mannigfaltigen Beschwerden zu kämpfen. Ich war genötigt, den Corumbao und den Cahy, die jetzt sehr stark angewachsen waren, zu durchreiten und dann durchnäßt die Reise längs der Küste unter einem heftigen Platzregen fortzusetzen.

Nach manchen überstandenen Mühseligkeiten und ohne ein bedeutendes Unglück erreichten wir Caravellas und Mucuri, wo ich mit meinen früheren Reisegefährten, den Herren Freyreiss und Sellow, drei Wochen verlebte. Dann kehrte ich nach Belmonte zurück. Auf der Reise dahin machte ich am Rio do Prado oder Sucurucú die Bekanntschaft der Machacaris. Ich wünschte sehr, eine Aldea zu besuchen, die, wie man mir gesagt hatte, von diesen Wilden weiter aufwärts an dem Prado angelegt worden war. Ich begab mich daher von der Fazenda, wo ich im Monat Juli die Patachos vergebens aufgesucht hatte, weiter auf dem Flusse hinauf. Zwei flache Gegenden, in deren Mitte eine Höhe sich erhebt, zeigen die Stellen an, wo die beiden Arme des Sucurucú (so ist der alte indianische Name des Rio do Prado), der eine nördlich, der andere südlicher, herabkommen.

Nicht weit von hier, etwas tiefer in den dichten Urwald hinein, liegt die sogenannte Aldea der Machacaris, die man mir öfters gerühmt hatte, wo aber nur etwa vier Familien dieser Leute in einem Haus vereinigt wohnen. Sehr begierig, auch diesen Stamm kennenzulernen, begab ich mich mit einigen Indianern dahin. Der Weg war sehr unbequem, denn wir mußten eine halbe Stunde weit durch Sumpf und Wasser waten und über umgefallene Baumstämme klettern. Ich fand die Wilden in einem ziemlich geräumigen Hause alle zusammen wohnend. Sie leben nun schon seit zehn Jahren hier und sind ziemlich zivilisiert. Einige unter ihnen waren recht freundlich und umgänglich, andere hingegen blieben scheu und verschlossen; einige reden ein wenig portugiesisch, untereinander aber bedienen sie sich immer ihrer Muttersprache. Sie haben Pflanzungen von Mandioca, etwas Milio und Baumwolle zu ihrem Bedarf. Von dem Ouvidor haben sie ein Rad erhalten, um die Mandiocawurzeln zu mahlen oder abzuschleifen. Dabei verschaffen sie sich aber nach angestammter Gewohnheit einen großen Teil ihres Unterhaltes durch Jagen. Bogen und Pfeile sind noch ihre gewöhnlichen Waffen, doch wissen einige von ihnen auch die Flinte recht gut zu behandeln. Die Bogen der Machacaris unterscheiden sich etwas von denen der andern Stämme, indem an ihrer Vorderseite eine tiefe Furche der Länge nach eingeschnitten ist, worin, während der Schütze schießt, ein anderer Pfeil liegen kann, so daß der zweite Pfeil – welchen andere Indianer erst von der Erde aufheben müssen – gleich schußfertig daliegt. Ich fand hier einen ganz besonders großen Bogen von Pao d'arco, welcher an seinem Oberteil einen Haken hat, der zur Befestigung der Bogenschnur sehr dienlich ist. Die Pfeile, so wie die Bogen, sind bei diesem Stamme vorzüglich gut gearbeitet. Sie haben vorn einen Aufsatz von hartem Holz, und unten am Ende steht der Schaft weit über die Federn hinaus; übrigens sind hier, wie bei allen Stämmen der Ostküste, dieselben drei Arten von Pfeilen im Gebrauch, die früher bei den Puris beschrieben worden sind. Auch fand ich hier dieselben geknüpften Säcke wie bei den Patachos, wie denn überhaupt die Machacaris mit diesen in vielen Hinsichten übereinstimmen. Ihre Körperbildung ist völlig dieselbe und etwas plumper als die der Botocudos. Sie sind groß, stark und breitschultrig. Sie verstellen im allgemeinen ihren Körper wenig, nur das membrum virile binden sie vorn, wie die Patachos, mit einer Cipó zu; auch durchbohren die meisten von ihnen die Unterlippe mit einem kleinen Loch, worin sie zuweilen ein Rohrstäbchen tragen. Ihre Haare lassen sie wachsen und schneiden sie im Genick rund ab, auch rasieren sie wohl den Kopf wie die Patachos. Ebenso wie diese sollen sie auch ihre Hütten erbauen. Die Sprachen beider Stämme sind indessen verschieden. Gegen die zahlreicheren Botocudos machen sie gemeine Sache, doch haben auch sie öfters Streit und Krieg untereinander gehabt. Ich tauschte von diesen Leuten Waffen gegen Messer ein.

Hütten der Patachos

Nach einem kurzen Aufenthalt schiffte ich den Sucurucú wieder hinab. In dieser Gegend zeigen sich wieder sehr reizende Ansichten, die man gern durch den Pinsel eines ausgezeichneten Landschaftsmalers nachgebildet sehen möchte, um sie sich lebhafter wieder vergegenwärtigen zu können. Hier fand ich einen alten, über das Wasser überhängenden Stamm, der eine wahre botanische Kollektion darstellte: an seinem Ende sproßten der Cactus pendulus und Phyllanthus, ihre Zweige hingen gleich Stricken herab; in seiner Mitte wucherten Caladium und Tillandsia auf mancherlei Moosen, und an seiner Basis rankten Farnkräuter (Filix) und andere Gewächse. So ist überall und unter den mannigfaltigsten Formen ein reges Leben in diesen Tropenklimaten verbreitet. An vielen Stellen öffnen sich hier kleine dunkelbeschattete Corregos in den Fluß, an dessen Ufer häufig die Aninga (Arum liniferum, ARRUDA) wächst; ihr kegelförmiger, unten verdickter und oben zugespitzter Stamm erreicht eine Höhe von sechs bis acht Fuß. An mehreren Plätzen findet man hier Fazendas, bei welchen man den Wald weggeräumt hat und jetzt daselbst etwas Rindvieh unterhält; auch hat man um die Gebäude herum eine große Menge von Orangenbäumen angepflanzt. Auf der Fazenda zu Caledonia wurde ich von Herrn Charles Frazer gastfreundlich aufgenommen und fand daselbst zu meiner großen Freude Zeitungen aus Europa.

Ich traf am 28. Dezember in Villa de Belmonte wieder ein und machte nun die nötigen Anstalten zur weiteren nördlichen Reise längs der Küste hinauf.

Reise vom Rio Grande de Belmonte zum Rio dos Ilhéos

Der Rio Grande ist bei der Villa de Belmonte, da er nicht weit davon in die See mündet, ansehnlich breit und oft stark bewegt. Ich wählte daher große Canoen zu unserer Überfahrt; meine Tiere hatten schon am Tage zuvor schwimmend über den Fluß gesetzt. Wir fanden am Ufer unsere Tropa, beluden sie und setzten unsere Reise etwa anderthalb Legoas weit bis zur Mündung des Rio Pardo, eines bedeutenden Flusses, fort. Der Weg führt längs einer öden sandigen Küste hin, wo alle Bäume und Gesträuche durch die häufigen Stürme und Seewinde niedergehalten und verstümmelt sind. Ich fand in dieser Gegend einige wenige zerstreute Knochen von Meerschildkröten, hier eine Seltenheit.

Der Rio Pardo macht die Grenze zwischen der Comarca von Porto Seguro und der von Ilhéos. Er tritt in mehreren Armen in die See, unter denen der südlichste, welcher bei Canavieras mündet, ehemals den indianischen Namen Imbuca trug.

Canavieras ist eine ziemlich bedeutende, zerstreut liegende Villa oder Aldea mit einer Kirche. Man pflanzt hier besonders Mandioca und Reis. Die Einwohner sind meistens Weiße und

Leute von verschiedenen, durch die Vermischung mit Negern erzeugten Farbengraden (Pardos), welche an dieser Küste die Hauptmasse der Bevölkerung ausmachen. Da hier kein Juiz noch sonstiger Ortsvorstand sich befindet, so existiert auch keine Polizei, und Canavieras ist wegen seiner Freiheit und des etwas verwilderten Zustandes seiner Bewohner in der ganzen Gegend bekannt. Sie wollen keinen Juiz, indem sie sagen, sie könnten sich selbst regieren, und sollen wenig Abgaben entrichten. Übrigens von jovialem Charakter, belustigen sie sich oft mehrere Tage hintereinander mit Musik, Tanz und Kartenspiel, wobei aber auch nicht selten Exzesse vorfallen sollen. Da der Fluß eine bessere Barra hat als der Rio Grande, so werden hier auch einige Lanchas erbaut, welche den Handelsverkehr mit Bahia und anderen Orten der Küste unterhalten.

Von der Barra de Canavieras erreichen die Tiere nach einem Wege von etwa zwei Legoas die Barra de Patipe, von einer Povoaçâo so benannt, welche in der Nähe auf der von diesen beiden Barras gebildeten Insel liegt. Die Schiffahrt auf diesem salzigen Flusse ist angenehm; dichte, freundlich grün belaubte Mangue-Gebüsche bedecken die Ufer, hinter ihnen erhebt sich der Urwald, und an verschiedenen Stellen öffnen sich Aussichten in die Arme des aus den nahen Wildnissen hervorbrechenden Flusses. Man erblickt am Ufer einzelne Wohnungen, die sich immer durch einen Hain von Kokospalmen schon von ferne ankündigen.

Von der Barra de Patipe setzt sich der gesalzene Fluß längs der Küste fort, und man erreicht an der Praya nach einem Wege von anderthalb Legoas die Barra de Poxi, einen anderen Ausfluß. Hier befand sich bis jetzt stets eine kleine Ansiedlung von mehreren Fischerfamilien, die sich aber kürzlich von dieser Stelle wegbegeben hatten. Einige nützliche Gewächse vegetierten noch in der Nähe der Wohnungen, unter andern die hier im Lande so beliebten Pimenteiras (Capsicum), deren längliche hochrote, sehr zusammenziehende Früchte man als Gewürz zu den Speisen setzt, und noch einige andere Fruchtbäume. Wir brachten hier eine rauhe windige Nacht lieber im Sande der See zu Poxi hin, als daß wir uns in den verlassenen Hütten den Plagen des zahlreichen Ungeziefers hätten aussetzen wollen. Die Fahrt von hier nach der Mündung des Flusses Commandatuba ist ohne Abwechslung; man hat stets dieselben Ansichten zwischen einer Menge von Inseln hin, welche von Mangue-Gebüschen bedeckt sind. Diese auch hier sehr salzigen Gewässer beschifft man am besten zur Zeit der Ebbe. Auf den wurzelnden Zweigen der Mangue-Bäume sitzt in Mengen die bunte rotfüßige Krabbe Guayamú, auch findet sich in diesen Gebüschen sehr häufig der gemeine Amazonenpapagei (Psittacus ochrocephalus, L.), der von den Indianern und Portugiesen Curica genannt wird. Er scheint vorzugsweise diese Art von Gebüschen zu seinem Aufenthaltsort zu wählen, so daß man ihn wohl darnach benennen könnte; immer wird er daher an den Ufern und Mündungen der Flüsse angetroffen, wohin die übrigen Arten der Papageien nur höchst selten sich verirren. Er läßt seine Stimme hier laut erschallen, bringt mannigfaltige Töne hervor und scheint oft auch andern Vögeln nachzuahmen. Die Nester dieser Papageien findet man häufig in den stärkeren, mit Höhlungen versehenen Mangue-Bäumen; die Einwohner nehmen nicht selten die Jungen aus, zähmen sie und lehren sie reden.

Der Fluß Commandatuba ist nicht stark. Unweit seiner Mündung am südlichen Ufer, wo ein weißer Sandboden jetzt in der glühenden Hitze des Mittags unseren Augen wehe tat, befinden sich die Wohnungen einiger zum Teil indianischer Familien, deren Pflanzungen auf dem nördlichen Ufer des Flusses liegen. Wir ließen uns übersetzen und erreichten, nachdem wir etwa drei Legoas zurückgelegt hatten, die Barra des ansehnlicheren Flusses Una, wo nur einige wenige Wohnungen sich befinden.

Ein wohlhabender Pflanzer, welcher bedeutende Ländereien an diesem Fluß besitzt, hat hier eine Venda erbaut, welche einen regelmäßig eingefaßten, mit hohen Kokospalmen gezierten Hofraum enthält. Hier in diesem scheinbar so sterilen weißen Sande wächst dieser stolze Baum kräftig zu einer bedeutenden Höhe empor und ist schon in seinem niederen Zustand, im siebenten Jahr, mit erfrischenden Früchten überladen. Ich sah hier unsern europäischen Weißkohl, Kohlrüben und die rote Viehrübe und fand Kohlköpfe, deren Gewicht 14 Pfund betrug.

Schon vom Una an findet man am Strande häufig eine Art von Seefahrzeugen, Jangada genannt. Man bedient sich derselben bei der Ebbe, auf seichten Stellen zum Fischen; mit den größeren wagt man sich selbst weit in die See hinaus und transportiert auf ihnen, längs der Küste hin, verschiedene Produkte und Handelsartikel. Diese Jangadas sind Flöße, deren mittlere Länge etwa zehn Schritt beträgt. Sie sind aus sieben Balken von leichtem Holz zusammengesetzt. Auf den größeren dieser Fahrzeuge, welche auch gewöhnlich mit kurzem Mast und Segel versehen sind, befinden sich oft mehrere Menschen. Die leichte Holzart, deren man sich immer zum Bau dieser einfachen Küstenflöße bedient, wird Pao de Jangada genannt. Die geschicktesten Führer dieser Jangadas sind die jetzt zivilisierten Küstenindianer, deren Hütten man in dieser Gegend einzeln, in den Gebüschen an der Praya liegend, findet. Eine jede Familie hat ihr Fahrzeug hier auf dem Sand aufgestellt, das, wenn es gebraucht werden soll, bloß umgewälzt und bei der heranrollenden Flut flottgemacht wird.

Von Una aus erreicht man nach einem Ritt von sechs Legoas die Indianer-Villa von Olivença. Sie hat eine angenehme Lage auf einem etwas erhöhten Rücken und ist von dichten Gebüschen umgeben. Der Konvent der Jesuiten tritt über diesen grünen Wall empor. An dem höchst malerischen Felsen, der hier in die See hineintritt, brechen sich brausend die Wogen und erfüllen den ganzen Busen mit weißem Schaum. Am Ufer sahen wir die dunkelbraunen Indianer in ihren weißen Hemden beschäftigt, mit der Angel Fische zu fangen. Unter diesen Leuten waren viele recht schön gebildet. Ihr Anblick erinnerte an eine Stelle in Lerys Reise, wo der Verfasser auch ihre Vorfahren, die Tupinambas, wohl und schön gebildet nennt. Auch hat er wirklich recht; sie sind wohlgewachsen, schlank, dabei breit von Schultern und haben die mittlere Größe der europäischen Völker. Leider haben sie ihre Originalität verloren. Auch bedauerte ich nur, daß nicht ein Tupinamba-Krieger uns hier entgegentrat, die Federkrone um den Kopf, mit Armbinden von bunten Federn geschmückt, den Federschild Enduap auf dem Rücken und den kräftigen Bogen und Pfeil in der Hand; statt dessen wurde man von den Abkömmlingen jener Anthropophagen mit dem portugiesischen Gruß »A Deos!« bewillkommnet und fühlte mit Kummer den Wechsel alles Irdischen, der diesen Völkern mit dem Abfall von ihren rohen barbarischen Gebräuchen auch ihre

Originalität raubte und sie zu einem jetzt kläglichen Mittelding heruntersetzte.

Villa Nova de Olivença ist von den Jesuiten vor etwa hundert Jahren angelegt worden. Man hatte damals die Indianer vom Flusse Ilhéos oder S. Jorge versammelt und herbeigeführt. Jetzt befinden sich hier etwa 180 Feuerstellen; der ganze Distrikt aber mit den eingepfarrten Bewohnern zählt etwa tausend Seelen. Portugiesische Einwohner hat Villa Nova außer dem Geistlichen, dem Escrivam und ein paar Krämern nur wenige. Alle übrigen sind Indianer, die ihre ursprüngliche Bildung noch recht rein und charakteristisch beibehalten haben. Ich sah unter ihnen mehrere sehr alte Leute, deren Äußeres für die gesunde Luft der Gegend zeugte, unter andern einen Mann, welcher sich des Baues der vor 107 Jahren angelegten Kirche noch erinnerte. Sein Haar war noch kohlschwarz, eine bei den alten Indianern gewöhnliche Erscheinung. Es gibt zwar auch einzelne unter ihnen, deren Haar das Alter etwas bleicht, doch kommt dies nicht oft vor, wenigstens wenn sie ganz rein indianischen Ursprungs und nicht mit Negerblut gemischt sind. Die Indianer zu Villa Nova sind arm, haben aber auch wenig Bedürfnisse. Indolenz ist, wie in ganz Brasilien, ein Hauptzug ihres Charakters. In ihren Pflanzungen bauen sie die zu ihrem Unterhalt nötigen Lebensmittel, und die zu ihrer leichten Bekleidung nötigen Baumwollzeuge weben sie selbst. Mit der Jagd, welche an andern Orten eine Hauptbeschäftigung der Indianer ist, geben sie sich hier gar nicht ab, denn sie haben weder Pulver noch Blei, Artikel, die man selbst in der Villa zu Ilhéos nur selten kaufen kann und dann sehr teuer bezahlen muß. Ein Hauptnahrungszweig der Bewohner von Olivença besteht in der Verfertigung der Rosenkränze aus den Früchten der Piaçaba-Palme und aus den Panzern der Carett-Schildkröte (Tartaruga de Pentem).

Ihre einfachen Wohnungen unterscheiden sich nicht von den Häusern, welche überall an dieser Küste gebräuchlich sind; ihre Dächer sind sämtlich mit Stroh (Uricanna-Blättern) gedeckt, und anstatt daß man gewöhnlich die ganzen Blätter der Cocos-Palmen auf die Firste legt, um diese wasserdicht zu machen, sieht man hier die langen Fäden der Piaçaba-Palme zu demselben Zweck benutzt.

Da ich von den der Jagd abgeneigten Indianern zu Olivença keine Unterstützung für meine Unternehmungen in die Wälder erwarten durfte, so setzte ich nach einem kurzen Aufenthalt meine Reise fort und machte in früher Morgenkühlung den nur drei Legoas weiten, angenehmen Weg zu dem Flusse Ilhéos.

Nachdem wir eine Landspitze zurückgelegt hatten, fühlten wir uns sehr angenehm durch die Ansicht des schönen kleinen Hafens von Ilhéos überrascht. Vor seiner Mündung liegen ein paar kleine Felsinselchen, von welchen die Gegend den Namen Ilhéos erhalten hat. Zwei Landzungen schließen von beiden Seiten diesen Hafen ein. An der inneren oder nördlicheren, zwischen dem Fluß und der Seeküste, ist die Villa dos Ilhéos oder de S. Jorge erbaut. Nach dem Lande hinein erheben sich dichte Waldungen, und unmittelbar bei der Villa erblickt man einen Waldberg, aus dessen dunkelgrüner Laubmasse die Kirche von Nossa Senhora da Victoria hervortritt. Von dieser Höhe aus hat Herr Sellow diese angenehme Landschaft aufgenommen. Es liegt ein ungemein lieblicher, fröhlicher Charakter in dieser stillen überraschenden Naturszene, in dem schönen Kontrast mit dem dumpf brausenden Ozean, der sich weißschäumend an den Felsengruppen bricht. Dieser Ort gehört zu den ältesten Niederlassungen an der Küste von Brasilien, denn nachdem Cabral in Santa Cruz die erste Messe gefeiert und in Porto Seguro gelandet war, gründete man sogleich die Kolonie am Fluß S. Jorge. Im Jahr 1540 legte Francisco Romeiro den Grund zu dieser Villa, indem er mit den dortigen Ureinwohnern, den Tupiniquins, sich friedlich vertrug. Die Kolonie nahm zu und wurde blühend, litt aber späterhin durch die Einfälle des Stammes der Tapuyas, die man damals Aymorés nannte und jetzt als Botocudos kennt. Die Kolonie kam jedoch nachher immer mehr in Verfall, so daß sie im Jahre 1685 schon sehr herabgekommen war und gegenwärtig kaum eine Spur ihres alten Glanzes mehr hat. Mit der Aufhebung des Jesuitenordens verschwand ihre letzte Stütze; denn alle bedeutenderen Denkmäler einer früheren Zeit, die noch existieren, rühren von ihnen her. Der massive Konvent, das ansehnlichste Gebäude der Villa, das im Jahr 1723 erbaut wurde, steht jetzt leer und ist schon so verfallen, daß es an einigen Stellen kein Dach mehr trägt. Die Mauern an demselben sind aus Back- und Sandsteinen erbaut, deren

Ursprung durch eingemischte Seemuscheln beurkundet wird. Zu den Monumenten des Ordens gehört auch unter andern ein schöner Brunnen, der in der Nähe der Villa im Schatten alter Bäume gelegen, massiv erbaut und mit einem Dach versehen ist. Bei all dem Übel, welches die Jesuiten stifteten, muß man dennoch gestehen, daß die meisten zweckmäßigen und

Villa und Hafen Ilhéos

wohltätigen Einrichtungen in Südamerika von ihnen herrüh-
ren. Die Villa von Ilhéos selbst ist in mehr oder weniger regelmäßigen Straßen erbaut. Die Häuser sind klein, mit Ziegeln
gedeckt, zum Teil schlecht unterhalten, verfallen oder leerste-

hend. Die Straßen sind mit Gras bewachsen, und nur noch an Sonn- oder Festtagen findet man Leben und eine sauber gekleidete Menschenmenge hier versammelt, wenn nämlich die Bewohner der Nachbarschaft zur Kirche kommen.

Zu den Monumenten der früheren Geschichte von Ilhéos gehören noch einige Überreste von der Zeit der Besitznahme durch die Holländer. So zeigt man unter andern noch drei Batterien in der Nähe des Hafeneinganges und unweit der Villa am Seestrand einen großen scheibenförmigen Sandstein, von welchem man behauptet, er habe als Mühlstein zur Verfertigung des Schießpulvers gedient.

Der Verkehr, welchen diese Kolonie mit den andern Häfen von Brasilien unterhält, ist nicht bedeutend. Einige Lanchas oder Barcos treiben einen schwachen Handel nach Bahia mit den Produkten der Pflanzungen und der Wälder. Man baut hier kaum soviel Mandioca, als zum Unterhalt der Bewohner nötig ist, daher finden Fremde in der Villa oft nichts zu essen. Der Hunger findet hier weniger Befriedigung als in allen mehr südlich gelegenen Villas dieser Küste, denn selbst Fisch wird in der heißen Jahreszeit nur wenig gefangen; in der kalten, im April, Mai, Juni, Juli, August und September, sind die Gewässer ergiebiger. Man führt etwas Reis und besonders Hölzer aus, sehr viel und schönes Jacarandá (Mimosa) und Vinhatico (Viniatico). Zucker-Engenhos sind am Fluß Ilhéos nur einige wenige, aber Engenhocas (solche, welche melado und Zuckerbranntwein bereiten) gibt es mehrere.

Um die Überreste der Urbewohner in der Gegend des Flusses Ilhéos kennenzulernen, beschloß ich, den Fluß Itahype (gewöhnlich Taípe genannt) zu besuchen, welcher sich etwa eine halbe Legoa nördlich von der Mündung des Ilhéos ins Meer ergießt. An seinem Ufer hat man vorzeiten aus den Guerens, einem Stamme der Aymorés oder Botocudos, eine Ansiedlung gebildet, welche den Namen Almada trägt. Indes ist diese Niederlassung wieder zugrunde gegangen. Die Guerens starben aus, bis auf einen einzigen alten Mann namens Capitam Manoël und zwei bis drei alte Weiber. Daß die Guerens wahre Botocudos gewesen, behaupten nicht nur mehrere Schriftsteller, sondern es zeugt dafür auch die völlige Übereinstimmung der Sprachen. Der alte Capitam Manoël zeigt durch seine ganze Bildung, daß er von den Botocudos abstammt; doch aber hat er die äußeren Kennzeichen abgelegt, denn seine Lippe und Ohren sind nicht von den großen Pflök-ken verunstaltet, und er läßt seine Haare bis ins Genick her-abwachsen. Er äußerte indessen noch eine große Vorliebe für sein Volk und freute sich ungemein, als er mich einige Worte seiner Sprache reden hörte. Noch mehr wurde seine Freude und Neugierde rege, als ich ihm sagte, daß ich einen jungen Botocuden beständig mit mir führe; er bedauerte unendlich, ihn nicht sehen zu können, da ich ihn in der Villa zurückge-lassen hatte, und redete beständig von demselben. Zum An-denken an die vergangene Zeit hält dieser alte Mann seinen Bogen und Pfeile noch immer in Ehren. Er ist abgehärtet, noch fest und brauchbar im Walde, ob er gleich schon ein ho-hes Alter hat. Den Branntwein liebt er über alles, daher ist ihm jetzt in der Person des kürzlich hier angekommenen Herrn Weyl ein Glücksstern aufgegangen, denn in dessen Hause pflegt er nie die Zeit zu verfehlen, wo ihm dieser Göt-tertrank freigebig gespendet wird. Bessere Zeiten hat Capitam Manoël zu Almada wohl schwerlich erlebt.

Ich brachte hier in der Gesellschaft des Herrn Weyl und seiner Familie einen Tag sehr vergnügt zu und eilte alsdann zur Villa zurück, wo ich nun sogleich die nötigen Anstalten traf, um von hier aus auf der vor zwei Jahren angelegten Mi-nas-Straße den Sertam zu bereisen. Diese Waldstraße hat man mit vielen Kosten eingerichtet und in dieser kurzen Zeit schon wieder gänzlich vernachlässigt. Sie war bestimmt, dem inneren offenen Land der Capitanias von Minas Geraës und von Bahia für den Transport der Produkte eine Verbindung mit den Seehäfen zu verschaffen, damit man dort jene sowohl absetzen als auch andere von der Küste dagegen beziehen konnte. Einige Viehhändler kamen auch wirklich mit Ochsen-herden bis nach Ilhéos aus dem Sertam herab, fanden aber dort keinen Absatz und keine Schiffsgelegenheit nach Bahia. Sie mußten ihre Ochsen um geringen Preis weggeben, die nachher zu andern Zwecken benutzt und, weil sie den Ein-wohnern von Ilhéos hie und da Schaden an ihren Pflanzungen zufügten, sogar verfolgt wurden, wovon sich, als man sie schlachtete, die Spuren zeigten; denn sie waren mit Schrot ge-schossen worden. Durch den nachteiligen Erfolg ihrer ersten Unternehmung wurden die Viehhändler von weiteren ähnlichen Versuchen abgeschreckt. Seitdem betritt niemand mehr diese Straße, welche jetzt völlig verwildert und mit Gesträuchen, Dornen und jungem Holz dermaßen bewachsen ist, daß ohne Äxte und Waldmesser nicht einmal ein Reiter, geschweige denn Lasttiere derselben folgen können.

Reise von Villa dos Ilhéos nach S. Pedro D'Alcantara, der letzten Ansiedlung am Flusse aufwärts, und Anstalten zur Reise durch die Wälder nach dem Sertam

Ein in der Villa befindlicher Mineiro brachte meine von der weiten Landreise von Rio de Janeiro bis hierher sehr in Unordnung geratenen Packsättel der Lasttiere wieder in einen leidlichen Zustand, eine Reparatur, die von der größten Wichtigkeit war, da den schwerbeladenen Tieren eine Reise durch wilde und dicht verwachsene Wälder bevorstand. Da ich auf einer Reise von etwa 40 Legoas in unwegsamen Gegenden keine menschliche Wohnung anzutreffen hoffen durfte, so war es nötig, unsern Bedarf an Mandiocamehl, Fleisch (Carne seca) und Branntwein mitzuführen; ich ließ daher eines meiner Lasttiere mit einem Fasse dieses hier so nötigen Getränkes beladen, ein paar andere trugen die Lebensmittel, welche sich in Säcken von behaarter Ochsenhaut befanden, und außerdem trug ein jeder meiner eingeborenen Leute ein Quart Mehl, als seine Provision für etwa sechs bis acht Tage, auf dem Rücken. Da man mich unterrichtet hatte, daß auf jener zugewachsenen Waldstraße ohne Äxte und Waldmesser nicht würde durchzukommen sein, so ließ ich verschiedene dieser scharfen Instrumente von gutem Stahl verfertigen, womit ich drei Mann versah.

Nachdem diese nötigen Anstalten getroffen waren, ließ ich am 21. Dezember einige große Canoes mit dem Gepäck beladen und nahm von der Villa Abschied. Die Minas-Straße führt sogleich von der Seeküste längs des Flusses hinauf und fängt anderthalb Legoas weit von Ilhéos an, sich in die ununterbrochenen Wälder zu vertiefen. Ich landete abends auf einer Fazenda, wo meine vorangesandten Lasttiere schon

Callithrix personatus Geoffr.

einige Tage auf einer guten Weide ausgeruht hatten. Hier befand sich gerade jetzt ein Mineiro, José Caétano genannt, welcher in den benachbarten Wäldern Holz fällen ließ und ein
paar junge Wilde vom Stamme der Camacan oder Mangoyós
bei sich hatte; von ihm wird später mehr geredet werden, da er
auf einige Zeit in meinen Sold trat. Er gab mir die Nachricht,
daß eine Brücke auf der Straße in ganz unbrauchbarem Zustand sei, worauf ich fünf bis sechs meiner Leute mit Äxten
voransandte, um diese Stelle zu untersuchen und im nötigen
Falle zu einem schnellen leichten Übergang eine Laufbrücke
oder einen Steg zu zimmern; zugleich gab ich zweien meiner
Jäger den Auftrag, die Arbeiter zu begleiten, um etwas Wildbret zum Unterhalt der Mannschaft herbeizuschaffen. Meine
Leute kehrten nach anderthalb Tagen zurück und brachten

mir die Nachricht, daß an der Brücke nichts zu verbessern und der Übergang daher sehr schwierig sei. Dennoch brach ich am 24. Dezember mit meiner ganzen Tropa auf, um, meinem Vorhaben gemäß, den Übergang zu versuchen, und fand die Straße noch schlechter, als man sie mir geschildert hatte. Dornen zerrissen überall die Haut und die Kleidung der Reisenden, man mußte sich mit dem großen Waldmesser (Facão) stets den Weg bahnen, und oft fanden sich Dickichte von der sogenannten Banana do mato (Heliconia) mit hohen steifen Blättern, die den Durchgang bei der Nässe des Taues äußerst beschwerlich und unangenehm machten.

Wir überstiegen schon an diesem ersten Tage der ununterbrochenen Waldreise mehrere bedeutende Berge, unter welchen ich den Miriqui (Miriki), nach den vielen hier vorgefundenen Affen (Ateles) so benannt, bemerke, und den Jacarandá, wo man besonders viel der schönen, ebenso genannten Art von Mimosa findet. In den stillen, schauerlich einsamen Tälern, welche zwischen Höhen liegen, wo besonders viele Cocos-Palmen die Zierde des Dickichts sind, fanden wir noch weit größere Hindernisse und oft einen sumpfigen weichen Boden, in welchem unsere Tiere tief einsanken. Vorangesandte, des Weges kundige Jäger eröffneten unseren Zug. Sie benachrichtigten die Tropa sogleich, sobald ein solches Hindernis sich zeigte; alsdann wurde gehalten, die Reiter stiegen vom Pferde, die Jäger setzten ihre Gewehre an die benachbarten Stämme, man entledigte sich des Gepäckes, und jeder Mann legte Hand an. Man hieb dünne Stämme nieder, warf sie auf den Weg, deckte abgehauene Cocosblätter und andere Zweige darauf und bahnte auf diese Art einen künstlichen Übergang. So gelang es den Reisenden, mit angestrengter Arbeit in der Hitze des Tages vorzudringen, bis man häufig wieder auf quer über die etwa acht bis zehn Schritt breite Straße gestürzte kolossale Baumstämme stieß, wodurch es alsdann unumgänglich nötig wurde, durch die dichte Verflechtung des Waldes an der Seite einen Pfad oder Picade zu bahnen und auf diese Art das Hindernis zu umgehen. Diese Schwierigkeiten, welche in jenen endlosen Urwildnissen den Reisenden aufhalten und sein Fortrücken unglaublich verzögern, sind besonders zu Anfang solcher Unternehmungen nichts weniger als abschreckend, wenn nur die Gesundheit nicht leidet und kein Mangel an Lebensmitteln eintritt. Der Mensch vergißt bei reger Tätigkeit die Beschwerden, welchen er unterworfen ist, und der Anblick jener einzig herrlichen, erhabenen Waldnatur gewährt seinem Geist durch immer neue und wechselnde Szenen Beschäftigung; denn besonders der Europäer, der zum erstenmal in jene Wälder eintritt, bleibt in einer beständigen Zerstreuung. Leben und üppiger Pflanzenwuchs ist überall verbreitet, nirgends ein kleines Plätzchen ohne Gewächse, an allen Stämmen blühen, ranken, wuchern und heften sich Passiflora-, Caladium-, Dracontium-, Piper-, Begonia-, Epidendrum-Arten, mannigfaltige Farnkräuter (Filices), Flechten und Moose verschiedener Art. Das Dickicht bilden die Geschlechter der Cocos, Melastoma, Bignonia, Rhexia, Mimosa, Ingá, Bombax, Ilex, Laurus, Myrthus, Eugenia, Jacarandá, Jatropha, Vismia, Lecythis, Ficus und Tausende von anderen, größtenteils noch unbekannten Baumarten, deren abgefallene Blüten man auf der Erde liegen sieht und kaum erraten kann, von welchem der Riesenstämme sie kamen; andere, mit Blumen völlig bedeckt, leuchten schon von ferne weiß, hochgelb, hochrot, rosenrot, violett, himmelblau usw., und an Sumpfstellen drängen dicht geschlossen auf langen Schäften die großen schönen elliptischen Blätter der Heliconien sich empor, die oft 10 bis 12 Fuß hoch sind und mit sonderbar gebildeten hochroten oder feuerfarbenen Blüten prangen. Auf den höchsten Stämmen, hoch oben in der Teilung der Äste, wachsen ungeheure Bromelia-Stauden mit großen Blumenkolben oder Trauben, hochzinnoberrot oder von anderen schönen Farben; von ihnen fallen große Bündel von Wurzeln gleich Stricken herab, welche bis auf die Erde niederhängen und unten den Reisenden ein neues Hindernis bereiten. Solche Bromelia-Stauden füllen alle Bäume an, bis sie nach Jahren absterben und vom Winde entwurzelt mit Getöse herabstürzen. Tausendfältige Schlingpflanzen, von den zartesten Formen bis zu der Dicke eines Mannesschenkels, von hartem, zähem Holze (Bauhinia, Banisteria, Paullinia und andere), verflechten die Stämme, steigen bis zu der höchsten Höhe der Baumkronen, wo sie alsdann blühen und Frucht tragen, ohne daß je ein menschliches Auge sie sah. Manche derselben sind so wunderbar gebildet, wie zum Beispiel gewisse Bauhinia-Arten, daß man sie ohne Staunen nicht betrachten kann. Aus vielen derselben fault der Stamm, um den sie sich geschlungen, heraus, und hier steht dann eine kolossale gewundene Schlange, deren Entstehung sich auf diese Art leicht erklären läßt, usw. Wer vermöchte anschaulich das Bild jener Wälder dem, der sie nicht selbst gesehen hat, zu entwerfen! Wie weit bleibt hier die Schilderung hinter der Natur zurück!

Ich erreichte am ersten Tag gegen Abend eine Stelle, welche man Coral do Jacarandá nennt, weil hier aus dem Sertam herabgekommene Ochsenherden übernachtet hatten. Der folgende Morgen brach heiter wieder an, allein dennoch gehörte eine geraume Zeit dazu, ehe wir, durch Kaffee und ein großes Feuer wieder erwärmt, die Reise fortsetzen konnten.

Auf unserem heutigen Wege fanden wir weniger Berge, dagegen aber andere Hindernisse, die wir bisher noch nicht in ihrer ganzen Stärke kennengelernt hatten. Ich ritt wie gewöhnlich meiner Tropa voran und folgte den Männern, welche mit dem Facão und der Axt das Gebüsch hinwegräumten, als ich plötzlich meine mir nachfolgenden Leute rufen und die beladenen Tiere alle hinter mir herrennen hörte. Durch ihr beständiges heftiges Ausschlagen erriet ich die Ursache ihrer Flucht. Sie hatten an den Blättern der Gewächse am Wege ein Nest grimmiger Wespen berührt, deren Stachel einen sehr heftigen Schmerz verursacht, und waren von diesen Tieren in Menge angefallen worden. Selbst meine Leute waren nicht leer ausgegangen, denn der eine von ihnen klagte über seinen Kopf, der andere über das Gesicht usw. Am Mittag erreichte ich eine Stelle im dichten Wald, wo der Ribeirâo dos Quiricos, ein tief eingeschnittener Waldbach, mit einer Brücke versehen gewesen war, die wir aber jetzt völlig verfault und in das Bett des Flusses hinabgestürzt fanden. Ich ließ nun meine Leute das Gepäck über den Bach schaffen, wobei die Eingeborenen viel Gewandtheit und Geschicklichkeit zeigten. Auf einem einzigen Balken gingen sie von einem Ufer zum andern, mit einer schweren Kiste auf dem Kopf, und setzten auf diese Art ohne den geringsten Zufall alles ans jenseitige Ufer. Mehr Schwierigkeit verursachten uns die Maultiere. Kaum war dieses Geschäft vollbracht, so trat die Nacht ein. Da wir uns jetzt in der Regenperiode befanden, so war der Himmel mit Wolken dicht bedeckt. Es herrschte daher in dem hohen Walde eine unglaubliche Finsternis, die bei dem hellen

Schein unserer Feuer noch auffallender erschien. Eine unzählige Menge von Fröschen ließ ihre verschiedenartigen Stimmen von den Kronen der hohen Waldbäume, aus den dort oben wachsenden Bromelia-Stauden herab erschallen: einige waren rauh und kurz, andere klangen wie ein klopfendes Instrument, noch andere glichen einem kurzen hellen Pfiff, einem klappernden Laut usw. Leuchtende Insekten flogen gleich Feuerfunken in allen Richtungen umher, besonders der Elater noctilucus mit seinen beiden Feuerfunken, welche ein grünliches Licht von sich strahlen; allein keines dieser Lichtchen ist viel bedeutender als das unserer Lampyris noctiluca, denn von dem wahrscheinlich fabelhaften des Laternenträgers (Fulgara) haben wir nie eine Spur gefunden, ob wir gleich dieses sonderbare Insekt häufig an Baumstämmen, besonders am Caschetholz, fingen; auch haben mir die Landesbewohner nie eine Bestätigung für das Leuchten dieses Tieres geben können.

Am dritten Tag meiner Waldreise fand ich eine Picade, welche von den Bewohnern von S. Pedro gebraucht wird und die mir das Durchreiten des Waldes sehr erleichterte. Sie führte indessen nur bis zu der Höhe einer Stelle im Fluß, welche man Banco do Cachorro (die Hundebank oder den Hundefelsen) nennt. Von hier aus pflegen die Bewohner eine andere Picade längs des Flußufers einzuschlagen; da diese aber für beladene Tiere ungangbar ist, so sah ich mich genötigt, der Straße zu folgen, die von hier aus ganz besonders unwegsam war. Häufig wuchsen hier an den Stämmen das Dracontium pertusum mit seinen weißen Blumen sowie mancherlei Arten von Caladium, welche sämtlich zur Verschönerung der Pflanzenwelt um uns her nicht wenig beitrugen, während eine leise Bewegung der Luft sogleich den herrlichen Geruch der Vanille uns herbeiführte. Dieses angenehme Gewächs ist überall häufig, wird aber höchst selten aufgesucht und benutzt. Die zahlreichen Arten der Farnkräuter überzogen besonders in der alten Straße den Boden, und da sie oft acht bis zehn Fuß hoch waren, so mußten wir uns durch ihren dichten Wedel mühsam hindurcharbeiten. Viele sind klein und suchen den Schatten, andere hingegen sind so stark, daß sie einem Reiter zu Pferd Schatten geben könnten.

Wir waren nun nicht mehr weit von S. Pedro, der letzten

Ansiedlung aufwärts am Flusse Ilhéos, entfernt, denn am Nachmittag traten wir aus dem dichten Wald in die Pflanzungen der Bewohner. Der Ort ist ein elendes Dörfchen von acht bis zehn aus Letten erbauten Häusern mit einer Kirche, welche ebenfalls nur ein aus Letten erbauter Schuppen ist. Diese Villa hat man vor etwa zwei Jahren angelegt, als die Minas-Straße beendigt war. Man versammelte hier verschiedenartige Menschen, einige Spanier, mehrere indianische Familien und farbige Leute (Pardos), auch zog man aus den benachbarten Urwäldern eine Partie Camacan-Indianer herbei, von einem Stamm der Urbewohner dieser Wälder, welchen die Portugiesen mit dem Namen der Mongoyós belegen. Es wird sich späterhin Veranlassung finden, mehr von diesen Leuten zu sagen. In Belmonte hatte ich, wie früher gesagt, einen kleinen Rest schon völlig ausgearteter Indianer dieses Stammes gefunden, der vor vielen Jahren von den Paulisten an jenen Ort versprengt und nachher größtenteils ausgerottet wurde.

Mit dem Verfall der neuen Straße, von welchem wir auf unserer Reise hinlänglich die Erfahrung gemacht, hielt der Verfall der Villa de S. Pedro gleichen Schritt; denn die mit Gewalt hier zusammengetriebenen Menschen, die nicht gehörig unterstützt wurden, entflohen zum Teil, und ein großer Teil der Camacan-Indianer wurde durch eine ansteckende Krankheit weggerafft, weshalb die übriggebliebenen schnell in ihre Wälder zurückeilten.

Reise von S. Pedro d'Alcantara durch die Urwälder bis nach Barra da Vareda im Sertam

Ich hatte am 6. Januar früh meine Tiere beladen lassen und das Zeichen zum Aufbruch gegeben. Um durch die Pflanzungen von S. Pedro nach der Waldstraße gelangen zu können, hatte ich die dahin führende Picade erweitern, d. h. das alte verbrannte Holz aus dem Pfade wegschaffen lassen. So wurde die Straße bald erreicht, in welcher wir dann in hohem schattenreichem Walde bis zu einer Stelle fortzogen, welche Rancho do Veado genannt wird. Auf einer von der Fäulnis unbrauchbar gemachten Brücke brachen einige meiner Lasttiere durch und wurden nur mit der tätigen Hilfe des Mineiro José Caëtano vom völligen Hinabstürzen in das Bett des Baches gerettet.

An einem Corrego wurde uns eine Sumpfstelle sehr beschwerlich. Wir besiegten indessen auch dieses Hindernis und lagerten gegen Abend an einem kleinen Bache, Estreito d'Agoa genannt, wo ebenfalls wieder eine verfaulte Brücke eingefallen war. Am 7. früh hieb man mit dem Facão eine Picade, um die Brücke umgehen und den Corrego passieren zu können. Unter alten Urwaldstämmen entdeckten wir einen Erdhügel, welchen das große Gürteltier (Tatú assú der Brasilianer oder Tatou géant, AZARA) hervorgescharrt hatte, um seinen Bau oder Röhre in der Erde auszuhöhlen. Da diese sonderbaren Tiere, welche von bedeutender Größe und Stärke sind, ihre tiefen, weiten Höhlen gewöhnlich zwischen die stärksten Wurzeln alter Bäume hineingraben, so kann man ihnen nicht leicht beikommen, und wir haben auf dieser ganzen Reise keines derselben zu sehen bekommen, ihre Höhlen aber sehr häufig gefunden.

Eine zweite Brücke schien uns von neuem aufhalten zu wollen, allein diesmal gelang der Versuch; sie hielt unsere beladenen Tiere aus. Wir erreichten hierauf den Rio Salgado, wohin wir von unserm nächtlichen Ruheplatz nur einen Weg von einer halben Legoa zurückzulegen hatten. Dieser kleine Fluß, der hier 40 bis 50 Schritt breit ist, tritt unweit dieser Stelle in den Ilhéos oder Rio da Cachoeira ein und ist, ebenso wie dieser, mit Steinstücken angefüllt; auch befand er sich in gleich niederem Wasserstande. Die umliegende Wildnis zeigte sich bei näherer Untersuchung als ein dichter ununterbrochener Wald; nur auf dem östlichen Ufer des Flusses fand man noch Merkmale der Pflanzung, welche Capitam Filisberto Gomes da Silva hier anlegen ließ, als man vor zwei Jahren diese Waldstraße bearbeitete. Hohes Gebüsch war indessen schon an diesem Ort erwachsen, und man erkannte die Stelle der hier gelegenen Pflanzung nur an dem Mangel des Hochwaldes und an den Hütten von Letten, welche zu jener Zeit zur Kirche und zur Wohnung für die Arbeiter gedient hatten. Meine Lasttiere fanden in diesen verwilderten Pflanzungen selbst

kein Gras mehr, da das Holz schon zu hoch und stark geworden war, ein Beweis, wie schnell in diesen heißen Regionen
der Erde die Pflanzenschöpfung sich zu entwickeln pflegt. In
der Nähe der Hütten fanden wir noch eine Menge Piment-
sträucher (Capsicum), welche man damals angepflanzt hatte.
Man pflegt auf den Reisen in den brasilianischen Wäldern
dergleichen Fruchtkapseln getrocknet mit sich zu führen, um
sie bei den Mahlzeiten zu gebrauchen.

Am 8. belud man die Tropa morgens sehr früh, denn ich
hatte die Absicht, heute ein starkes Tagewerk zu vollbringen.
Die Straße steigt und fällt beständig, kleine Hügel und Täler
wechseln miteinander ab. In der Gegend, welche man Se-
queiro Grande nennt, hat der Wald eine große Menge alter
Bäume von vorzüglicher Dicke und Höhe; auch wachsen hier
häufig der sonderbare Barrigudo-Baum (Bombax) und der
Mamâo do Mato.

Die Vögel, welche in diesen tiefen Wildnissen die Waldungen beleben, sind besonders die verschiedenen Arten der
Spechte (Picus), die Baumhacker (Dendrocolaptes), viele Arten von Fliegenfängern (Muscicapa), Ameisenvögel (Myo-
thera) sowie einige Arten von kleinen Papageien (Perikitos),
deren Scharen laut schreiend durch die hohen Gipfel der
Bäume pfeilschnell dahineilen, und die Ynambus (Tinamus).
Nirgends als in dieser Gegend trifft man so häufig die Banden
der Miriqui-Affen, welche, von einer Baumkrone zur andern
springend oder vielmehr schreitend, über die Straße hinzogen.
Sie sind die Nähe der Menschen wenig gewohnt und entfliehen daher bei ihrem Anblick sogleich. Die raubgierigen Jäger
ließen sich aber nicht irremachen, sie suchten sie im Auge zu
behalten und brannten ihre Feuerröhre nach ihnen ab. Oft
blieb dieser große Affe verwundet auf dem Baum hängen, öfter legte er sich auch platt auf einen dicken Ast nieder, um
sich zu verbergen. Sein Fleisch macht in diesen Waldungen
beinahe einzig und allein die Nahrung der Reisenden aus.

Wir befanden uns jetzt auf der Minas-Straße in derjenigen
Höhe des Flusses Ilhéos, welche man Porto da Canoa nennt,
weil man denselben bis hierher mit Canoes aufwärts beschifft
hat. Der Wald, in dem wir uns gegen Abend befanden, gehört
zu der Art, welche man in dieser Gegend Catinga nennt. Sowie man sich nämlich mehr von den niederen feuchten Ebe-

nen der Seeküste entfernt, steigt der Boden allmählich sanft
an, und nach Maßgabe des Steigens wird er trockener und der
Wald niedriger. Dieselben Baumarten, welche in dem weiten
Striche der hohen, feuchten, dunklen Küstenwälder einen
schlanken, schäftigen Wuchs erreichen, bleiben hier weit
niedriger; auch sind diesen trockenen Waldungen eine Menge
von eigentümlichen Baumarten beigemischt. Der Boden ist
mit einem verwachsenen Dickicht von Bromelia-Stauden
überzogen, deren stachlige Blätter dem brasilianischen Jäger
mit seinen unbedeckten Füßen nicht wenig beschwerlich fallen. Ebenso häufig wächst hier ein niedliches Gras mit zartge-
fiederten Blättern unter dem Namen Capin de Sabélé, welches für die Maultiere eine gute Nahrung abgibt; in der Blüte
haben wir es leider nicht gefunden. Die Straße war in der Catinga sehr unwegsam und verwachsen. Hohe Solana von mancherlei interessanten Arten, vielerlei Mimosen und die Can-
ção (Jatropha urens) verletzten uns mit ihren Stacheln und
schienen uns selbst unsere Kleidungsstücke rauben zu wollen.

In vielen Tälern waren die Bäche jetzt von der Hitze ausge-
trocknet. Wir mußten daher, ungeachtet der Ermüdung unserer Tiere, noch bedeutend weit fortziehen, um Trinkwasser
bei unserem Lagerplatz zu haben, bis wir endlich einen kleinen klaren Bach fanden, der durch ein finsteres tiefes Waldtal
dahinrauschte. Ihm, so wie dem Tale, hat man den Namen
Joaquim dos Santos beigelegt, weil daselbst zur Zeit der Anlegung der Straße ein Mann dieses Namens eine Hütte erbaut
hatte, um den Arbeitern Lebensmittel zu verkaufen. Wir
schlugen unseren Lagerplatz nahe an dem kleinen Waldbache
auf, wo man alsdann sogleich die drei großen, heute erlegten
Miriqui-Affen zurichtete.

In dieser Gegend erreicht man den Corrego da Piabanha,
welchen man für die Grenze angibt, bis zu welcher etwa die
Patachos von der Seeküste aus streifen; von hier an nach dem
inneren Sertam hin erstreckt sich das Gebiet der Mongoyós
oder Camacan-Indianer. Wir fanden von nun an an der Nordseite der großen Waldstämme sehr häufig den größten mir in
Brasilien vorgekommenen Schmetterling (Phalaena agrip-
pina), der die Breite von $9\frac{1}{2}$ Pariser Zoll erreicht und auf
einem schmutzig weißgrauen Grund mancherlei schwärzliche
Zeichnungen trägt. Dieser Schmetterling bringt in der Küh-

lung den Tag hin und verläßt seinen Aufenthalt in der Abenddämmerung. Um ihn zu fangen, mußte man sich demselben
mit größter Vorsicht nähern, und dennoch flog er uns oft davon. Wir ersannen daher ein sicheres Mittel, indem wir den
jungen Botocuden Quäck nahe hinzutreten und denselben
mit einem stumpfen Pfeil schießen ließen, wodurch er betäubt
zur Erde fiel. Quäck hatte sich in dieser sonderbaren Art von
Jagd eine große Fertigkeit erworben.

Beschäftigt mit der Betrachtung mancher Naturseltenhei-
ten, erreichten wir im Walde eine Stelle, welche uns die erste
Spur des Aufenthalts von Menschen in diesen einsamen Wildnissen anzeigte. Umherstreifende Camacan-Indianer hatten
hier vor einigen Wochen gelagert und sich mehrere Hütten erbaut. Sie waren von Stangen, in viereckiger Gestalt zusammengebunden und mit Tafeln von Baumrinde nachlässig bedeckt; auf dem Boden rundumher lagen die Federn der Mu-
tums und Jacutingas, welche den Bewohnern zur Nahrung
gedient hatten.

Wir erreichten, gebrannt und gestochen von Nesseln und
Marimbondos, gegen Abend den Ribeirão da Issara, der mit
kristallhellem Wasser über Steine herabrauscht, indessen jetzt
sehr unbedeutend war, und lagerten in diesem Tale unter alten Urstämmen in einer einsam romantischen Wildnis. Unser
Gepäck wurde aufgeschichtet und an den Schlinggewächsen
aufgehangen, und wir würden auch ohne Obdach eine gute
Nacht gehabt haben, wenn nicht nach Mitternacht ein heftiger Gewitterregen uns sämtlich aus dem tiefen Schlafe aufgescheucht hätte. Man bedeckt in solchen Fällen schnell das Gepäck mit Ochsenhäuten und verläßt sich auf die Dichtigkeit
eines guten Mantels und der etwa mitgeführten Regen-
schirme. Ein Zelt oder eine Hütte mitzuführen ist deshalb beschwerlich, weil die Fortschaffung des dazugehörigen Gepäk-
kes sogleich mehrere Maultiere nötig macht, und diese würden in zu großer Anzahl in dem ununterbrochenen Urwald
kaum Nahrung finden. Der den Mühseligkeiten einer solchen
Reise sich aussetzende Reisende muß einen gesunden, zu Anstrengung jeder Art geübten Körper haben, von lebendigem
Eifer für den Zweck seiner Reise erfüllt sein und mit guter
Laune und Heiterkeit Beschwerden ertragen, zu Entbehrun-
gen sich bequemen und jeder widrigen Lage eine freundliche

Seite abgewinnen können. Auch wir blickten jetzt mit philosophischer Ruhe in die dunklen Regenströme hinein, scherzend über die sonderbar gruppierte Gesellschaft der Abenteurer, welche, ein jeder auf seine Weise, nach Möglichkeit sich zu schützen suchten. Der Tag brach endlich an und − welches Glück! − ein heiterer Sonnenstrahl zerstreute das dunkle Gewölk und belebte die ganze Truppe mit neuem Mut; auch war uns dieser jetzt sehr nötig, denn wir mußten mit unseren von Mangel an Nahrung etwas geschwächten Maultieren, und mit dem durchnäßten und daher sehr erschwerten Gepäck beladen, die Reise über Berg und Tal fortsetzen. An diesem 10. Januar befanden wir uns so weit vorgerückt, daß wir in einem Tage den Punkt hätten erreichen können, wo man den Rio da Cachoeira zum letzten Male passiert; um indessen unseren schwer beladenen Lasttieren nicht zu viel zuzumuten, teilten wir dieses Tagewerk in zwei Märsche ab.

Wir durchzogen eine bergige Gegend, die man Serra da Çuçuaranna nennt, weil hier bei Anlegung der Straße eine rote Unze (Çuçuaranna, Felis concolor, L.) erlegt wurde. Die Berge dieser Kette sind nicht besonders hoch, aber dürr und trocken, mit vielen Urgebirgstrümmern und Steinen, auf welchen Catinga eine dichte Wildnis bildet. An einer der Höhen der Serra da Çuçuaranna erkrankte das beste meiner Lasttiere und blieb zurück; es mußte daher eines unserer Reitmaultiere beladen werden. Ungeachtet man sogleich alle Hilfe anwandte, starb das Tier und verursachte uns einen sehr fühlbaren Verlust. Vögel, die wir bisher vergebens gesucht hatten, die Geierkönige (Vultur papa, L.), zeigten sich jetzt augenblicklich in der hohen Luft; ihr feiner Geruch hatte ihnen sogleich den toten Körper verraten, allein ihre Klugheit hielt sie in großer Entfernung, und vergebens verbarg ich einen Jäger im Hinterhalt, um sie zu überlisten. Am 11. Januar früh kamen die Jäger, welche bei dem toten Maultier übernachtet hatten, und berichteten, daß sie einen Geierkönig (Urubu Rei) nicht geschossen, sondern gefehlt hatten, worauf wir den Lagerplatz verließen.

Der Wald war heute stark vom Regen durchnäßt und teilte auch uns, wider unsern Wunsch, von seiner Feuchtigkeit mit, mahnte uns aber zugleich, an den nötigen Schutz bei vorkommendem Regen zu denken. Um für die nächste Nacht einen

Callithrix melanochir, der Gigó

Rancho errichten zu können, nahmen wir überall Pattioba-
Blätter mit, wo wir sie fanden, und erreichten mit dieser wohltätigen Bürde noch vor Sonnenuntergang das Ufer des Rio da
Cachoeira. Der Fluß Ilhéos oder da Cachoeira wird hier zum
letztenmal passiert. Er macht an dieser Stelle eine Wendung
und durchschneidet die Straße, welcher er nachher bis zur See
hinab beständig auf der südlichen Seite folgt. Diese zieht nun
von hier aus immer in westlicher Richtung gerade fort, und
alle Flüsse, welche sie von nun an durchschneidet, fließen
dem Rio Pardo zu.

Meine Lasttiere waren von der angreifenden Waldreise bei

spärlichem grünem Futter ziemlich abgemattet und unser Vorrat Mais beinahe verzehrt. Es wurde daher für nötig befunden, ein Dorf der Camacan-Indianer im Walde aufzusuchen, welches unser junger Camacan kannte. Die Aldea der Camacans war anderthalb Tagereisen von hier entfernt, und wir mußten uns daher darauf gefaßt machen, vier bis fünf Tage in dieser einsamen Wildnis zuzubringen. Ich gab den beiden des Waldes kundigen Männern meinen Mulatten Manoël mit, einen robusten unternehmenden Menschen. Alle wohl bewaffnet, mit Pulver, Blei sowie den nötigen Lebensmitteln versehen, brachen sie frühmorgens am 12. Januar auf. Wir übrigen, die wir bei den Hütten zurückblieben, fühlten jetzt das dringende Bedürfnis des frischen Fleisches, um mit der Fieber erregenden Fischkost abwechseln zu können. Während einige Leute die Angel auswarfen, durchstreiften die übrigen die nahen Urwälder, wo sie eine Menge der schwarzen Sahuis sowie den grauen Jacchus penicillatus, GEOFFR. schossen. Leider genügten aber dieselben bei ihrer Größe, welche die eines Eichhörnchens kaum übertrifft, den hungrigen Jägermägen nur wenig. Diese Gegend schien jetzt an größeren jagdbaren Tieren arm zu sein, denn in fünf Tagen erlegten alle ausgesandten Jäger nicht mehr als drei Guaribas, einen Gigó (Callithrix melanochir), eine Jacupemba, einige andere eßbare Vögel und eine bedeutende Anzahl der kleinen Sahui-Äffchen. Da nach einigen Tagen auch die Fische nicht mehr an die Angel beißen wollten, so hatten wir nichts als Carne seca und Mandioca-Mehl zu essen. Den Lasttieren erging es nicht viel besser als den Menschen, denn in dem dichten Walde, auf dunkel beschattetem Boden, kommt wenig Grünes fort, und in der Straße fand man nur harte, größtenteils dornige Gesträuche. Kein Wunder war es daher, wenn diese klugen Tiere beständig nach besseren Weideplätzen zurückzukehren suchten.

Nachdem wir hier am Flusse vier Tage zugebracht hatten, vernahmen wir am 16. Januar gegen Mittag einen Schuß und waren sogleich neu belebt von der Hoffnung, in kurzer Zeit unsere ausgesandten Leute zurückkehren zu sehen. Bald hörten wir mehrere Schüsse, deren Widerhall durch die tiefen Waldungen tönte, und sahen Manoël mit zwei Camacan-Indianern an dem jenseitigen Flußufer erscheinen. Manoël berichtete nun, er habe ein sehr kleines, ärmliches Dörfchen jener Wilden, welche in einem noch sehr rohen Zustande sich befinden, getroffen. Nur fünf Männer fand er dort, von denen der eine an einer schweren Fußwunde krank lag. Jene Camacans lebten beinahe einzig und allein von der Jagd und pflanzten nur einige wenige Gewächse zu ihrem eigenen spärlichen Bedarf; daher erhielten wir für unsere Maultiere leider keinen Mais. Die jetzt hier eingetroffenen Männer dieses Stammes waren wohlgebildet, stark und muskulös und gingen völlig nackt, mit Ausnahme der Tacanhoba (Tacanioba) oder des Futterals von Issara-Blättern, welches die Männer nach der Art der Botocudos tragen. Ohren und Lippen waren bei ihnen nicht verunstaltet. Ihre Haare lassen einige so lang wachsen, daß sie bis zu den Hüften herabhängen und ihnen ein wildes Ansehen geben; andere hingegen schneiden sie im Genick rund ab, welches man jedoch nur selten sieht. Ihre Bogen und Pfeile waren ganz besonders nett gearbeitet. Weiter unten wird mehr von diesem Volk geredet werden.

Wir befanden uns sämtlich in unsern Hütten auf verschiedene Weise beschäftigt, als nahe vor uns in dem seichten Flusse eine zahlreiche Bande von Fischottern erschien, welche, unserer Gegenwart unbewußt, bis zu dieser Stelle heraufgekommen war. Die brasilianischen Fischotter haben ein sehr schönes Fell, welches aber in diesem Lande bei weitem nicht so sehr geschätzt wird als bei uns ein europäischer Otterbalg. Sie sind häufig in Südamerika und werden sehr groß; daher mögen sie wohl zuweilen Anlaß zu dem Glauben an Meer- und Flußweibchen gegeben haben, deren Existenz selbst Quandt und andere Schriftsteller annehmen, glaubt man doch in unserem gebildeten Europa hier und da noch an Seeweibchen und ähnliche andere Ungeheuer.

Da ich nun, nachdem die Hoffnung, auf der Aldea der Camacans Mais zu erhalten, fehlgeschlagen war, keine Aussicht hatte, meine Tiere hier mit besserer Nahrung stärken zu können, so gab ich am 17. morgens das Zeichen zum Aufbruch. Nachdem wir einen Weg von etwa 2½ Legoas zurückgelegt hatten, lagerten wir gegen Abend an einem guten hellen Corrego und zogen am 18. wieder etwa drei Legoas weit fort. Um die Mitte dieses Tages erreichten wir ein Tal, Buqueirão genannt, angefüllt mit Hochwald, in welchem ein kleiner, ziemlich aus-

Camacans im Walde

getrockneter Bach sich dahinschlängelte; seine Ufer sowie der
ganze Boden des Tales waren von mancherlei verschieden gebildeten Farnkräutern malerisch bedeckt. Der sanfte Berg-
hang, welchen wir aus dem Buqueirão hinaus zu ersteigen hatten, wurde einigen unserer abgematteten Maultiere so schwer,
daß sie alle Schläge nicht mehr achteten und weit hinter den
übrigen zurückblieben; sie zerflossen dabei im Schweiß, denn
die Hitze war sehr drückend und die ganze Luft mit elektri-
scher Materie überfüllt, welche sich durch eine Menge von
Gewittern ins Gleichgewicht zu setzen suchte; auch donnerte
es häufig, als wir zwischen zwei klaren Corregos, von denen
diese Gegend den Namen der Duos Riachos erhalten hat, unser Lager aufschlugen. Von unserer diesmaligen Lagerstelle
hatten wir bis zum Fluß Catolé vier Legoas, welche wir am 19.
zurücklegten.

Gegen Abend traten wir auf eine von dem hohen Wald be-
freite, nur mit Gesträuchen bewachsene Stelle am Ufer des
Baches Catolé, wo vor einigen Jahren der Capitam Mor Antonio Dies de Miranda von seinen Negern eine Pflanzung hatte
anlegen lassen, die aber nun wieder verlassen und verödet ist.
Man hat von Catolé etwa zwei Tagereisen bis zu den ersten

menschlichen Wohnungen an einer Stelle, welche den Namen Beruga trägt. Dorthin beschloß ich sogleich einige Leute mit leeren Maultieren zu senden, um Mais für unsere ermattete Tropa herbeischaffen zu lassen, weil wir nicht hoffen durften, unser Gepäck aus diesen unwirtbaren Wildnissen herauszubringen, bevor nicht unsere Tiere durch diese kräftigere Nahrung gestärkt waren.

Wir hatten jetzt, da gerade die Höhe des Sommers war, eine bedeutende Hitze. Am 22. Januar stand das Thermometer von Reaumur im Schatten nachmittags zwischen 2 und 3 Uhr auf $24\frac{1}{2}°$, und in der Sonne stieg es in wenigen Minuten auf $31°$; andere Tage waren noch heißer, doch selten fand ich $30°$ im Schatten. Am folgenden Tag stiegen mehrere Gewitter auf, es donnerte und regnete heftig; allein kein Blitz wurde bemerkt. Diese häufigen Gewitterregen hatten nach und nach den Fluß mehr angeschwellt, so daß endlich die Fische für uns eine Seltenheit wurden, und die Nässe erschwerte ebenfalls die Jagd. So kam es, daß wir öfters Mangel litten und genötigt waren, mit ein wenig lederartigem altem Salzfleisch unseren Hunger zu stillen. Unsere Lasttiere erregten in dieser Periode unser lebhaftes Mitleiden, denn sie fanden in dem hohen Walde kaum so viel Futter, um ihr Leben zu fristen, und standen gewöhnlich um unsere Hütten herum, als wollten sie Nahrung von uns fordern. Die Not wurde immer drückender, aber das alte Sprichwort »Wenn die Not am größten, ist die Hilfe am nächsten!« wurde auch jetzt bewährt gefunden. Guaribas (Mycetes ursinus) hatten sich unserm Aufenthalt genähert und brüllten plötzlich aus vollen Kräften. Wir alle sprangen von unsern Sitzen auf, ergriffen die Gewehre, und schon nach einer halben Stunde hatten wir einige große Affen erlegt, welche Fleisch für mehrere Mahlzeiten lieferten. Zugleich hatte man auch am Flusse einen glücklichen Fischfang getan. So verging unter naturhistorischer Beschäftigung schnell die Zeit in dieser Einöde, bis wir endlich am sechsten Tage dieses Aufenthalts gegen Abend das Rufen und Schießen unserer von Beruga zurückkehrenden Leute frohlockend vernahmen. Sie brachten eine Menge Mais mit, wovon man den hungrigen Tieren sogleich ein Futter vorzuschütten eilte und sich an dem Anblick labte, den uns die Befriedigung ihres Heißhungers gewährte.

Über den Fluß Catolé, welcher dem Rio Pardo zufließt, lagen an der Stelle, wo wir uns gelagert hatten, glücklicherweise umgefallene Baumstämme, so daß sie fast eine Brücke von einem Ufer bis zu dem anderen bildeten. Diese boten uns die einzige Möglichkeit dar, denselben zu überschreiten.

Als wir noch ungefähr eine halbe Legoa von dem Ort entfernt waren, wo wir unser Nachtquartier zu nehmen gedachten, trafen wir auf einen alten großen Rancho, eine Hütte mit Baumrinden gedeckt, welche noch seit jener Zeit hier existiert, wo die Straße angelegt wurde. Wir ließen uns aber durch diese Gelegenheit zu einem geschützten Nachtquartier nicht reizen, sondern zogen es vor, noch bis zu einem Corrego zu gehen, der den Namen Buqueirão hat, weil wir daselbst gutes Wasser zu finden hofften. Wir fanden indessen in demselben nur wenig und schlechtes Wasser.

Am 27. fanden wir die Straße noch mehr, besonders mit den hohen steifen Blättern der Heliconien und mit Dornen verwachsen. Auch der schmerzhafte Stachel der Marimbondos vermehrte die Beschwerde des Tages. Aber die Hoffnung, heute die ersten menschlichen Wohnungen zu erreichen, half uns diese Beschwerden fröhlich überwinden, und rasch zogen wir bergauf, bergab fort. Der Ruf des Hahnes, dieses steten Begleiters der Menschen, selbst in diesen entlegenen Einöden, wurde plötzlich vernommen. Wir traten an das Tageslicht, und vor uns lag eine große Pflanzung von hohem Mais und Mandioca. Der blaue Himmel war seit langer Zeit zum ersten Male wieder auf eine bedeutende Weite sichtbar, und über den Wäldern zeigte sich ein schönes blaues Gebirge mit mancherlei Kuppen und Felsen, deren Anblick uns neu und erfreulich war. Wir befanden uns an dem kleinen Fluß Beruga, der hier in der Nähe in den Rio Pardo tritt. Hier haben die ersten Bewohner in diesem Sertam, drei Familien von farbigen Leuten, sich angebaut, als man zur Zeit der Anlegung der Straße zur Bequemlichkeit der Reisenden hier eine Aldea gründen wollte. Diese Menschen besitzen schon bedeutende Pflanzungen und sind noch immer mit dem Niederhauen der Waldungen beschäftigt, um ihre Roçados zu erweitern. Einen Beweis der Fruchtbarkeit des Bodens gibt die Höhe und Stärke, welche hier der Mais erreicht; auch ist sein Ertrag äußerst ergiebig. Jetzt war diese Frucht noch nicht reif. Auch die Bananen, deren man viele angepflanzt hatte, waren noch nicht zeitig, und wir konnten keine anderen Lebensmittel als Farinha erhalten.

Drei kleine Häuser von Letten, mit Rinden gedeckt, machen bis jetzt die Aldea von Beruga aus. Einige Mongoyós (Camacans), die hier im Tagelohn arbeiten, wohnen mit ihren Weibern und Kindern in einer nicht weit entfernt liegenden kleinen Hütte. Die Zeit von 22 Tagen, welche wir seit der Abreise von S. Pedro bis zur Ankunft zu Beruga in den großen Urwäldern zugebracht hatten, ohne menschliche Wohnungen zu sehen, erzeugte in uns den lebhaften Wunsch, einmal wieder, geschützt vor Regen und Tau, unter Dach und Fach auszuruhen. Daher achteten wir die Qual nicht, welche wir in diesen elenden Wohnungen von unzähligen Carapatos und Moskitos zu erwarten hatten, und machten am 28. hier einen Ruhetag.

Der Aufenthalt zu Beruga gab zwar unserer Reise durch die Urwälder eine willkommene Unterbrechung, aber vollendet war sie doch nicht, denn wir hatten nun noch zwei Tagesreisen bis Barra da Vareda, wo man die offenen oder wenigstens mit Wald und Blößen oder Triften abwechselnden Gegenden des Sertam der Capitania von Bahia betritt. Ich verließ Beruga am 29. und folgte der Straße, welche unmittelbar jenseits der Pflanzungen sich wieder in den ununterbrochenen Urwald vertieft, der hier größtenteils mäßig hoch und Catinga ist.

Bei dem Bache, welcher den Namen Jiboya führt, befanden wir uns dem Rio Pardo, mit welchem nicht weit von hier der erstere sich vereint, so nahe, daß wir das Rauschen desselben hörten. Der Jiboya fließt auf einem Bette von glatten Granittafeln, die wir so schlüpfrig und zum Teil schräg geneigt fanden, daß man die mit Hufeisen versehenen Maultiere und Pferde, um sie vor dem Fallen zu sichern, mit größter Vorsicht hinüberführen mußte. Wir traten nun in das Tal des Rio Pardo ein und zogen an dessen nördlichem Ufer durch hohen Urwald hin. Die Nacht in dem kühlen Tal war sehr feucht, daher brachen wir am 30. früh auf und erstiegen sogleich, nachdem wir unfern unseres nächtlichen Biwaks den Corrego do Mundo Novo überschritten hatten, eine Gebirgskette, deren Berge bei einer bedeutenden Höhe eine abgerundete Gestalt haben und mit Felsstücken und Granitblöcken überschüttet sind, in welchen besonders sehr große Stücke von weißem Quarz vorkommen. Dieses Gebirge trägt den Namen der Serra do Mundo Novo.

Sobald wir die angreifende Serra zurückgelegt hatten, fanden wir den Wald immer mehr in Catinga verwandelt, denn er war selbst in der Tiefe nur 40 bis 60 Fuß hoch mit vielen Bromelia- und Kaktus-Stauden angefüllt, mit Mooszöpfen (Tillandsia) behangen und mit mancherlei Holzarten gemischt, welche hier nur eine unbedeutende Höhe erreichen. Hier findet man das Pao de Leite (wahrscheinlich ein Ficus), welches wegen seines ätzenden Milchsaftes gefürchtet ist. Wir fanden ferner den tonnenartigen Barrigudo-Baum (Bombax), der hier nur zu geringer Höhe aufwuchs, viele Arten von Mimosa, von Bignonia usw. und dazwischen Felsstücke und Granitblöcke. Alles dies zeigt an, daß man von der feuchten, schattenreichen Region der großen Küstenwälder durch den Urwald allmählich zu höheren, trockneren Gegenden hinangestiegen ist. Die Hitze war in diesen niederen, wenig Schatten gebenden und daher von den Strahlen der Sonne ausgetrockneten und verbrannten Waldungen sehr groß und gab den Reisenden bald die Farbe der Botocudos. Wir ertrugen sie jedoch ohne Klage, da wir uns jetzt gleichsam in einer neuen Welt befanden; denn seitdem wir die Serra überstiegen hatten, hörten wir in den Waldungen von einem fremdartigen Charakter auch lauter uns neue Vogelstimmen, erblickten neue Schmetterlinge und ergötzten uns an mancherlei uns völlig fremden Gewächsen. Alles, was uns umgab, kündigte eine von der bisher gesehenen ganz verschiedene Schöpfung an, und die Beobachtung dieser mancherlei Gegenstände, welche nun bei jedem Schritt unsern Sammlungen neuen Zuwachs versprachen, erfüllte uns mit lebhafter Ungeduld, das Ziel unserer heutigen Tagereise zu erreichen.

Wir näherten uns nun dem zweiten von Menschen bewohnten Platze, Barra da Vareda genannt, wo wir uns am Ende unserer mühseligen Waldreise sahen. Mit frohem Staunen schauten wir um uns her, als wir aus dem Walde heraustraten und plötzlich eine offene, mit Gras und Gesträuchen bewachsene Fläche an der Seite eines sanften Tales erblickten, das, rundum in der Ferne von sanft erhobenen und abgerundeten Waldbergen eingeschlossen und an einigen Stellen mit weit-

Zug einer beladenen Tropa

läufigen Pflanzungen angefüllt, sich vor uns öffnete. Lebhafte Freude äußerte sich jetzt allgemein in unserer Gesellschaft bei dem Gedanken, alle Beschwerden jener angreifenden Waldreise so glücklich überstanden zu haben, und sie wurde um so inniger, da die Bewohner von Barra da Vareda uns versicherten, daß wir vom Glück sehr begünstigt worden seien, indem Menschen und Tiere schwerlich jene Gegend verlassen haben würden, wenn ein anhaltendes Regenwetter eingetreten wäre. Wir überschauten vergnügt die weiten Pflanzungen und die minder hohen Berge, und unser Auge maß getröstet den zurückgelegten Raum der Urwälder, da wir uns im sicheren Hafen befanden, wo Lebensmittel im Überfluß den Menschen wie den Tieren eine nötige und reichliche Erholung versprachen. Unsere Tropa zog fröhlich über das mit hohem Gras bedeckte Campo dahin, wo in den Gebüschen und einzeln verteilten mannigfaltigen Gesträuchen von Mimosa, Cassia, Allamanda, Bignonia und anderen Arten verschiedene uns neue Vögel sogleich unsere Neugierde reizten. Niedliche Tauben mit verlängertem keilförmigem Schwanz (Columba squamosa) schritten häufig paarweise auf dem Boden umher; die Virabosta, ein schwarzer glänzender Pirol, fiel in Flügen auf einen Buschbaum nieder; aus dem Grase flogen der glänzende Fringilla nitens, L. sowie der rothaubige Finke auf.

Das sanft abgeflachte Tal von Barra da Vareda wird an der südöstlichen Seite von dem Rio Pardo, der hier den Bach Vareda aufnimmt, durchschnitten und hat von diesem seinen Namen erhalten. Hier hat Herr Capitam Ferreira Campos, ein Europäer, dem Walde ausgedehnte Pflanzungen abgewonnen, in welchen er Mandioca, Mais, Baumwolle, Reis, Kaffee und alle übrigen Produkte des Landes baut. Neben diesen Pflanzungen befinden sich indessen noch ansehnliche wüste Plätze, mit hohem dürrem Gras bewachsen und hie und da mit Gebüschen und Gesträuchen bedeckt, die den wilden rauhen Charakter tragen, der den Ländern der heißen Zone in beiden Hemisphären eigen ist. Um diese rauhen Triften urbar zu machen, gebraucht der Besitzer fortwährend eine bedeutende Anzahl von Negern. Der Reichtum eines brasilianischen Pflanzers besteht in seinen Sklaven, und die Summen, welche man aus dem Ertrag der Pflanzungen löset, werden sogleich zum Ankauf von Negern verwendet. Man behandelt sie meistens leidlich, und hier zu Barra da Vareda erhielten sie sehr gute Nahrung. In der Hitze des Mittags trug man ihnen große Gefäße mit der besten Milch in die Pflanzungen, wo sie arbeiteten; auch erhielten sie kühlende vortreffliche Wassermelonen (Melancias) in Mengen. Leute, welche 120 und mehr Sklaven besitzen, pflegen hierzulande in einem schlechten Haus von Letten zu wohnen und gleich armen Leuten von Mandioca-Mehl, schwarzen Bohnen und Salzfleisch zu leben. Auf Verbesserung ihrer Lebensart denken sie selten, und ein bedeutendes Vermögen macht ihr Leben nicht froher. Hier im Sertam indessen wird der Gewinn, welchen man aus den Pflanzungen zieht, durch den Erlös aus der Viehzucht meistens bei weitem übertroffen. So hielt auch mein gastfreundschaftlicher Hauswirt auf den neuangebauten Campos seines Gutes bedeutende Herden von schönem Rindvieh und viele Pferde; die ersteren werden von Negerknaben gehütet und kehren abends nach der Fazenda zurück, wo man sie in einen großen Coral eintreibt, um die Kühe zu melken. Ich sah hier zum ersten Mal die Viehzucht des Sertam, wovon ich indessen weiterhin weitläufiger reden werde. Auch fand ich hier schon die zur Wartung des Viehes bestimmten Leute, die Vaqueiros oder Campistas, wie man sie in Minas nennt, vom Kopf bis zum Fuß in Rehleder gekleidet. Dieser Anzug erscheint bei dem ersten Anblick sonderbar, ist aber dennoch zweckmäßig, weil diese Leute oft dem wild aufwachsenden Vieh durch dornige Gebüsche und Catingas nachjagen und dasselbe einfangen oder zusammentreiben müssen. Ihr Anzug wird aus sieben Rehfellen gemacht und besteht in dem Chapéo, einem kleinen runden Hut, welcher einen schmalen Rand und hinten einen herabhängenden Flügel hat, um den Nacken zu schützen; ferner in dem Gibáo oder der Jacke, welche vorn offen ist und unter welcher vor der Brust der Guarda Peito getragen wird, ein breites Stück Leder, welches bis über den Unterleib herabhängt; alsdann in den Beinkleidern oder Perneiras, woran unten sogleich die mit Sporen versehenen Stiefel befestigt sind. Eine solche Bekleidung hält lange, ist kühl, leicht und schützt gegen die Dornen und spitzigen Zweige.

Das Einfangen der Ochsen durch den Vaqueiro

Der Vaqueiro, auf einem guten, mit einem großen Bauschensattel belegten Pferd reitend, führt eine lange, am Ende mit einem stumpfen Dorn von Eisen versehene Stange in der Hand, mit der er die oft wilden Ochsen von sich abhält oder niederwirft, und gewöhnlich auch eine Schlinge (Laço), um damit die schüchternen Tiere einzufangen. Eine jede Vieh-Fazenda besitzt eine hinlängliche Anzahl solcher Leute, und man wählt dazu Neger, Mulatten, Weiße und selbst zuweilen Indianer. Sie sind öfters zugleich gute Jäger und geübt, mit starken, besonders dazu abgerichteten Hunden die Unzen oder die großen Katzen zu jagen, welche in der Nähe der Viehherden ihren Stand zu wählen pflegen. Der Eigentümer der Fazenda versendet seine Vaqueiros nach Bedürfnis in die verschiedenen Distrikte seines Viehstandes und pflegt zu dem Ende mehrere Vieh-Fazendas anzulegen, wo immer einige dieser Leute wohnen und, von aller Welt abgeschieden, ein wahres Einsiedlerleben führen.

Es befinden sich zu Barra da Vareda auch immer einige Familien von Camacan-Indianern, welche gegen Bezahlung arbeiten, besonders nach Holz oder der Jagd wegen in die Wälder gesandt und auch zum Niederhauen der Waldungen benutzt werden. Aus den Pflanzungen des Grundherren pflegen sie zu benutzen, was ihnen beliebt, und Herr Capitam Ferreira war zu gutherzig, um es ihnen zu verbieten. Sie gehen mit einigen Kleidungsstücken, besonders mit Hemden bedeckt, und einige Weiber trugen Schürzen von baumwollenen Schnüren. Die meisten von ihnen waren getauft, und einige hatten auf die Stirne ein rotes Kreuz mit Urucú gemalt, die Weiber zwischen den Brüsten schwarze Linien in Halbkreisen sowie andere ähnliche Striche am Körper und im Gesicht. Die rote Farbe bereiten sie in länglichen Stücken, gleich den Tafeln der chinesischen Tusche, indem sie die rote Haut von den Kernen des Urucú in diese Form zusammendrücken.

Herr Capitam Ferreira Campos hatte mich mit meiner zahlreichen Tropa auf die gastfreundschaftlichste Weise aufgenommen und auf das uneigennützigste mit Lebensmitteln, mit vortrefflicher Milch, einem für uns bis jetzt seltenen Labsal, und mit einer großen Quantität Mais für unsere Tiere versorgt. Es gewährte ihm ein besonderes Vergnügen, mir seine schönen ausgedehnten Pflanzungen zu zeigen, in welchen ich indessen den Reis und Mais durch Mangel an Regen etwas zurückgeblieben fand. Übrigens waren die hier aufgehäuften Vorräte von Mais und Baumwolle sehr beträchtlich; es lagen unter anderen 91 Arroben Baumwolle, in große viereckige Säcke von roher Ochsenhaut eingenäht, schon zur Versendung nach Bahia bereit. Ochsenhäute, welche im Sertam so gemein sind, gehören hier zu den nötigsten Bedürfnissen; man schneidet sie in Riemen, macht Stricke und Halfter daraus und braucht sie auch, um die Ladung der Lasttiere damit zu bedecken. Das Vieh gibt hier sehr große Häute, da es selbst groß und fleischig ist. Man kauft eine vorzügliche Haut etwa für drei bis vier Gulden. Nur selten und bloß zur eigenen Konsumtion schlachtet man das Rindvieh. Man sendet vielmehr zahlreiche Boiadas unter der Leitung einiger berittener Vaqueiros zum Verkauf nach Bahia. Ein starker Ochse wird hier zu 7000 Reis ($1\frac{1}{3}$ Carolin) verkauft, in Bahia aber besser bezahlt. Benachbarte Gutsbesitzer pflegen ihr Vieh gemeinschaftlich zu versenden.

Am 5. Februar nahm ich Abschied von unserem gütigen Hauswirt und verließ Barra da Vareda. Unweit des Wohnhauses tritt man in einen Wald, welcher sich drei Legoas weit ausdehnt und allmählich ansteigt. Die Berge dieser höheren Gegend sind sanft abgerundet und verkündigen die Nähe der offenen Ebenen und hohen Rücken, welche einen großen Teil des inneren Brasiliens bilden. Es war uns sehr wohltuend, die trocknere, gesündere Luft dieser hohen Gegenden zu atmen, nachdem wir so lange in den feuchten Küstenwäldern mühsam gegen das Fieber gekämpft hatten; hier im Sertam hat man diese ermattende Krankheit nicht leicht zu befürchten. Die Flüsse fließen hier schnell über Felsstücke dahin, ohne sich mit faulenden Gewässern von Sümpfen zu mischen, deren Dünste in den Küstenwäldern eine feuchte, weniger gesunde Luft verursachen. Der Wald von Barra da Vareda gehört, wie alle Wälder in diesen höheren Gegenden, nicht mehr zu den hohen Urwäldern, sondern ist Catinga, jedoch von der höheren Art. Eine große Menge schöner Bäume und Pflanzen standen jetzt gerade in der Blüte, unter anderen schöne Trompetenblumen von den angenehmsten Farben, ein Baum mit hochscharlachroten Blumen aus der Familie der Malven, der ein neues Genus bilden wird, und eine schön hellzinnoberrot blühende rankende Pflanze aus der Diadelphia usw. Eine Menge Kolibris von der Art des Trochilus moschitus, L. mit rotem Scheitel und goldfarbener Kehle umschwirrten diese Blumen. Der Wald hat an manchen Stellen mit hohem Sumpfrohr bewachsene Lagoas, an anderen ausgedehnte nackte Plätze, die man abgebrannt hat, um dadurch Gras für das Vieh zu erzeugen; solche Stellen überziehen sich sogleich mit hohem Farnkraut (Pteris caudata), dessen horizontal gestellte Frondes einen eigenen Anblick gewähren. Mit dem Ende des Waldes erreicht man angenehme grüne Wiesen, welche, ungeachtet der trockenen Jahreszeit, dennoch das frische Grün unserer europäischen Wiesen bewahrt zu haben schienen. Finsterer Wald rundumher hob angenehm die hellgrüne Fläche. Unter manchen neuen Gegenständen, die hier unsere Aufmerksamkeit auf sich zogen, nenne ich die einzeln überall verteilten hohen Kaktus-Stämme mit ihren stachligen Kanten, welche oft eine bedeutende Höhe erreichen. Ihr unten verholzter Stamm trägt nur noch undeutlich das Gepräge der Ekken, womit ihn die Natur in früheren Jahren bezeichnet; dies zeigt sich sodann um so deutlicher an den gleich Girandolen ausgebreiteten Zweigen, die jetzt mit ihren rundlichen Früchten überhäuft waren. Dieser Kaktus treibt am oberen Ende seiner Zweige sehr große weiße Blumen, und die Früchte werden begierig verzehrt von einer noch unbeschriebenen Art von Papageien, dem Perikit mit orangefarbenem Bauch, welchen ich Psittacus cactorum genannt habe. Er frißt das blutrote Fleisch der Frucht und erhält davon den Schnabel rot gefärbt. Mit jenen steifen Gestalten der Kakteen kontrastieren hier recht auffallend einzelne starke Bäume der gelbblühenden Cassia.

Abwechselnd durch Wiesen und Streifen von Gebüschen hinziehend, findet man nun die Gegend immer offener und ebener. Die weiten Triften des erhöhten Rückens, auf dem wir uns jetzt befanden, waren von der Mittagssonne erhitzt, deren Strahlen von vielen Steinen zurückgeworfen um so heftiger brannten. Gegen Abend erreichten wir ein altes verfallenes Haus, Anjicos genannt, welches im Gebüsch unweit einer Lagoa erbaut war. Hier hatte ehemals Capitam Ferreira, der Eigentümer dieser Viehtriften, gewohnt. Diese Gegend ist bekannt als mutmaßlich die letzte oder östliche nach der Küste hinab, in welcher die Klapperschlange, Cobra Cascavella der Portugiesen (Crotalus horridus, L.), vorzukommen pflegt. Von hier nach Minas Geraës und in das innere Brasilien wird der Schauerklapperer immer häufiger; man findet ihn oft von beträchtlicher Größe und am häufigsten in den Catingas oder niederen Gebüschen und in den steinigen Gesträuchen der

Crotalus horridus Daud., die Boiquïra-Klapper

Triften. Hier verläßt dieses träge Tier tagelang sein Lager nicht und sucht gern den einmal gewählten Standort wieder auf. So hat man gesehen, daß bei einer gewissen Stelle täglich einige Stück Vieh von einer Herde gebissen wurden und an den Folgen des Bisses starben. Man wurde aufmerksam und untersuchte den Weg, welchen die Herde genommen hatte, fand gewöhnlich die Schlange in ruhig aufgerollter Stellung liegen und tötete sie mit leichter Mühe. Das verfallene Haus, worin wir unser Nachtquartier nahmen, war voll unansehnlicher Abendfalter (Hesperia), die in so großer Anzahl umherflogen, daß man sich vor ihrer Zudringlichkeit nicht retten konnte; große Fledermäuse waren ihre Verfolger und schwirrten ebenfalls um die Köpfe der Menschen herum.

Von Anjicos erreichte ich nach einem Wege von vier Legoas eine Vieh-Fazenda des Capitam Ferreira, welche den Namen Vareda trägt. Man findet auf diesem Wege anfangs weite Triften oder Ebenen mit hohem, jetzt dürrem Gras und kleinen Gesträuchen dazwischen. Hier suchte das Auge vergebens einen angenehmen erheiternden Ruhepunkt, denn nur grau und dunkelgrün gefärbte Gebüsche und überall einzeln verteilte girandolartige hohe Kaktus-Stämme zeigten sich demselben und gaben der Landschaft einen steifen toten Charakter. So zogen wir dahin durch weite Wiesen, die fern den Horizont begrenzen, wo Pferde und Rindvieh in glühender Mittagssonne, gepeinigt von unzähligen Stechfliegen, weiden, und durch niedrige Wäldchen und Ebenen mit kurzem Gras und vielen Steinen. In diesen Triften zeigte sich uns zuerst der Specht des Campo (Picus campestris), der bloß den hohen inneren Rücken von Brasilien bewohnt, aber beinahe die ganze Breite von Südamerika einnimmt, wie ihn denn Azara unter den Vögeln von Paraguay zuerst beschrieben hat. Er lebt besonders von Termiten und Ameisen, welche in diesen Ebenen unendlich häufig sind. Man findet hier in Wäldern und Triften große kegelförmige Hügel von gelbem Letten, welche oft fünf bis sechs Fuß hoch und von Termiten erbaut sind; in den offenen Gegenden oder dem Campo haben sie gewöhnlich eine mehr abgeflachte Gestalt. Ähnliche Nester von rundlicher Form und schwarzbrauner Farbe hängen an den dicken Ästen der Bäume, und ein jeder der Kaktusstämme trägt eines oder mehrere derselben. Auf diesen pflegt der genannte

Specht zu sitzen und zu hacken; er wird dieser Gegend sehr nützlich durch die Vertilgung dieser schädlichen Insekten, welche in Brasiliens die Hauptfeinde des Landbaues sind. In den Triften des Sertam und in den großen Campos Geraës des inneren Brasilien verursachen sie indessen nicht so großen Schaden als in mehr bebauten Gegenden, indem der Hauptgewinn der Einwohner auf Viehzucht beruht. Mehr zu befürchten sind hier anhaltende Dürre und Regenmangel, welche jetzt schon während drei aufeinanderfolgenden Jahren großen Schaden verursacht hatten.

Gegen Abend erreichte ich bei einem heftigen Gewitterregen die Fazenda zu Vareda, wo die Vaqueiros eben mit dem Melken der in den Coral eingetriebenen Kühe beschäftigt waren. Ein Teil der Kühe nämlich wird abends von der Weide zurückgetrieben; dann läßt man die Kälber trinken, welche während des ganzen Tages angebunden in einem kleinen Zwinger gelegen haben. Dies ist eine Unvollkommenheit der Viehwirtschaft im Sertam von Bahia, welche in Minas nicht stattfinden soll; da treibt man die Kühe allein aus und die Kälber, von ihnen getrennt, auf einen anderen Weideplatz, am Abend aber versammelt man die ganze Herde bei dem Coral. Die wilde Viehzucht im Sertam steht noch in anderen Hinsichten hinter der in Minas zurück. Dort ist zum Beispiel das Vieh zahm, und die Fazendas sind mit Gräben und Zäunen umgeben; man braucht daher nur der Kuh das Laço um die Hörner zu werfen, um sie zu fangen; hier dagegen sprengt man sie zu Pferde durch Wiese und Wald und muß sich oft durch eine Stange (Vara) vor ihr schützen. In Minas ist das Vieh größer und gibt mehr Milch, daher auch mehr Käse zum Verkauf; Kälber schlachtet man dort nie, daher setzt man, um den Käse zu scheiden, nicht Kälberlab, sondern das Lab des Anta (Tapirus), des Tatú Canastra (Tatou géant, Azara), der Rehe oder Schweine hinzu. Damit die Rasse des Viehes nicht ausarte, nimmt man in Minas den Stier stets von einer anderen Fazenda; dort läßt man die Kuh auch erst im vierten Jahre tragbar werden. Butter versteht man in Brasilien nicht zu bereiten; sie würde aber auch wegen der Hitze nicht haltbar sein, und das Einsalzen würde sie bei den hohen Preisen des Salzes viel zu kostbar machen.

Die Lage von Vareda, in einer weiten, flachen Wiesenebene, von sanften Höhen mit Catinga begrenzt, wo an einigen Stellen die Lagoas der Jabirús, der Tuyuyús, der Curicácas und der roten Löffelreiher sich ausdehnen, ist nicht unangenehm, aber gewöhnlich von Winden beunruhigt. In allen diesen Ebenen des Sertam, je mehr man sich den großen Campos Geraës von Minas, Goyaz und Pernambuco nähert, wird die Luft von Winden häufig gereinigt; daher herrscht schon, so wie man Barra da Vareda im Rücken hat, kein Fieber mehr, und der an die Hitze gewöhnte Reisende findet morgens und abends die ihm bisher notwendige leichte Kleidung zu kühl und oft selbst am Tage nicht erwärmend genug. Auch wir empfanden zu Vareda sogleich eine Anwandlung von Katarrh, der sich indessen bald wieder verlor, so wie wir allmählich an das kühlere Klima uns gewöhnten.

Am 8. frühmorgens verließ ich Vareda und setzte meine Reise durch sumpfige, mit Wasser und niedrigem Schilf angefüllte Wiesen, durch niedrige Waldungen und trockene dürre Weiden oder Triften fort.

Die Besitzerin einer Fazenda zu Tamburil, einem Dörfchen in einer bergigen Gegend, wo wir gegen Abend eintrafen, Senhora Simoa, nahm uns in ihrem Hause, welches in einem Waldtal am Riacho da Ressaque eine angenehme Lage hat, gastfreundschaftlich auf. Wir wurden hier zwar mit vieler Neugier beschaut, da man noch nie Engländer gesehen zu haben versicherte; dennoch ging uns nichts ab, und wir wurden für die Nacht mit einigen brasilianischen Reisenden in ein großes Zimmer einquartiert, wo wir unsere Schlafnetze aufhingen. Als die Nacht anbrach, versammelten sich alle Genossen des Hauses, um, wie dieses hierzulande Gebrauch ist, eine Litanei abzusingen; denn in einsam gelegenen Wohnungen oder Fazendas ist gewöhnlich in einem der Wohnzimmer ein Kasten oder ein Schrank aufgestellt, in welchem sich einige Bilder von Heiligen befinden; vor diesen knien die Bewohner nieder, um ihre Andacht zu halten.

Von Tamburil nach den Grenzen von Minas hin durchschneidet man eine rauhe, einförmig mit Catinga bewachsene, etwas bergige und von Schluchten zerrissene Gegend. Man folgt dem Riacho da Ressaque, an welchem anfangs ein sehr angenehmer Weg im Schatten überhängender und von schönen Kolibris umschwirrter Gebüsche mancherlei Art hinaufführt. Der kleine Bach macht einige Kaskaden und verbreitete eine angenehme Kühlung, da die Hitze groß und der Weg zum Teil sehr beschwerlich für unsere Lasttiere war. Dabei vergütete die Mannigfaltigkeit der uns umgebenden Blumen reichlich die kleinen Beschwerden der Reise. Sobald man die Bergrücken erstiegen hat, welche einförmig einander überhöhen und durchaus gleichartig mit Catinga oder Carasco bedeckt sind, folgt man schmalen kleinen Wiesen. Da, wo der Rasenüberzug die Gebirgsarten dieser Höhen hervorblicken ließ, fand ich Stavrolith in einfachen Kristallen, mit etwas Hornblende in Glimmerschiefer. Die Niederwaldungen, durch welche wir hinaufritten, standen in dieser ganzen Gegend zu unserer nicht geringen Überraschung ohne Ausnahme völlig entlaubt da wie unsere europäischen Waldungen im Winter.

Bei unserer Ankunft zu Ressaque erhielt ich über diese seltsame Erscheinung keinen befriedigenden Aufschluß. Ein verständiger Pflanzer wollte sie daraus erklären, daß etwa vor zwei Jahren im Monat August ein sehr heftiger Frost das Holz getötet habe, andere hingegen suchten die Ursache in einer besonders großen Trockenheit des Bodens.

Ressaque ist der Name eines kleinen Ortes, wo drei Familien farbiger Leute auf einer sanften freien, ringsum von Carasco eingeschlossenen Höhe sich angebaut haben und von Viehzucht leben. Die abgestorbenen Gesträuche, welche ringsumher den Horizont begrenzen, geben dieser Gegend einen äußerst einförmigen, traurigen Charakter, und nur ein Gebüsch der Agave foetida sowie einige Orangenbäume erheitern die unmittelbare Nachbarschaft der Lehmhütten. Man wies uns in einer dieser Hütten unsere Wohnung an, allein ein Schwarm gefährlicher Marimbondos suchte uns diesen Aufenthalt streitig zu machen. Sie waren eben beschäftigt, in unserem Zimmer ihr Nest zu erbauen, und niemand war vor ihrem Stachel sicher; selbst unsere in der Nähe der Wohnung weidenden Lasttiere ergriffen die Flucht; nur dadurch, daß wir alle Türen und Fenster verschlossen, gelang es uns, die ungebetenen Gäste von uns abzuwehren. Gegen Abend zog ein heftiges Gewitter auf und sandte einen wahren Gußregen, von dickem Hagel begleitet, zur Erde nieder. Meine Leute, welche an der wärmeren Küste nie dergleichen erlebt hatten, hoben höchst überrascht diese durchsichtigen Glaskörner auf und gaben ihr Erstaunen darüber laut zu erkennen.

Ein schmales Wiesental zwischen niederen Höhen mit Carasco bedeckt, welches etwa vier Legoas weit nach der Fazenda von Ilha führt, hat einen rauhen, eben nicht anziehenden Charakter, denn die niederen einschließenden Gebüsche sind einförmig und zum Teil verdorrt; hohes dürres oder sumpfiges Gras zeigt sich überall, und man hat dabei nicht die mindeste Aussicht. Die Gegend flacht sich bis Ilha immer mehr ab, und das Gesträuch vermindert sich in demselben Grade, bis man in eine neue Welt, in die weite Ansicht der Campos Geraës tritt. So weit das Auge reicht, dehnen sich daselbst offene waldlose Ebenen oder sanft abgerundete Höhen und Rücken aus, welche mit hohem trockenem Gras und einzeln zerstreuten Gesträuchen bedeckt sind. In diesen weiten Campos, welche sich bis zum Rio S. Francisco, bis Pernambuco, Goyaz und weiter ausdehnen, laufen in verschiedenen Richtungen die Taleinschnitte, in welchen die Flüsse entspringen, die von diesem erhöhten Rücken herab dem Meere zufließen. Unter ihnen ist besonders der Rio S. Francisco zu bemerken. Er entspringt in der Serra da Canastra, welche man als die Grenze zwischen den Capitanien von Minas Geraës und von Goyaz ansehen kann. In den Tälern, welche diese weiten nackten Rücken und Flächen durchkreuzen, findet man die Ufer der Flüsse und Bäche von Waldungen eingefaßt, auch befinden sich noch, besonders in den Vertiefungen verborgen, hier oder da einzelne Gebüsche, besonders je mehr man sich den Grenzen von Minas Geraës nähert, und diese Art der Bewaldung ist zum Teil einer der eigentümlichen Charakterzüge dieser offenen Gegenden. Oft glaubt man, eine anhaltende Fläche vor sich zu haben, und steht plötzlich an einem schmalen, steil eingeschnittenen Tal, hört in der Tiefe einen Bach rauschen und sieht auf die Gipfel der Waldbäume nieder, welche, von mannigfaltigen Blumen verschieden gefärbt, seine Ufer einfassen. Hat man von der Küste aus diese erste Gradation der Höhe des inneren Brasiliens erstiegen, welche in der von mir besuchten Gegend nicht bedeutend hoch ist, indem daselbst kein Schnee fällt und nur selten Fröste und Hagel sich zeigen, auch ein großer Teil der Bäume zu allen Zeiten des Jahres das Laub behält, welches weiter nach Westen an einigen höheren

Punkten schon anders ist, und wandert auf diesen Campos Geraës nach den höheren Gegenden derselben fort, so erreicht man alsdann die Gebirgsketten, welche über dieselben sich hinziehen, die indessen mit den Kordilleren des spanischen Amerika nicht zu vergleichen sind und weder Schneekuppen noch Vulkane haben.

Von der Fazenda zu Ilha aus erreichte ich nach einem Wege von 1½ Legoas bei dem Quartel Geral zu Valo die Grenze der Capitania von Minas Geraës. Der Weg dahin führt durch mit hohem verdorrtem Gras bewachsene Ebenen, in welchen man hier und da einzelne, vom Winde niedergehaltene Bäume und zerstreut stehende Gebüsche erblickt. Von Blitzen umleuchtet, erreichte ich Valo, ein schlechtes Haus von Letten, wo sich ein Posten von einem Furiel (Furier) und zwei Soldaten befindet, welche von dem Fähnrich hierher gesendet werden, der seinen Posten zu Arrayal do Rio Pardo hat. Sie sind bestimmt, zur Verhinderung jedes Unterschleifes alle aus- und einziehenden Reisenden zu visitieren und jetzt das spanische Geld (Cruzados) gegen portugiesisches einzuwechseln, wobei die Regierung gewinnt. Obgleich das Haus zu Valo uns nicht einmal gegen den eindringenden Regen schützte, so beschloß ich dennoch, einige Zeit hier zuzubringen, um die Campos Geraës näher kennenzulernen.

Es war gerade um das Ende der Regenzeit, als ich mich hier aufhielt; auch herrschte schon eine ziemliche Trockenheit mit vielem Wind, und abwechselnd traten heftige Gewitter und kleine Regenschauer ein. Die Witterung war für uns, die wir während des Aufenthalts an der Küste an ein ganz anderes Klima gewöhnt waren, sehr unangenehm kalt und rauh. Frühmorgens bei Nebel stand das Thermometer von Reaumur auf 14° und bei trockenem Wetter und schwachen Sonnenblicken oder bedecktem Himmel und Wind am Mittag auf 19½°. Diese Temperatur sowie die gänzliche Abwesenheit der Moskitos erinnerte uns lebhaft an das Vaterland und veranlaßte uns, andere Kleidungsstücke anzulegen. Auch fanden wir es zuträglich, uns stark zu bewegen; daher wurden Exkursionen in alle Richtungen dieser einsam rauhen Gegend unternommen.

Wir fanden in diesen Campos Geraës, da wo sie an den Sertam von Bahia grenzen, einzelne zerstreute, jedoch bedeutend voneinader entfernt liegende Fazendas oder Wohnungen, wo man Mais und andere Gewächse pflanzt; Viehzucht bleibt aber immer der Haupterwerbszweig der Bewohner, obgleich die Anzahl des Rindviehes in diesen Gegenden mit der ungeheueren Anzahl desselben in den Llanos gar nicht zu vergleichen ist. Pferde werden hier viele gezogen, auch sind alle hiesigen Einwohner, wenn sie sich von Hause entfernen, immer zu Pferde, und selten sieht man einen Fußgänger. Die rehlederne Kleidung der Vaqueiros ist deswegen hier auch allgemein. Das weibliche Geschlecht trägt runde Filzhüte und ist ebenso an das Reiten gewöhnt wie das männliche.

Der Handel von Minas nach Bahia wird hier auf verschiedenen Straßen betrieben. Große Tropas von 60 bis 80 und mehr Maultieren ziehen ab und zu, um die verschiedenen Waren zu transportieren, wozu vorzüglich Salz gehört, an welchem in Minas Mangel ist. Sie laden zu Valo ab, um sich visitieren zu lassen, und folgen dann gewöhnlich der Straße am Rio Gavião hinab. Der Anblick einer solchen Tropa ist interessant, da er diese Campos Geraës charakterisiert. Sieben Tiere bilden ein Lot und werden von einem Manne getrieben, beladen und gefüttert. Der erste Esel des ganzen Zuges hat ein bunt verziertes, mit vielen Glocken behangenes Halfter. Dem Zuge voran reitet der Herr der Tropa mit einigen Teilnehmern oder Gehilfen zur Seite, sämtlich mit langen Degen bewaffnet.

Man trifft in diesen Gegenden wenig Menschen; desto reicher ist die tierische und vegetabilische Schöpfung.

Unter den naturhistorischen Bekanntschaften, welche ich hier zu machen Gelegenheit fand, war die des amerikanischen Straußes (Rhea americana) vom lebhaftesten Interesse für mich. Dieser größte Vogel der Neuen Welt zeigt sich in den Campos Geraës, da er selten gejagt wird, sehr zahlreich. Hier in der Gegend von Valo zog jetzt ein weiblicher Vogel mit 14 Jungen, die vor etwa sechs Monaten ausgebrütet wurden, umher. Niemand hatte ihn beunruhigt, bis wir raubsüchtigen Europäer anlangten und sogleich Anschläge auf sein Leben machten. Da diese Vögel sehr scheu und vorsichtig sind, auch den Jäger in weiter Ferne wittern, so muß man mit vieler Vorsicht zu Werke gehen, um ihrer habhaft zu werden. Ein Pferd wird im Lauf von ihnen ermüdet, da sie nie geradeaus, sondern in vielen Widergängen entfliehen. Bei der ersten Erschei-

nung des Ema, welche wir mehrere Tage vergeblich erwartet
hatten, legten sich drei meiner Jäger sogleich ins Versteck und
ließen sich die stolzen Vögel zutreiben, die aber diesmal zu
klug waren und sich nicht überlisten ließen. Zufällig erschien
ein berittener und bewaffneter Vaqueiro, welcher ein guter Jäger war; dieser unternahm es sogleich, mir einen solchen Vogel zu verschaffen. Er verfolgte die Schar der Emas zuerst
langsam, dann in vollem Galopp, und hielt sie öfters durch
Vorgreifen um, worauf es ihm glückte, die Bande zu trennen
und, indem er schnell vom Pferde sprang, einen der Jungen zu

Dicholophus cristatus Illig., der Seriema

erlegen. Ein gut angebrachter Schuß von groben Schroten tötete den größten Ema sogleich. Wir wiederholten diese Art von Jagd häufig, und es glückte einem meiner Jäger, dem man drei dieser Tiere zugetrieben hatte, einen alten Vogel zu erlegen. Das Fleisch der Emas hat einen etwas unangenehmen Geruch und wird daher nicht gegessen, soll aber die Hunde sehr fett machen. Aus der gegerbten und schwarz gefärbten Haut werden hierzulande Beinkleider verfertigt, an welchen die Narben der Federn sichtbar bleiben. Die Haut des langen Halses benutzt man zu Geldbeuteln, die großen weißgefärbten Eier, wenn sie in der Mitte durchgeschnitten werden, als Cuias und die Federn zu Wedeln.

In Gesellschaft des amerikanischen Straußes lebt ein anderer sehr schneller Laufvogel, der Çeriema (Dicholophus cristatus, ILLIGER), dessen laute hellklingende Stimme wir überall vernahmen.

Außer diesen haben die großen Campos des inneren Brasiliens noch manche interessanten Arten von Vögeln, unter anderen den großen Tucan (Ramphastos toco, L.), eine große Menge von Fliegenvögeln (Trochilus), mancherlei Tangaras (Tanagra) und verschiedene, bisher den Naturforschern noch unbekannte Arten.

Nachdem ich mich eine Zeitlang an den Grenzen von Minas aufgehalten hatte, fühlte ich mich wegen einer durch das Klima erzeugten Unpäßlichkeit, welche durch Vernachlässigung ernsthafter hätte werden können, genötigt, das weitere Vordringen in jene Provinz aufzugeben.

Reise von den Grenzen von Minas Geraës nach Arrayal da Conquista

Um von unserem bisherigen Aufenthalt nach der Hauptstadt Bahia zu gelangen, muß man den Sertam dieser Capitania quer durchschneiden; ich reiste daher auf demselben Weg, welchem ich gefolgt war, wieder längs dem Ribeirâo da Ressaque hinab nach Vareda.

Nachdem wir auf der Fazenda Vareda wieder angelangt waren, beschäftigten wir uns einige Zeit mit der Jagd der zahlreichen Sumpfvögel, welche man in den größten europäischen Museen selten so vereinigt findet wie hier.

Die belebte, immer schöne, immer tätige und mannigfaltige Natur bildet hier einen auffallenden Kontrast mit dem großen Haufen der Bewohner, welche roh und unwissend sind wie das Vieh, welches sie beständig warten.

So beschwerlich und ermüdend die Arbeiten der Vaqueiros sind, so bringen sie dagegen die übrige Zeit gewöhnlich in der höchsten Untätigkeit bei ihrem Vieh hin und schlafen oder ruhen ganze Tage. Essen und schlafen sind dann ihre einzigen Unterhaltungen. Ihre Nahrung ist kräftig, denn sie leben von Milch, die man bloß zur Konsumtion oder zur Bereitung von Käse, aber nicht zum Verkauf benutzt, von Mandiocamehl und getrocknetem Ochsenfleisch. Dieses letztere zu bereiten, salzt man das Fleisch nicht ein, sondern schneidet es so auseinander, daß es in schmale Lagen oder Bänder zerfällt; diese werden auf Stricken von Ochsenhaut in der Sonnenhitze getrocknet und erhalten auf diese Weise in ein bis zwei Tagen eine solche Festigkeit, daß sie hart und klingend wie Horn werden; nur ist bei dieser Prozedur einige Aufsicht nötig, damit die Sonne und die Luft recht in alle Höhlungen eindringe.

Der Ertrag der Viehwirtschaft im Sertam ist beträchtlich, da man hier eine vortreffliche Gelegenheit des Absatzes nach der Hauptstadt hat; in anderen Gegenden des inneren Brasiliens, in welchen man überall ausgebreitete Viehzucht besitzt, fehlt dieser Absatz, und das Vieh ist daher dort ungleich geringer im Preise. Am Rio S. Francisco kauft man einen großen schweren Ochsen für 2000 Reis (etwa $\frac{1}{2}$ Carolin), in Bahia hingegen galt er zu dieser Zeit etwa 9000 bis 11000 Reis. Die Besitzer dieser Vieh-Fazendas senden gewöhnlich ein- bis zweimal im Jahr Ochsenherden oder die Pferde nach der Hauptstadt, wo sie schnell verkauft sind. Den bedeutenden Ertrag dieses Handels kann man leicht berechnen; denn wenn man eine Boiada nur zu 150 bis 160 Stück annimmt, so gibt dies schon, zu einem Mittelpreis von 10000 Reis der Ochse, einen Ertrag von 5000 Patacken (etwa 5000 Gulden). Die Pferde sind hier im Verhältnis teuer, denn man verkauft ein schlechtes, stark gebrauchtes Pferd selten unter 16000 bis

18 000 Reis. Der Vorteil der Viehzucht wird in diesen Gegenden dadurch besonders groß, daß man keine bedeutenden Kosten dabei hat; die nötigen Sklaven sind die einzigen erforderlichen Auslagen, da das Futter für das Vieh in diesen Klimaten, wo es immer Sommer ist, zu keiner Zeit etwas kostet; es geht jahraus, jahrein in der Weide, und nur anhaltende Dürre kann ihm nachteilig werden. Unendlich viel bedeutender könnte indessen in diesen Gegenden der Gewinn aus der Viehzucht werden, wenn die Bewohner nicht immer bei den alten Gewohnheiten stehenblieben und selbst über Verbesserung nachdächten oder von in anderen Ländern längst aufgenommenen einige Kenntnis zu erlangen suchten. Das hiesige Rindvieh ist mittelmäßig groß, fleischig und stark. Die Stiere haben größere Hörner als bei uns und am Ende des Schwanzes eine dickbehaarte Quaste; ihre Farbe ist schwarzbraun oder graugelblich fahl und nur seltener gefleckt. Man zieht auch Schweine im Sertam, welche viel Speck geben.

Ein Hauptgeschäft, welches dem Vaqueiro ebenfalls obliegt, ist der Schutz der Herden gegen die Raubtiere. Man kennt in diesen Wildnissen drei Arten von großen Katzen, welche dem Rindvieh und den Pferden nachstellen: die gefleckte Unze Yaguarété (Onca pintada), den schwarzen Tiger (Tigre) und die rote Unze (Onca Cucuaranna). Die rote Unze (Felis concolor, L.) oder der Guazuara des Azara ist am wenigsten gefährlich, ob sie gleich sehr groß wird; sie wagt sich nur an das junge Vieh, dahingegen die gefleckte und der schwarze Tiger den schwersten Ochsen fangen und ihn weite Strecken mit dem Gebiß hinwegzuschleifen imstande sind. Sie töten oft mehrere Stücke in einer Nacht, saugen ihnen das Blut aus und fressen erst später von dem Fleische. Gewöhnlich hält man auf den Fazendas gute Hunde zur Jagd dieser gefährlichen Raubtiere, mit welchen man der blutigen Spur folgt, wenn die Unze, vom Raube gesättigt, sich in einem benachbarten dornigen oder mit Bromelien angefüllten Dickicht zur Ruhe begeben hat. Sobald das Raubtier die Hunde gewahr wird, sucht es einen schräg geneigten Baum zu erklimmen und wird mit der gehörigen Vorsicht von dieser unsicheren Wohnung herabgeschossen.

Die Jagd der verschiedenen eßbaren Tierarten würde den Vaqueiros eine angenehme Abwechslung in ihren Nahrungsmitteln verschaffen können, wenn Pulver und Blei in diesen Gegenden nicht so seltene teuere Artikel wären. Eben deswegen sind auch in vielen Gegenden die Jäger selten, und die Bewohner bleiben unabänderlich bei ihrer Nahrung von Mandiocamehl, schwarzen Bohnen und Ochsenfleisch.

Die Jagd der Unze

Die einförmige Lebensart, welche den Vaqueiro an das Vieh fesselt, mit dem er zusammen aufwächst, bildet rohe, unwissende, gegen alles übrige gleichgültige Menschen, die weder über sich selbst nachdenken noch irgendeine Kenntnis von der übrigen sie umgebenden Welt haben. Schulen und Lehranstalten für das Volk sind hier eine völlig unbekannte Sache, und es ist ebensowenig für die geistige Bildung dieser Menschen als für die Erhaltung ihres Lebens durch ärztliche Hilfe gesorgt.

Da ich, meiner angestrengten Bemühungen ungeachtet, manche naturhistorische Gegenstände, die ich hier aufzufinden gehofft hatte, nicht zu sehen bekam, so beschloß ich, Vareda zu verlassen und nach Arrayal da Conquista zu reisen.

Ich verließ daher die offenen Campos, durchzog mit meiner Tropa eine mit dichten Catingas oder trockenen Niederwaldungen bedeckte Gegend und übernachtete zu Os Porcos, wo ein paar farbige Leute einsam mit ihren Familien wohnen. Sie nähren sich von ihren Pflanzungen und der Viehzucht und wissen in ihrer Abgeschiedenheit nichts von der übrigen Welt, weshalb denn auch unsere Ankunft sie in nicht geringes Staunen versetzte. Sie versammelten sich, begafften uns und baten sogar alle ihre Nachbarn, zu ihnen zu kommen, um die in ihrem Hause angekommene große Seltenheit zu besehen. Sie betasteten unsere Haare, befragten uns, ob wir lesen, schreiben und beten könnten, ob wir Christen seien, welche Sprache wir redeten, und gönnten uns nicht eher einige Ruhe, bis wir ihnen Proben von allen unseren Fertigkeiten gegeben hatten. Die Schnelligkeit indessen, mit welcher wir schrieben, unsere Bücher mit Kupferstichen, die Farben und die Zeichnungen sowie Doppelflinten, die wir ihnen zeigten, erregten bei ihnen eine große Verwunderung, und sie gestanden endlich ein, daß unsere Lage wirklich besser sei als die ihrige, da wir die Welt kennenzulernen imstande seien, bemerkten aber nebenher doch einstimmig, es gäbe doch sonderbare Menschen in der Welt, welche es nicht scheuten, sich den Gefahren und Beschwerden so weiter Reisen auszusetzen, um die kleinen Insekten und Pflänzchen in fernen Ländern aufzusuchen, die hier höchstens verwünscht oder von den Kühen aufgesucht würden.

Von Porcos aus erreichte ich in einer sehr kleinen Tagereise das Arrayal da Conquista, den Hauptort dieses Distriktes. Er besteht aus etwa 30 bis 40 kleinen niedrigen Häusern und einer jetzt noch im Bau begriffenen Kirche. Die Bewohner sind arm, daher haben die reichen Gutsbesitzer dieser Gegend, die Familie des Coronel João Gonsalves da Costa, der Capitam Mor Miranda und noch einige andere, den Bau derselben bis jetzt auf ihre Kosten betrieben. Außer dem nötigen Lebensunterhalt, welchen die Bewohner aus den Pflanzungen ziehen, erhält diese Gegend etwas Nahrung durch den Absatz der Baumwolle und der Ort selbst durch den Ochsenhandel, welcher nach Bahia getrieben wird; auch werden die vom Rio S. Francisco kommenden Boiadas hier durchgetrieben, und man sieht zuweilen in einer Woche über 1000 Ochsen nach jener Hauptstadt ziehen. Dieses Vieh wird auf dem weiten Weg bis in diese Gegend gewöhnlich mager; alsdann läßt man es hier eine Zeitlang in der Weide gehen, um es erst wieder sich erholen zu lassen. Ein großer Teil der Bewohner sind Handwerker und müßige junge Leute, welche mancherlei Unordnungen veranlassen, da hier keine Polizei ist.

Die Lage von Conquista ist übrigens nicht unangenehm, besonders wenn man aus der Vertiefung eines sanften Tales gegen den hohen, sanft abgerundeten Waldrücken hinblickt, an dessen dunkelbewaldetem Abhang der Ort in einem weiten länglichen Quadrat erbaut ist.

Ein Conquistador, ein unternehmender Capitam aus Portugal, kam als ein Abenteurer mit einem bewaffneten Trupp zuerst hierher und bekriegte die damals diesen Landstrich bewohnenden Urbewohner, die Camacans.

Er eroberte den Platz und gründete das Arrayal.

Die den portugiesischen Ansiedlungen näher gelegenen Aldeas der Camacan-Indianer pflanzen Mais, Baumwolle und Bananen, sind aber dem ungeachtet noch völlig roh; sie gehen zum Teil noch nackt, und ihre Hauptbeschäftigung bleibt immer die Jagd. Die Regierung hat Direktoren, welche Portugiesen sind, in diese Dörfchen eingesetzt, um jene Wilden zu zivilisieren; allein dieses Mittel fruchtet nur wenig und sehr langsam, da die Direktoren selbst rohe Menschen, oft Soldaten oder Seeleute und eben nicht geeignet sind, sich Vertrauen zu erwerben. Man tyrannisiert die armen Indianer, gebraucht sie wie Sklaven, verschickt sie, kommandiert sie zum Wegebau, zum Holzhauen, zu weiten Botengängen, bietet sie gegen feindliche Tapuyas auf und bezahlt sie gar nicht oder nur sehr schlecht, weshalb sie denn auch, bei der ihnen noch immer einwohnenden Liebe zur Freiheit, sehr gegen ihre Unterdrücker eingenommen sind.

Ich hatte auf der Reise durch die Urwälder noch völlig rohe Camacans gesehen, jetzt war ich daher begierig, ein Dorf dieser Leute zu besuchen, welches eine Tagesreise von Arrayal entfernt war, in den hohen Urwäldern an der schon früher erwähnten Serra do Mundo Novo liegt und den Namen Jiboya trägt.

Die Camacan-Indianer sind in ihrem Körperbau wenig von ihren Brüdern an der Ostküste unterschieden; sie sind wohlgewachsen, mäßig groß, stark, breitschultrig, mit markiert indianischem Gesicht und schon von ferne daran kenntlich, daß sie, selbst die Männer, ihr langes starkes Haar den Rücken hinabhängen lassen. Ihre Haut hat eine schöne braune, oft ziemlich dunkle, oft mehr gelbliche oder rötliche Farbe. Sie gehen größtenteils nackt und nur teilweise etwas bekleidet; im ersteren Falle tragen die Männer an einem gewissen Teil des Körpers die Tacanhoba, welche bei den Botocudos abgebildet worden ist und die von den Camacans mit der Benennung Hyranayka belegt wird. Das Haar der Augenbrauen und des Körpers rupfen sie aus oder schneiden es ab und durchbohren zuweilen das Ohr mit einer Öffnung von der Größe einer Erbse. Ihre Hautfarbe pflegen sie zuweilen durch aufgetragene Pflanzensäfte zu verändern, besonders durch Urucú und Genipaba, auch noch durch eine andere rotbraune Farbe, welche sie Catuá nennen und aus der Rinde eines mir unbekannten Baumes ziehen.

Am Rio Grande de Belmonte habe ich des Überrestes eines indianischen Stammes erwähnt, welcher sich selbst gegenwärtig noch Camacan nennt, aber von den Portugiesen den Namen Meniän, nach deutscher Aussprache etwa Meniäng, erhalten hat. Wie ich aus den erhaltenen Nachrichten schließe, so sind diese Meniäns wirklich ein versprengter, völlig ausgearteter Zweig der Camacans, die aber heutzutage nicht mehr rein sind, da die meisten von ihnen schon krauses Negerhaar und eine schwärzliche Farbe haben, auch, ein paar alte Leute ausgenommen, nichts mehr von ihrer Sprache wissen.

Die Camacans waren ehemals ein unruhiges, freiheitsliebendes, kriegerisches Volk, welches den portugiesischen Eroberern jeden Schritt streitig machte und nur nach bedeutenden Niederlagen genötigt wurde, sich tiefer in die Waldungen zurückzuziehen, bis die Zeit auch bei ihnen nach und nach ihren Einfluß äußerte. Dennoch blieben ihnen die ursprünglich angeborenen Charakterzüge treu, denn Freiheit und Vaterlandsliebe äußern sich noch jetzt lebhaft bei ihnen; ja es hält schwer, sie von ihrem Geburtsort hinwegzubringen, und nur ungern kommen sie zu den Europäern in die bebauten Gegenden, auch kehren sie, wie alle jene Wilden, lieber in ihre finsteren Wälder wieder zurück. Durch häufige Beispiele von den tyrannischen Maßregeln der Weißen vorsichtig gemacht, versteckten sie selbst ihre Knaben und jungen Leute im Walde, als wir ihre Wohnungen besuchten. Sie haben sich nach und nach an feste Wohnsitze gewöhnt, an Hütten von Holz, selbst mit Letten erbaut und mit Tafeln von Baumrinden gedeckt. Zum Schlafen bedienen sie sich nicht der Netze, wie die Stämme der Lingoa geral, welche die Küste bewohnten, sondern sie bereiten in ihren Hütten Schlafstellen von Stangen auf vier Pfählen, welche sie mit Bast bedecken. Die Kinder pflegen mit den Hunden auf der Erde zu liegen. In manchen Zügen scheinen diese Leute mit den alten Goaytacases etwas übereinzustimmen. Sie bereiten Kochgeschirre von grauem Ton, so wie überhaupt unter ihnen weit mehr Kunstfertigkeiten gefunden werden als unter den Stämmen der Ostküste. Das Bedürfnis animalischer Nahrung wissen sie, da sie keine Haustiere besitzen, durch ihre Geschicklichkeit im Jagen zu befriedigen, aber sie kennen auch sehr gut die Vorteile, welche ihnen aus der Kultur gewisser nützlicher Gewächse hervorgehen. Sie pflanzen um ihre Hütten herum eine Menge Bananenstämme, Mais, Mandioca, deren Wurzeln sie gebraten essen, und Bataten. Die Baumwolle kultivieren sie ebenfalls in kleinen Quantitäten und verarbeiten sie geschickt zu Schnüren; besonders die Weiber wissen den Faden äußerst nett zu drehen und künstlerische vierfache Schnüre daraus zu verfertigen. Sie verarbeiten dieselben zu mancherlei Endzwekken, besonders aber zu ihren Kleidungs- oder Putzgegenständen und zu ihren Waffen. Unter den ersteren ist ein Hauptgegenstand das Guyhí oder die Weiberschürze. Sie besteht in einem künstlich mit feinen Schnüren übersponnenen Strick mit ein paar großen Quasten an den Enden, von welchem eine Menge andere runde Schnüre herabhängen, um eine Schürze zu bilden; der Strick wird von den Weibern um die Hüften gebunden, und es sind diese Schürzen das einzige Kleidungsstück derselben, da wo sie noch in einem etwas rohen Zustand leben; früher kannten sie auch dies noch nicht, sondern gingen völlig nackt oder späterhin mit einem um die Hüften gebundenen Stück Baumbast. Über die Geschicklichkeit, mit welcher diese rohen Menschen die Schnüre jener Schürzen zu bearbeiten verstehen, kann man sich nicht genug wundern; zu größerer Verzierung pflegen sie dieselben wohl mit der Catuá-Farbe rotbraun und weiß zu färben. Ein zweites Stück aus der

Hand dieser Waldnymphen sind die von Baumwollschnüren geknüpften Säcke, welche sie jedesmal umhängen, sobald sie die Hütte verlassen. Diese sind von geknüpfter oder geschlungener Arbeit und werden weiß oder gelblich und rotbraun abwechselnd mit Catuá gefärbt, dabei haben sie einen ebenfalls geknüpften Riemen, mit welchem sie über die Schulter getragen werden. Die Männer führen beständig solche Beutel, wenn sie auf die Jagd ziehen.

Waffen und Geräte der Camacans

Die Waffen der Camacans zeigen, daß auch selbst die Männer dieses Volkes mehr angeborene Kunstfähigkeit besitzen als die der anderen Stämme der Tapuyas. Ihr Bogen (Cuang) ist stark, schön glatt poliert, von dunkelschwarzbraunem Braüna-Holz und viel besser gearbeitet als bei den übrigen Stämmen; längs seiner ganzen Vorderseite hinab führen sie eine Hohlkehle, die indessen etwas weniger tief eingeschnitten ist als bei den Machacaris; diese Bogen übersteigen die Höhe eines Mannes und sind sehr elastisch und stark. Die Pfeile (Hoay) sind besonders nett gearbeitet. Sie unterscheiden sich in ihren drei Arten nicht von denen der übrigen Stämme, allein sie haben, wie bei den Machacaris, unter der Spitze einen langen Aufsatz von Braüna-Holz, und unten steht der Rohrschaft weit über die Befiederung hinaus, unter welcher sie noch zwei kleine Büschelchen von bunten Federn anzubringen pflegen. Die Befiederung des Pfeiles ist von schönen roten und blauen Arara-Federn gewählt, äußerst genau gebunden und gesetzt, und die Bunde sind gewöhnlich abwechselnd mit weiß und rotbraun gefärbter Baumwolle sehr zierlich gewikkelt. Sie bereiten auch zur Zierde gewisse Pfeile, welche mit vieler Kunst durchaus von festem schönem Holz so dünn und schlank gearbeitet werden, wie man es von solchen rohen Händen und bei so schlechten Instrumenten nicht erwarten sollte. Diese Pfeile sind von dunkelbraunem Bräuna-Holz oder von schön rotem Brasilienholz gemacht, äußerst glatt und glänzend poliert, und die Bewicklung daran ist mit gefärbter Baumwolle weiß und rotbraun auf eine zierliche Art gemacht. Auf ähnliche Weise verfertigen sie lange glatte Stäbe, welche man vorzeiten zuweilen in den Händen ihrer Anführer sah. Bei feierlichen Gelegenheiten, besonders bei ihren Tänzen, sieht man auch jetzt wohl noch auf ihren Häuptern eine Mütze von Papageienfedern, welche sie Scharó nennen und die besonders nett gearbeitet ist. Auf einem Netz von Baumwollfäden knüpfen sie eine jede Feder einzeln an, so daß auf dem oberen Teil der Mütze ein großer kronenartiger Busch von den Schwanzfedern des Jurú (Psittacus pulverulentus) oder anderer Arten von Papageien steht, aus dessen Mitte sie gewöhnlich ein paar große Arara-Schwanzfedern hervortreten lassen. Der ganze Busch ist grün und rot und nimmt sich recht hübsch aus.

Bei ihrer Geschicklichkeit zu allen Handarbeiten sind diese Leute jetzt, nachdem ein Teil von ihnen einen geringen Grad von Kultur angenommen hat, den Portugiesen sehr nützlich. Besonders zur Urbarmachung der Ländereien sind sie sehr brauchbar, denn das Niederhauen der Waldungen geht ihnen sehr schnell vonstatten, da sie mit der Axt besonders geschickt arbeiten. Sie sind geübte Jäger und vortreffliche Bogenschützen, wie ich davon öfters Zeuge gewesen bin, und viele von ihnen verstehen mit der Flinte recht gut umzugehen. Man gebraucht sie jetzt gegen die Einfälle der Botocudos am Rio Pardo, wozu sie von dem über sie gesetzen Capitam Paulo Pinto aufgeboten werden. Sie fürchten die Botocudos, welche ganz kürzlich vor meiner Anwesenheit unter ihnen einige ihrer Leute am Rio Pardo erschossen haben; daher sahen sie besonders aufmerksam und mit Ingrimm den jungen Botocuden Quäck an, welcher sich in meiner Gesellschaft befand. Den Europäern pflegen sie außer ihren Waffen und Kunstarbeiten Lichter von Wachs zu verkaufen, welche hier in den Waldungen, wenn man sie brennt, einen angenehmen Geruch von sich geben. Diese Lichterchen bereiten sie sehr gut in langen Schnüren, wickeln sie künstlerisch in längliche Bündel zusammen und kleben außen um dieselben herum große Blätter.

Zierat der Camacans

Außer dem Wachs verkaufen sie aber auch Honig, welchen sie in Menge aus den hohen Waldbäumen ausnehmen. Der Honig ist eines ihrer beliebtesten Nahrungsmittel. Sie sind übrigens nicht eklig in ihrer Kost, denn ich fand Füße des Anta in ihren Hütten, welche völlig in Fäulnis übergegangen waren und dennoch als ein Leckerbissen von ihnen verzehrt wurden. Das Fleisch des Tatu verdadeiro (Tatou noir, AZARA) sollen sie dagegen nicht essen, da es doch für die Europäer ein beliebtes Gericht ist.

Die Männer behandeln ihre Weiber, wie bei den meisten rohen Völkern, etwas streng, dennoch nicht übel. Ein Teil dieses Volkes, der mit den Portugiesen in näherer Berührung lebt, spricht schon einigermaßen portugiesisch. Ihre eigene Sprache klingt barbarisch wegen ihrer vielen Kehl- und Nasentöne, dabei brechen sie die Endungen der Worte kurz ab, reden auch leise und mit halbgeöffnetem Mund. Haben sie eine gute Jagdbeute gemacht oder sonstige Gelegenheit zur Freude, so findet man sie sehr aufgelegt, ein Fest mit Tanz und Gesang zu feiern; alsdann kommen ihrer viele zusammen und beginnen diese Lustbarkeit auf folgende Art. Sie schneiden den dicken Stamm eins Barrigudo-Baums (Bombax), welcher ein weiches, saftiges Mark enthält, quer durch und höhlen ihn aus, lassen aber unten einen Boden stehen. Auf diese Art entsteht ein Faß, welches zwei bis zweiundeinhalb Fuß hoch ist und welches sie auf einer ebenen Stelle zwischen oder neben ihren Hütten aufstellen. Während dieses von den Männern ins Werk gerichtet wird, sind die Weiber beschäftigt, Caüi von Mais oder Mandioca zu machen. Zwölf oder sechzehn Stunden vorher kauen sie die Maiskörner (denn sie lieben diese Frucht am meisten zu diesem Endzweck, bedienen sich aber auch der Bataten dazu) und speien dieselben in ein Gefäß, in welchem sie mit warmem Wasser gären; alsdann schütten sie das Gemisch in das Faß von Baumrinde, wo es zu gären fortfährt; jetzt macht man Feuer unter dasselbe, nachdem es durch Eingraben seines unteren Teiles in die Erde festgestellt worden ist. Die ganze Tanzgesellschaft hat sich indessen gehörig aufgeputzt, die Männer sind mit schwarzen Längsstreifen, die Weiber mit halbbogenförmigen konzentrischen Kreisen über jeder Brust und mit Streifen im Gesicht usw. bemalt. Einige setzen ihre Federmützen auf und stecken bunte Federn in die Ohren. Einer von ihnen führt in der Hand ein Instrument von einer Menge von Anta-Hufen, welche in zwei Bündeln an Schnüren befestigt sind; sie nennen dasselbe Herenehediocá; es dient den Takt anzugeben und gibt ein lautes Klappern, wenn es geschüttelt wird. Zuweilen gebrauchen sie auch ein kleineres Instrument, welches sie Kechiech nennen und welches aus einer Kalebasse an einem Stiel von Holz besteht, in die man einige kleine Steine getan hat und die, wenn sie geschüttelt wird, ebenfalls ein Geklapper hören läßt.

Der Tanz beginnt nun: Vier Männer gehen, etwas vornüber-

Tanzfest der Camacans

geneigt, mit abgemessenen Schritten hintereinander im Kreise herum, alle singen mit geringer Modulation Hoy! Hoy! He! He! He!, und einer von ihnen rasselt dazu mit dem Instrument abwechselnd bald stärker, bald schwächer, je nachdem er es für passend hält. Die Weiber mischen sich nun ein; je zwei und zwei, einander anfassend, legen sie die linke Hand an die Backe und gehen, abwechselnd Männer und Weiber, bei dem Schalle jener schönen Musik stets im Kreise um ihr beliebtes Faß herum. In der heißesten Jahreszeit tanzen sie in der Mittagsstunde auf diese Art im Kreise herum, daß ihnen der Schweiß in Strömen vom Leibe fließt. Sie gehen dann abwechselnd zu dem Fasse, schöpfen mit einer Cuia und trinken Caüí. Die Weiber begleiten den Gesang mit lauten halbhohen Tönen, die sie ohne alle Modulation geradehin ausstoßen, und gehen dabei mit gebeugtem Kopf und Oberleib. Auf diese Art werden sie nicht müde, die ganze Nacht hindurch zu tanzen, bis das Faß ausgeleert ist.

Wenn ein Camacan krank wird, läßt man ihn ruhig liegen; kann er noch gehen, so verschafft er sich selbst seine Nahrungsmittel, im anderen Falle soll er völlig hilflos bleiben. Diese Gleichgültigkeit gegen Kranke und Hilflose bezeugen viele Schriftsteller. Arzneien haben sie wenige; ein Mittel indessen, welches sie für wirksam halten, besteht darin, den Kranken, nach Art der Bogaier oder Semmeli der Arowacken und anderer Völker in Guyana, mit Tabaksrauch zu beblasen. Der Patient verhält sich leidend bei der Operation, und der Arzt murmelt dabei einige Worte, die man leider nicht versteht. Stirbt ein Kranker, so vereinigen sie sich um ihn her, beugen die Köpfe über den Toten hin und heulen tagelang heftig, Männer und Weiber. Dieses Weinen ist erkünstelt und dauert oft sehr lange; sie ruhen sich abwechselnd etwas aus, und wenn man die Trauer für beendigt hält, so hebt sie plötzlich mit erneuter Kraft wieder an. Der Tote soll oft lange über der Erde bleiben. Die Seelen der Verstorbenen sollen sie als ihre Götter ansehen, dieselben anbeten und ihnen die Gewitter zuschreiben. Sie glauben auch, daß ihre Verstorbenen, wenn sie im Leben nicht gut behandelt worden sind, als Unzen wiederkehren, um ihnen zu schaden; daher sollen sie ihnen ins Grab eine Cuia, Panella, etwas Caüí sowie Bogen und Pfeile mitgeben. Diese Gegenstände legen sie unter den Toten, dann füllen sie die Grube mit Erde und zünden ein Feuer darauf an.

Reise von Conquista nach der Hauptstadt Bahia

Um von Arrayal da Conquista durch den inneren Sertam der Capitania von Bahia nach der Hauptstadt zu gelangen, hat man mehrere Wege. Die Straße nach der Hauptstadt, welche die Boiadas aus der Gegend von Conquista zu nehmen pflegen, ist die nächste; auch ich wählte diese, da sie von wenigen Reisenden betreten wird. Wenn man das Arrayal verläßt, so tritt man in eine einförmig wilde, hohe Waldgegend, wo, Hügel an Hügel und Kopf an Kopf gereiht, Gebirge und Höhen, eine hinter der andern, dem Auge sich darstellen. Alle sind einförmig wild mit niederem Wald bedeckt, so wie auch selbst das Arrayal rundum von Waldungen eingeschlossen wird. Ich übernachtete am Abend des ersten Tages auf der Fazenda von Priguiça, wo sich ein nettes, mit Backsteinen geplattetes Haus befand, das sich vor den anderen dieser Gegend vorteilhaft auszeichnete, ob es gleich nicht groß war.

Einer meiner Leute, welcher später der Tropa nachgefolgt war, hatte mit seinem Stock auf einem niederen Baumzweig die große Nachtschwalbe erlegt, deren früher unter dem Namen des Caprimulgus aethereus erwähnt worden ist. Diese Vögel sind in den Wäldern häufig und nähren sich besonders von Schmetterlingen, deren größeren Arten, dem prachtvoll blauen Papilio nestor und menelaus sowie dem weißen laertes, FABR., sie nachstellen. Da dieser sonderbare Dämmerungsvogel, dessen ungeheuer weiter Rachen zum Fange dieser Insekten vollkommen geeignet ist, die großen Flügel derselben nicht mit verschluckt, so sieht man dieselben überall auf der Erde umhergestreut liegen. Die obengenannten beiden Arten schöner Schmetterlinge bemerkten wir besonders häufig am zweiten Tag unserer Reise, als wir Priguiça verließen. Hier war der Wald höher, schattenreicher und mehr geschlossen als am ersten Tag; die großen Schmetterlinge flatterten in bedeutender Anzahl hoch oben an den Gipfeln der Bäume, wo sie von einer unendlichen Menge duftender, weißlicher und gelblicher Baumblüten angelockt wurden; daher war es nicht möglich, einen einzigen derselben mit dem Netz zu erreichen.

Nachdem ich den Urwald verlassen hatte, trat ich in eine Gegend von hohen, sanft abgerundeten Hügeln ein, welche mit niederen Gesträuchen oder mit weiten Gehegen einer Samambaya (Farnkraut, Pteris caudata) bewachsen war. Dieser Farn hat die Eigenschaft, daß er gesellschaftlich weite Strecken Landes, gewöhnlich wüste Heiden im Walde, überzieht, eine sonst seltene Erscheinung in dieser Gegend von Brasilien und wahrscheinlich in allen heißen Ländern, da in diesem Klima die Gewächse selten gleichartig vereint vorzukommen pflegen wie in den gemäßigten und kalten Gegenden unserer Erde. Die jungen Triebe des hier erwähnten Farns sollen das Rindvieh töten, wenn es davon genießt. Da seit langer Zeit kein Regen gefallen war, so erschienen diese Einöden jetzt völlig verdorrt. Solche Trockenheit tötet in manchen Gegenden des Sertam von Bahia eine Menge Rindvieh und verursacht bedeutenden Schaden; daher sieht man sich oft genötigt, das Vieh alsdann aufzusuchen und es nach feuchteren

Gegenden zu treiben. Oft steckt man auf diesen trockenen Höhen das Farnkraut in Brand, um durch diese Düngung dem Boden etwas Gras für das Vieh zu entlocken. In den trockenen erhitzten Höhen, welche wir durchzogen, fielen Menschen und Tiere gleich gierig über einige klare Bäche her, welche wir in den Tälern fanden; ihr Wasser war gut und kühl, ob man gleich sonst im allgemeinen in diesem Sertam äußerst schlechtes Trinkwasser findet.

Gegen Abend erreichte ich eine alte verlassene Fazenda, Taquara genannt, wo nur ein paar elende Lehmhütten in einem sehr baufälligen Zustande sich befanden. Hier fanden wir einen Vieh-Coral, den die vorüberziehenden Boiadas gebrauchen, um während der Nacht ihre Ochsen hineinzutreiben. Wir versuchten, in den Hütten zu übernachten, allein eine unzählige Menge von Flöhen bedeckte sogleich alle unsere Kleidungsstücke, und wir hielten es daher für ratsamer, im freien Felde ein Biwak zu beziehen. Man zündete die Feuer an, um zu kochen, und durchstreifte die nahen Gebüsche nach dürrem Brennholz, wobei einer meiner Leute ganz in unserer Nähe neben dem einen der Gebäude eine Klapperschlange (Cobra Cascavela) entdeckte. Das Tier lag, als wir sämtlich hinzukamen, in größter Ruhe da und schien sich wegen der ungewohnten Beschauer nicht im mindesten zu beunruhigen, so daß es uns nicht schwer wurde, es mit einem kleinen Stöckchen, vermöge einiger Schläge auf den Kopf, zu betäuben und zu töten.

Aus diesem Vorfall ist es einleuchtend, wie unrichtig und übertrieben die Schilderungen dieses Tieres in vielen naturhistorischen Werken sind; denn diese Schlange kann, wie auch Bartram erzählt, nur dann gefährlich werden, wenn man sich ihr unbemerkt zu sehr genähert und sie dadurch zur Verteidigung gereizt hat.

Kaum hatte die Morgendämmerung der feuchten Nacht ein Ende gemacht, so war unsere Tropa schon beladen und in Bewegung. Wir durchzogen eine weite, mit niederen Gebüschen und mit Weide abwechselnde Wildnis. In den trockenen Catinga-Wäldern und Gebüschen dieser Gegend kann man sich nicht genug vor den kleinen, an den Seiten des Weges befindlichen Zweigen schützen, denn sie sind, wörtlich genommen, mit unzähligen kleinen Carapathos (Acarus) inkrustiert, wovon sie völlig rötlich gefärbt erscheinen. Berührt man ein solches Ästchen, so empfindet man bald ein unbeschreibliches Jucken über den ganzen Körper; denn diese jungen Tiere von der Größe einer Nadelspitze verbreiten sich überall und sind so peinigend, daß man weder bei Tag noch bei Nacht Ruhe findet, bis man sich ihrer entledigt hat. Beinahe unsere ganze Gesellschaft litt an diesem quälendem Übel, und es gibt dagegen kein anderes sicheres Mittel, als den ganzen Körper mit eingeweichtem Rauchtabak anzustreichen, wovon sie gleich sterben. Diese beschwerlichen Insekten sind in den inneren

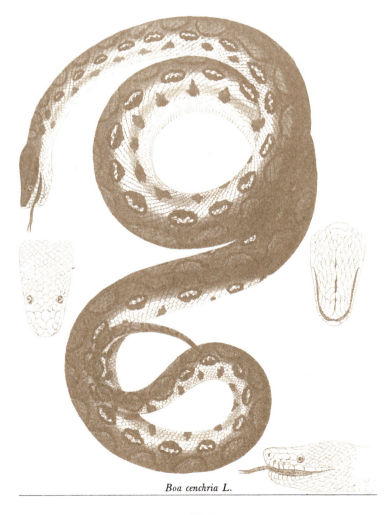

Boa cenchria L.

trockenen Gegenden von Südamerika eine der größten Unannehmlichkeiten für den Reisenden, und sie ersetzen die Moskitos der feuchten, wasserreichen Urwälder vollkommen.

Ich erreichte das kleine Arrayal von Os Possões, wo der Geistliche ein großer Liebhaber von starken Getränken zu sein schien, da er in hohem Grade betrunken war. Der Ort hat etwa 12 Häuser und eine kleine Kapelle, von Letten erbaut. Nicht fern von hier beginnt das Gebiet des Capitam Mor Antonio Dies de Miranda, welcher gewöhnlich die Fazenda von Uruba bewohnt, wohin er mich eingeladen hatte.

Gegen Abend erreichte ich ansehnliche Höhen, wo wir in der Nähe eines Vieh-Corals, etwa eine halbe Stunde von der Fazenda zu Uruba, lagerten. Die Nacht war still und angenehm. Ein heller Mondschein zeigte die benachbarten Höhen in mannigfaltiger Beleuchtung. Wir vernahmen die ganze Nacht hindurch eine Menge von Tierstimmen, da die lästigen Carapathos uns den erquickenden Schlaf entzogen. Als der Morgen anbrach und die umliegende Gegend erleuchtet war, fand ich mich höchst angenehm durch eine äußerst reizende Aussicht in ein tiefes Tal überrascht, in welchem die Fazenda von Uruba erbaut ist. Hohe Berge, mit finsteren Urwäldern bedeckt, bilden daselbst einen tiefen Kessel, in dessen grünem, von dem Bach Uruba lieblich durchschlängeltem Grunde die roten Ziegeldächer der Wohnungen sehr malerisch hervortreten. Ich begab mich nun dorthin und fand im Hause des Herrn Capitam Mor eine sehr biedere Aufnahme, obgleich der Hausherr nicht gegenwärtig war. Seine Familie, die, wie er selbst, in der ganzen umliegenden Gegend einer vorzüglichen Achtung genießt, überhäufte mich mit Beweisen von Gastfreundschaft. Man trieb die Höflichkeit so weit, daß man mir auf die Höhe des Berges, wo sich unser Biwak befand, eine Menge von Lebensmitteln für meine ganze Tropa zusandte; mehrere Sklaven und Sklavinnen waren damit beladen. Gerne würde ich bei diesen guten Menschen länger verweilt haben; weil aber der Hausherr abwesend war und mir deshalb ein längerer Aufenthalt keine bedeutenden Vorteile gebracht haben würde, so entschloß ich mich, an diesem Tage noch meine Reise weiter forzusetzen, und kehrte gegen Mittag, nachdem ich einige schöne redende Papageien zum Geschenk erhalten hatte, zu meiner Tropa zurück.

Wir brachen auf und erreichten heute noch die Fazenda zu Ladeira, die in einem äußerst tiefen Tale einer höchst gebirgigen Gegend liegt. Als wir im Grunde des tiefen Tales angekommen waren, zeigten sich uns′ manche neue wilde Szenen: hohe alte Bäume, behangen und verwirrt von langen Zöpfen des Bartmooses (Tillandsia), von den Portugiesen Barba do Pao genannt, bildeten höchst sonderbare Gestalten. Zu Ladeira fanden wir einige schlechte Hütten, ziemlich geräumig von Letten und Holz erbaut und von Negersklaven bewohnt, welche über das Rindvieh in den benachbarten Wildnissen die Aufsicht führten. Auch befinden sich ansehnliche Pflanzungen von Baumwolle hier.

Sechs Legoas von hier entfernt wohnt der Vater des Capitam Mor, der Coronel João Gonçalves da Costa, auf seiner Fazenda von Cachoeira.

Ich folgte dem Wege durch eine unwirtbare menschenleere Wildnis, in welcher, aneinander gedrängt, ein Berg hinter dem andern sich erhob; alle lagen einförmig, mit dicht verflochtenem Niederwald rauh und wild bedeckt und mit hervortretenden Felsenmassen gemischt, vor uns. Manche dieser Berge sind nackte und mannigfaltig geformte Steinmassen, oben meistens sanft abgerundet; an den vom Walde entblößten Stellen zeigte sich das Erdreich als ein gelbroter Ton. In diesen trockenen Felsenwäldern herrschte eine unglaubliche Hitze, kein Lüftchen wehte, und die Sonnenstrahlen wurden von allen Seiten zurückgeworfen; selbst der Boden war heiß. Menschen und Tiere waren erschöpft, nur die stolzen Araras in unserer Nähe schienen sich hier jetzt recht zu gefallen; sie flogen schreiend umher, während selbst die meisten anderen Vögel auf einem schattigen Zweige ihre Mittagsruhe hielten. Wir entsagten derselben und setzten während der größten Hitze die Reise bis gegen Abend fort, wo wir die Fazenda in einer Ausbreitung des wilden Gebirgstales erreichten und von dem anstrengenden Tagewerk ausruhten.

Zu Fazenda de Cachoeira haben die Neger um die Wohnung des Coronel João Gonçalves da Costa durch ihre Hütten ein Dörfchen gebildet. Die Lage desselben ist nicht reizend, sondern gibt einen traurigen toten Anblick, der mich an die Schilderungen afrikanischer Landschaften lebhaft erinnerte. Der Besitzer, dessen Haus kürzlich abgebrannt war, wohnt gewöhnlich auf einer benachbarten Pflanzung; er befand sich jetzt zufällig hier. Ich fand in ihm einen alten 86jährigen Greis, welcher noch rüstig und tätig war und an Lebhaftigkeit des Geistes viele junge Leute übertraf; man erkannte noch, daß er in seiner Jugend einen hohen Grad an Körperkraft, Mut und Unternehmungsgeist besessen haben mußte. Er empfing mich sehr zuvorkommend und freute sich, einen Europäer zu sehen. Seine Unterhaltung muß einem jeden Reisenden belehrend und erfreuend sein.

Von Cachoeira bleibt das Gebirge stets wild und einförmig mit Waldungen bis zu dem Tal des Rio das Contas bedeckt, welchen man von hier aus in einer Tagesreise erreicht. Ich fand bei einer bedeutenden Hitze großen Wassermangel auf diesem Wege. Die Corregos sind von salzigem Geschmack, wahrscheinlich weil diese Wasser salzige schwefelhaltige Erdschichten auflösen, denn sie sind selbst trübe und weißlich gefärbt. Der Rio das Contas, ursprünglich Jussiappe, entspringt in der Comarca da Jacobina und nimmt mehrere Flüsse auf. Er war hier an der Stelle, wo ich sein Ufer erreichte, kaum 60 Schritt breit, soll aber bald zunehmen und seiner Mündung näher beträchtlicher sein. Wir durchritten ihn ohne Mühe und fanden an seinem nördlichen Ufer ein paar Hütten, in denen der Grundeigentümer dieser Gegend, Coronel de Sa, ein paar Familien seiner Negersklaven angesiedelt hat und eine Venda hält, in welcher die Reisenden Mais, Branntwein und Rapadura haben können. Die Wälder an den Ufern des Rio das Contas enthalten manche naturhistorische Merkwürdigkeiten. Ich bemerkte bei Annäherung des Abends eine große Menge von Kröten (Bufo agua, L.), zum Teil von kolossaler Größe, deren blaß-graugelbliche Haut auf dem Rücken mit irregulären schwarzbraunen Flecken bezeichnet war. Als wir uns in der Abenddämmerung nach unseren grasenden Maultieren umsahen, fanden wir diese von einer Menge großer Fledermäuse bedroht, welche mit lautem Geräusch ihrer Flügel dieselben umflatterten; es war indessen jetzt nichts gegen diese bösen Feinde zu unternehmen, da es schon dunkel war, um sie zu schießen. Am folgenden Morgen bemerkten wir leider, daß unsere Besorgnis nicht unbegründet gewesen war, denn wir fanden unsere Tiere sämtlich am Widerrist sehr stark blutend, und es war nicht schwer zu erkennen, daß mehrere solcher Aderlässe sie für den Gebrauch dieses Tages völlig untüchtig gemacht haben würden. Zu welcher Art die hier in Mengen sich aufhaltenden großen Blattnasen gehören, kann ich nicht bestimmen, doch vermute ich, nach der Angabe der Einwohner, daß es Guandirás oder Jandirás waren.

Ich folgte etwa eine Legoa weit dem Tale des Flusses und wandte mich dann nördlich über das Gebirge. Hier leben äußerst wenige Menschen, und überall überzieht dichter Urwald das Land, in welchem an vielen Stellen das Dickicht von Bromelia-Stauden und hohem Rohr (Taquarussú) undurchdringlich gemacht wird. Einer meiner Leute, welcher mit bloßen Füßen neben den Maultieren ging, bemerkte noch rechtzeitig genug eine nahe am Wege im trockenen Laub zusammengerollt ruhende Viper, um ihr einen tödlichen Schlag beizubringen. Unter mehreren von mir beobachteten Fällen erwähne ich den, wo ein Chinese unweit Caravellas bei einer Fazenda, in welcher ich mich gerade befand, von einer Schlange gebissen wurde. Da es schon spät und keine andere Hilfe zu finden war, so band ich den Fuß über der Wunde, auf der zwei sehr kleine Tropfen Blut standen, scarificierte sie und sog, da niemand aus Furcht sich dazu verstehen wollte, das Blut lange Zeit aus. Nun brannte ich die Wunde mit Schießpulver und machte Aufschläge von Kochsalz, welches ich auch nebst Branntwein innerlich gab. Der Kranke hatte, so wie alle von Schlangen Gebissene, starke Schmerzen in dem Fuße und war sehr um sein Leben besorgt, vorzüglich da mehrere alte Leute mit der Behandlung nicht zufrieden waren und ihm Tee von Kräutern kochten, welche ich nicht zu sehen bekam. Gegen Morgen verschwanden die Schmerzen und alle Besorgnisse.

Nach dieser kleinen Abschweifung kehre ich wieder zu der Erzählung der Reise zurück.

An einer kleinen, vom Walde ringsum eingeschlossenen Wiese, welche den Namen Cabeça do Boi (Ochsenkopf) trägt, brachte ich eine Nacht ohne Hütten hin. Hier wuchs in unserer Nähe eine Aristolochia mit höchst sonderbar gebauter kolossaler Blume von gelblicher Farbe, mit vielen violettbräunlichen Adern durchzogen. Herr von Humboldt erwähnt eine ähnliche große Blume dieses Genus, deren Blüten die Knaben gleich einer Mütze über den Kopf zogen.

Die nächsten Tagereisen führten mich durch hügeliges Land, zum Teil mit weniger hohen Wäldern bedeckt, in welchen wir nur trübes und schlechtes Trinkwasser fanden. Hier wuchs in den Wäldern häufig der Imbuzeiro, ein Baum, welcher die Imbú, eine gelbe runde Frucht von der Größe einer Pflaume, trägt, die einen äußerst angenehmen aromatischen Geschmack hat.

Wir fanden hier, wie auf vielen Fazendas des Sertam, einen besonderen, an der Seite offenen, von oben aber gegen die Witterung mit einem Dach versehenen Schuppen, unter welchem die Reisenden abzutreten und zu übernachten pflegen. Das Haus des Besitzers der Fazenda von S. Agnés befand sich in der Nähe unseres Schuppens und war ringsum von seinen Pflanzungen und den Waldungen umgeben.

Unsere Reise wurde nun angenehmer, nachdem wir S. Agnés verlassen hatten. Das Land nimmt jetzt einen mehr romantischen Charakter an, der Wald ist höher und schattenreicher, und daher geschlossener und kühler, auch fanden wir häufig ein recht gutes trinkbares Wasser. Die Straße zieht sich nun immer mehr zu Tale, und immer bemerkbarer wird die Annäherung an die Küste. Wir erreichten das Tal des Flusses Jiquiriçá, der, obwohl noch unbedeutend, dennoch schon wild schäumend über malerische Felsen durch dunkle Wälder hinabrauscht. Einzelne Fazendas mit ihren roten Dächern zeigen sich hier von Zeit zu Zeit auf kleinen grünen Wiesenplätzchen an den Berghängen und erinnern an die Szenen unserer europäischen Alpenketten; dergleichen stille ländliche Wohnungen nehmen an Zahl zu, je mehr man dem Laufe des Flusses hinaufwärts folgt. Auf der Fazenda zu Areia fand ich am Abend mehrere Familien, besonders die jungen Leute der Nachbarschaft, vereint, welche sich, da es gerade Sonntag war, durch Gesang mit Begleitung einer Viola und allerlei Scherz zu belustigen suchten. Bei unserer Ankunft liefen alle herbei, um uns zu sehen, und überhäuften uns mit mancherlei Fragen. Da in den meisten Gegenden des Sertam keine Kirchen existieren, so pflegen sich die einander benachbarten Bewohner an den Sonntagen zum gemeinschaftlichen Gottesdienst zu vereinigen und dann die übrige Zeit des Tages zu geselliger Unterhaltung anzuwenden. Wir folgten immer weiter hinab dem Lauf des Baches, der mit jedem Schritt stärker und wilder wird; sein brausend schäumendes Wasser blinkt zwischen den alten Urstämmen hindurch und nimmt zuweilen kleine Seitenbäche auf, deren Bett aus nacktem Urgebirge besteht; bei dem Durchreiten solcher Flüßchen läuft man Gefahr, mit dem Pferde niederzustürzen. Der fette gelbrote Letten, welcher auf dem größten Teil dieses Weges den Boden ausmacht, wird von den heftigen Regen dermaßen verschlammt, daß die Wege vollkommen grundlos sind; die durchziehenden Boiadas vermehren dieses Übel noch, indem sie tiefe Löcher eintreten,

Reisende Indianer

dabei erschweren abwechselnde Hügel und Höhen den beladenen Lasttieren die Reise, welche daher nur langsam fortgesetzt werden kann. Ich fand nun immer mehrere einzelne Wohnungen, die zum Teil herrliche Szenen für den Landschaftsmaler darboten, besonders da jetzt die große Feuchtigkeit vereint mit der Wärme die Vegetation zu einem seltenen Grade der Vollkommenheit entwickelt hatte. An einigen Stellen bemerkte ich viele zusammengehäufte starke, etwas abgeplattete Balken, welche die Indianer hier zusammenbringen, um sie nach der Seeküste hinabzuflößen. An der Mündung des Flusses befindet sich die Povoação von Jiquiriçá, größtenteils von Indianern bewohnt, welche mit dem Vinhatico und anderen Nutz- und Bauhölzern, die sie in den Wäldern schlagen und herabschwemmen, Handel treiben. Bei hohem Wasser flößen sie das Holz in drei Tagen hinab; bei niedrigem Wasserstande hingegen brauchen sie dazu sechs Tage. Sie erhalten von jedem Balken 6000 bis 8000 Reis Hauer- und Flößerlohn, etwa 19 bis 25 Gulden unseres Geldes. Bei dieser Arbeit sieht man sie ganz oder halb nackt auf dem Holze stehen und dasselbe mit einer langen Stange dirigieren, während es über die Felsenstufen des Flusses hinabgleitet; ein Geschäft, welches oft gefährlich für sie sein würde, wenn sie nicht so äußerst sicher und geübt im Schwimmen wären. Zu Bom Jesus, einer ringsumher von hohem finsterem Urwald umgebenen Fazenda, wo ich am Abend eines Sonntages eintraf und übernachtete, fand ich eine große Menge dieser Indianer vereint; sie verkürzten sich die Zeit nach portugiesischer Art mit dem Spiel der Viola und versammelten sich, als sie unsere Ankunft gewahr wurden, sämtlich unter dem Schuppen, in welchem wir unser Gepäck aufgeschichtet und Feuer angezündet hatten. Diese Nacht hindurch fielen heftige Regengüsse, welche zu unserem lebhaftesten Kummer den schlammigen Boden immer mehr auflösten und uns der Hoffnung beraubten, die Merkwürdigkeiten dieser Wälder kennenzulernen, nach welchen mancherlei interessante Vogelstimmen, besonders die des Jurú (Psittacus pulverulentus, L.), uns lüstern gemacht hatten. Auf eine günstige Änderung des Wetters hoffend, erwarteten wir ungeduldig den kommenden Tag, dessen Anbruch indessen unseren Wünschen keineswegs entsprach. Da ich mich jedoch nicht entschließen konnte, in dem engen Tal von Bom Jesus zu verweilen, so gab ich, des Regens ungeachtet, das Zeichen zum Aufbruch. Aber nun trat ein neues Hindernis ein. Der kleine Bach Bom Jesus, welcher hier in den Jiquiriçá fällt, war in der vergangenen Nacht plötzlich so angeschwollen, daß er unsere Wohnungen zu überschwemmen drohte. Ihn zu durchreiten war nicht möglich; wir mußten daher in dem heftigsten Platzregen mit einem großen Zeitverlust unsere Lasttiere wieder abladen und die ganze Tropa auf einer Jangade von vier Baumstämmen übersetzen. Bei diesem höchst unangenehmen Geschäft wurde unser ganzes Gepäck durchnäßt, und wir selbst waren gezwungen, den ganzen Tag hindurch in völlig durchnäßten Kleidungsstücken zu bleiben.

Obgleich unsere Reise in einem heftigen Gußregen für

zärtliche verzärtelte Menschen unerträglich gewesen sein würde und auch uns abgehärtete Reisende nicht wenig verstimmte, so fanden wir dennoch selbst reichen Stoff der Unterhaltung. Der Urwald, welchen wir unausgesetzt durchritten, war von dem herabstürzenden Regen dergestalt verfinstert, daß man in demselben die Annäherung der Nacht zu sehen glaubte. Die Urwälder der Tropen, im blendenden Sonnenschein mit hellen Lichtern von dunklen Schatten gehoben, sind prachtvoll, allein auch im trüben Regen dämmernd, sind sie interessant anzusehen. Tausend Wesen erwachen alsdann, die man vorher nicht beobachtete; in den Pfützen und angeschwellten Waldsümpfen, in den Stauden der Bromelien, auf Bäumen und auf der Erde schreien mannigfaltige Arten von

Gekko incanescens, der weißgraue Gecko

Fröschen; in hohlen, an dem Boden modernden und von einer Welt von Pflanzen und Insekten bewohnten Urstämmen brummt mit tiefer Baßstimme eine große Waldkröte, deren Laut den unkundigen Fremdling in Staunen versetzt, und alle Reptilien überhaupt empfanden jetzt bei der Vereinigung der größten Wärme und Feuchtigkeit die höchstmögliche Tätigkeit ihrer kaltblütigen Natur. Erfrischt und in ein kräftiges Leben zurückgerufen, prangen alsdann nach vorübergegangenem

Regen im jungen Sonnenglanz alle Zierden des Pflanzenreiches, wozu man vorzüglich auch die Palmengewächse, besonders die Cocos-Arten zählen muß.

Am Abend dieses schrecklichen Regentages schifften wir bei Corta-Mão, einer kleinen Povoação von einigen wenigen Wohnungen, über den sehr angeschwollenen und reißenden Bach Jiquiriçá. Wir brachten hierauf eine unangenehme Nacht in einer von allen Seiten offenen Mandioca-Fabrik zu und legten von hier aus am folgenden Morgen einen Weg von einer Legoa zurück, um die Povoação oder das kleine Arrayal von Lage zu erreichen, wo ein unvorhergesehener, höchst unangenehmer Auftritt unserer wartete. Sorgenlos setzten wir unsern, von beiden Seiten eng eingeschlossenen Weg nach Lage fort, als ich plötzlich die Straße durch einen bedeutenden Auflauf von Menschen gesperrt fand. Etwa 70, teils mit Gewehren aller Art, teils mit Prügeln bewaffnete Männer stürzten plötzlich von allen Seiten gegen uns, der eine zerrte hier, der andere dort, so daß es höchst schwierig war, diese grobe banditenartige Menge von Negern, Mulatten und Weißen von Tätlichkeiten abzuhalten. Mehrere Männer fielen mir in den Zügel und schrien, ich sei gefangen und würde meinem wohlverdienten Schicksal nicht entgehen. Man belegte mich mit dem Ehrentitel Inglez (Engländer), und einige schienen vor uns dermaßen in Angst zu sein, daß sie den Hahn ihres Gewehres immer gespannt und zum Schusse bereit trugen. Man legte sogleich Hand an unsere Jagdgewehre, Waldmesser und Pistolen, ja sogar meinem jungen Botocuden Quäck riß man Bogen und Pfeile aus der Hand. Einige meiner Leute, welche sich weigerten, ihre Gewehre abzugeben, wurden beinahe mißhandelt, und nun erst, nachdem man uns entwaffnet sah, wuchs der Mut dieses Gesindels zu einem hohen Grade von heroischer Kühnheit. Siebzig Bewaffnete gegen sechs Unbewaffnete! Das war auch wahrlich keine geringe Heldentat! Um uns aus diesem unbegreiflichen Tumult einen Ausweg und eine Erklärung über die Ursache dieser Behandlung zu verschaffen, rief ich in den tollen Haufen hinein: ob diese Bande denn keinen Anführer habe und wo er sei? worauf man mir höchst lakonisch antwortete, der Kommandant, Herr Capitam Bartholomäo, werde sogleich kommen und mir schon mein Recht geben. In der Tat sah ich auch nun einen unan sehnlichen, schmutzigen, abgerissenen und von Schweiß triefenden Mann mit seiner Muskete in der Hand ankommen, dessen Diensteifer ihm nicht erlaubt hatte, uns an der Spitze seiner Gesellschaft zu erwarten, sondern der uns schon entgegengeeilt war, seine Beute aber verfehlt hatte. Die Erscheinung des Oberhauptes machte endlich, zu unserem Glück, dem Streit über unseren Besitz, welcher in dem wilden Haufen ausgebrochen war, ein Ende, und der laute Wortwechsel und das Geschrei dieser ungestümen Menge verwandelte sich plötzlich in eine unseren Ohren sehr willkommene Stille.

Furcht vor seinem strengen Vorgesetzen, dem Capitam Mor zu Nazareth, trieb den Herrn Kommandanten, uns genau visitieren und uns alle Arten von Waffen, selbst Feder- und Taschenmesser, abnehmen zu lassen. Ich wurde hierauf mit meinen Leuten in ein offenes Haus an der Seite der Straße gebracht, wo man eine Bande von bewaffnetem Pöbel im Zimmer selbst und eine andere vor der Tür aufstellte. Fenster und Türen blieben den ganzen Tag und selbst während der sehr kühlen Nacht geöffnet, auch ließ man ohne Unterschied betrunkene Matrosen, Negersklaven, Mulatten, Weiße und alle Arten des bunten müßigen Straßenvolkes zu uns hinein, welche sich für den ganzen Tag daselbst häuslich niederließen, sich zu uns auf die Bänke drängten und mit politischen Bemerkungen, welche sie laut über uns anstellten, nicht einen Augenblick der Ruhe uns vergönnten. Ich erfuhr jetzt, daß man mich für einen Engländer oder Amerikaner halte und daß mein Arrest eine nötige Vorsichtsmaßregel wegen der zu Pernambuco ausgebrochenen Revolution sei. Meine portugiesischen Leute waren durch dieses Verfahren zum Teil sehr niedergeschlagen, denn sie wurden an mir irre und glaubten, ich sei ein wirklicher Betrüger. Meine Portaría, welche mir gewiß in einem jeden anderen Falle von Nutzen gewesen sein würde, war hier unnütz; denn obgleich mehr als 20 Personen die Köpfe zusammensteckten, um sie zu lesen, so verstand doch niemand ihren Inhalt und der Kommandant der Bande am wenigsten; dies beweist unter andern der Titel eines Engländers, welchen man mir in dem Rapport beilegte, obgleich in der Portaría ausdrücklich gesagt war, daß wir Deutsche seien.

Es wurde nun ein Verzeichnis von meinem ganzen Gepäck

aufgestellt, und ich lieferte die Schlüssel von den sämtlichen Kisten ab. Einige raubsüchtige Gesellen unter meinen Wächtern bestanden darauf, man müsse alle Effekten öffnen und visitieren, welches zu gestatten Capitam Bartholomäo jedoch zu billig dachte. Mittags erhielten die Gefangenen ein wenig Salzfisch und hatten dann Gelegenheit, ihre Geduld in der Anhörung einer Menge beleidigender Reden zu üben, bis die Nacht diesem unerträglich lästigen Tag ein Ende machte. Aber selbst diese brachte uns wenig Ruhe, da uns das gaffende Volk nicht verließ.

Allein kaum war der Tag angebrochen, so rief man uns auf, um uns zur Abreise nach der Küste anzuschicken. Man gab uns ein ungenießbares Frühstück von Salzfisch und trieb alsdann meine Lasttiere herbei, welche zum Umfallen ermattet waren, da sie, wie ich nun erfuhr, gänzlich vergessen und während der ganzen Nacht ohne Futter angebunden gestanden hatten. Die Reise ging vor sich. Etwa 30 bewaffnete Reiter und Fußgänger mit geladenen Gewehren und Pistolen wurden uns zur Bedeckung mitgegeben und beobachteten strenge den Geringsten meiner Leute. Den Zug eröffnete ein neugewählter Kommandant; meine Lasttiere beschlossen denselben. So zogen wir durch angenehm abwechselnde Waldgegenden, und bei einer jeden Fazenda, die auf unserem Wege lag, kamen die Bewohner herbeigeströmt, zeigten mit Fingern auf die Verbrecher und riefen beständig den Namen Inglez oder Pernambucanos. Am Abend hielten wir in einer einsamen Fazenda an, wo man uns strenge beobachtete, wo übrigens kaum Lebensmittel zu finden waren und wo besonders meine ohnehin sehr erschöpften Lasttiere den größten Mangel litten. Eines meiner Pferde ermattete und mußte daher leider zurückgelassen werden.

Am zweiten Morgen unserer abenteuerlichen Reise brachen wir ebenfalls früh auf und trafen nach einem Marsch von einigen Legoas unerwartet auf ein in Parade aufgestelltes Kommando von 30 Milizsoldaten unter den Befehlen des Capitam da Costa Faría. Jetzt nahm die Sache in den Augen des Volkes eine ernstere Miene an. Während des Marsches wurden meine Leute auf alle Art von den Soldaten insultiert; man zeigte ihnen das geladene Gewehr: »Dies ist für die Engländer! Spitzbube!«, man schlug ihre Pferde usw. Am Abend erreichten wir auf grundlosen Wegen die Povoação von Aldéa unweit der Seeküste, welche das Ansehen einer Villa hat.

Noch eine Legoa weiter und wir trafen am Ziele unserer Wanderung zu Nazareth ein. Unter einem unglaublichen Zulauf und Gedränge des Volkes setzte man uns über den hier durchfließenden Jagoaripe und versah das Gepäck mit Wachen, um die bunte Menge einigermaßen in den Schranken der Ordnung zu erhalten. Ich selbst wurde von dem Capitam vor meinen stolzen Richter, den Herrn Capitam Mor, geführt. Es war schon dunkel, als ich in seinem Hause ankam, und der erhabene Hausherr war noch nicht sogleich sichtbar. Man erleuchtete die Zimmer und rief mich dann wie zu der Audienz eines persischen Satrapen vor. Ein armer Sünder am Hochgericht kann nicht mit mehr Neugier betrachtet werden als ich hier vor dem Richterstuhl des Capitam Mor, der mich kaum eines Anblickes würdigte. Kalt hörte er meine gerechten Klagen über die ungerechte und unwürdige Behandlung an, welche ich erfahren hatte; dann fertigte er andere mit mir in eine Kategorie gesetzte Verbrecher ab, eine Geduldsübung, wobei ich meinen Ärger und Ingrimm nicht zurückzuhalten vermochte. Endlich, nach langem Warten, erkärte er mir mit kalter hoher Miene: Meine Portaria, obgleich günstig, sei nicht hinlänglich, und er werde seinen Bericht sogleich an den Gouverneur nach Bahia abgehen lassen, einstweilen müsse ich hier gefangen bleiben. Meine fünf Leute wurden aufgerufen und von dem stolzen Handhaber der Justiz gnädig nach Namen und Geburtsort befragt, darauf aber mit mir in den oberen Stock eines großen leeren Hauses eingesperrt und hinter uns die Tür verschlossen.

Ich brachte, auf diese Art bewacht, drei Tage in meinem Gefängnis hin, bis von dem Gouverneur in Bahia die Entscheidung eintraf, die meine Erlösung bewirkte.

Durch dieses unangenehme Ereignis verlor ich meine Zeit und büßte selbst eine Menge interessanter Gegenstände ein, welche verdarben, weil man bei der Übereilung unseres Marsches nicht die gehörige Zeit gab, naß gewordene Sachen wieder zu trocknen. Gern hätte ich die Gegend von Nazareth, welche mir durch den erzählten Vorfall höchst zuwider war, sogleich verlassen, wenn nicht der Mangel an Schiffsgelegenheit nach Bahia noch ganze acht Tage mich hier aufgehalten und gewissermaßen gezwungen hätte, sie näher kennenzulernen.

Nazareth, mit dem Beinamen das Farinhas, ist eine Povoação, die vollkommen den Namen einer Villa verdient. Sie hat ziemlich regelmäßige Straßen, einige sich auszeichnende Gebäude und zählt mit den einzelnen Wohnungen in der Nähe, welche zu diesem Kirchspiel gehören, 6000 bis 7000 Seelen. Es befinden sich hier ein paar Kirchen, und die nicht unansehnliche Hauptkirche ist nett gebaut. Der Ort selbst liegt zu beiden Seiten des Flusses Jagoaripe; grüne Hügel, zum Teil mit Pflanzungen bedeckt, geben den Ufern eine lachende Ansicht, und überall sieht man die edle Cocos-Palme und die Dendé-Palme ihre stolzen Gipfel erheben. Nazareth erhält seine Nahrung durch den Handel mit der Hauptstadt Bahia, wohin an jedem Sonntag und Montag eine gewisse Anzahl von Barcos oder Lanchas, beladen mit den Produkten der Pflanzungen, absegelt. Sie schiffen mit der Ebbe den Jagoaripe hinab, übersegeln die Bahia de Todos os Santos und erreichen in 24 Stunden die Hauptstadt. Die Produkte der Pflanzungen, welche man verschifft, bestehen vorzüglich in Farinha, deren man hier jedoch bei weitem nicht so viel zieht als zu Caravellas und anderen mehr südlich gelegenen Orten, in Bananen, Cocos-Nüssen, Mangos und anderen Früchten, Speck, Branntwein, Zucker usw. Diese Produkte sind hier natürlich in weit höheren Preisen als an jenen südlicheren, mehr von der Hauptstadt entfernten Orten, denn dort bezahlt man die Alqueire Farinha mit $1\frac{1}{2}$ bis 2 Patacken oder Gulden und hier in der Nähe von Bahia mit 6 bis 8 Patacken. Die Frucht des Dendeseiro, eines schönen hohen afrikanischen Palmbaums, den man hier anpflanzt, Cocos Dendé genannt, benutzt man häufig, um daraus ein Öl zu ziehen, welches eine orangegelbe Farbe hat und auch an Speisen gebraucht wird. Selbst europäische Früchte geraten zum Teil recht gut, besonders die Weintrauben und Feigen; die letzteren finden aber unter den gefiederten Luftbewohnern so viele Liebhaber, daß man genötigt ist, die Früchte einzeln in Papier zu wickeln. Äpfel, Birnen, Kirschen und Pflaumen geraten zuweilen, allein ein gewisses Insekt soll gewöhnlich die Bäume früh zerstören. Ich trennte mich mit leichtem Herzen von Nazareth, wo ich die Osterwoche als Gefangener zugebracht hatte, und sah hoffnungsvoll Bahia entgegen, wo ich mich nach Europa einzuschiffen gedachte.

Wir begannen die Fahrt den Jagoaripe hinab am Abend eines schönen heiteren Tages, als die Sonne sich schon dem Horizont genähert hatte. Die Barken, welche hier wöchentlich nach Bahia segeln, sind kleine bedeckte Schiffe mit einer Kajüte, die 20 Menschen fassen kann, und mit drei kleinen Masten, wovon die beiden hinteren schräg zurückgeneigt stehen. Der Schiffer (Mestre) hat seine eigenen Sklaven, welche als Matrosen dienen, von denen man aber, da sie gezwungen und mit Widerwillen arbeiten, im Falle der Gefahr wenig Hilfe zu erwarten hat. Die Ufer des Flusses sind malerisch; grüne Gebüsche wechseln mit Hügeln ab, und überall zeigen sich die freundlichen, mit Cocos-Wäldchen geschmückten Fazendas, deren Bewohner größtenteils Töpfereien besitzen. Hier werden verschiedene Töpferwaren sowie auch Dachziegel in Menge gemacht und in großen Schiffsladungen nach der Hauptstadt gesandt. Der Ton, welchen diese Töpfer gebrauchen, ist grau; die Gefäße brennen sich rötlich und werden auch noch ohnehin rot angestrichen. Zum Brennen bedient man sich am liebsten des Holzes der Mangibäume (Conocarpus oder Avicennia), wodurch die Gefäße schon eine etwas rote Farbe erhalten sollen. Die Fischer widersetzten sich anfangs, als man jenes Holz zu dem genannten Behufe abschneiden wollte, aus dem Grunde, weil es die Fische und Krabben anziehe und ihnen den Fang erleichtere; auch sollen sie dagegen in Rio de Janeiro Klage geführt haben, aber abgewiesen worden sein.

Wir ankerten um Mitternacht bei der Villa de Jagoaripe und erblickten dieselbe bei Anbruch des Tages in einer sehr angenehmen Lage am südlichen Ufer des Flusses auf einer Landspitze, welche der Jagoaripe mit dem einfallenden Caÿpa bildet. Jagoaripe ist der Hauptort des Distrikts, wo eigentlich der jetzt zu Nazareth lebende Capitam Mor wohnen soll. Diese Villa ist ziemlich beträchtlich, allein jetzt schlecht bewohnt und still; auch treibt sie weit weniger Handel als Nazareth, führt aber doch Töpferwaren nach der Hauptstadt aus. Es befindet sich hier eine ansehnliche Kirche und unmittelbar am Ufer des Flusses die größte Casa da Camara, welche ich auf der ganzen Reise angetroffen habe.

Mit Anbruch des Tages fuhren wir wieder ab und erreichten nach einem Wege von einer Legoa die Mündung des Flusses im Angesicht der großen Insel Itaparica (gewöhnlich bloß Taparica genannt), welche in dem Meerbusen oder der Bahía de Todos os Santos gelegen und an ihrer westlichen Küste nur durch einen Kanal vom Land getrennt ist.

Die Insel Itaparica hat von Norden nach Süden eine Ausdehnung von sieben Legoas und ist ein fruchtbares, ziemlich bewohntes Eiland. Die ganze Bevölkerung ist in drei Kirchspiele geteilt, es befindet sich aber nur die einzige Povoação oder Villa hierselbst; das übrige Land ist im Innern von einzelnen Pflanzern und an der ganzen Küste größtenteils von Fischern bewohnt. Die Villa hat einige gute Gebäude, Magazine für den Walfang und einige Kirchen. Die Märkte sind mit Fischen und Früchten aller Art angefüllt; man zieht viele Orangen, Bananen, Mangos, Cocosnüsse, Jacas, Weintrauben, deren Stämme hier zweimal Frucht tragen, usw. und verschifft alle diese Früchte nach Bahía. Der Walfang ist in manchen Jahren in den Gewässern von Brasilien sehr einträglich; zu Itaparica sind beinahe alle Umzäumungen der Gärten und Hofräume von Walknochen gemacht.

Von der nördlichen Spitze der Insel Taparica, an welcher die Villa erbaut ist, hat man eine schöne Aussicht ringsum auf die Küsten des von mannigfaltig geformten Gebirgen eingeschlossenen und mit kleinen weißen Segeln bedeckten Reconcavs. Dieses Binnenmeer, das durch die frühere Geschichte Brasiliens merkwürdig geworden ist, hält in der Ausdehnung von Norden nach Süden 6½ und in der Richtung von Osten nach Westen mehr als 8 Legoas; es ist von allen Seiten durch Berge beschützt, und nicht gar weit von seiner Mündung liegt am nördlichen Ufer die Hauptstadt S. Salvador, die man gewöhnlich bloß mit dem Namen Cidade oder Bahía belegt.

Nachdem unser Schiff zu Itaparica bis gegen Abend verweilt hatte, wo die Ebbe eintrat, lichteten wir den Anker und überschifften quer den schönen Meerbusen, der an dieser Stelle bis zur Stadt Bahía fünf Legoas breit ist. Ein starker Wind hatte sich erhoben und schwellte gewaltig die Wogen, so daß wir in unserem kleinen Schiff eine sehr unruhige, unangenehme Fahrt hatten, bis man nach Mitternacht zu Bahía den Anker fallen ließ.

Anhang

Von Wied erwähnte Forscher:

Azara, Felix d' – 1746–1821, spanischer Naturforscher, bereiste die La-Plata-Länder und schrieb eine Naturgeschichte dieser Gebiete, die bis in die heutige Zeit ein wichtiges Quellenwerk darstellt

Eschwege, Wilhelm Ludwig von – 1777–1855, bedeutender deutscher Geologe, seit 1803 in portugiesischen Diensten und seit 1810 in Brasilien tätig. Führte Arbeiten zur Reorganisation des brasilianischen Bergbaus durch und unternahm ausgedehnte Forschungsreisen. Schrieb u. a. das „Journal von Brasilien", das 1818 in Weimar verlegt wurde

Feldner, Wilhelm Christian Gotthelf – 1772–1822, deutscher Berghauptmann, kam zusammen mit Eschwege nach Brasilien und erwarb sich besondere Verdienste bei der geologischen Erkundung des Landes. Aus seinen nachgelassenen Manuskripten erschien 1828 das zweibändige Werk »Reisen durch mehrere Provinzen Brasiliens«

Freyreiss, Georg Wilhelm – 1781–1825, deutscher Naturforscher, besuchte Brasilien auf Anraten von Langsdorff. Unternahm zahlreiche Reisen ins Landesinnere und sammelte Naturalien für die Königliche Akademie der Wissenschaften in Stockholm. 1824 erschienen seine »Beiträge zur näheren Kenntnis des Kaiserthums Brasilien etc.«

Langsdorff, Georg Heinrich von – 1774–1852, bedeutender deutscher Naturforscher. Nahm an der ersten russischen Weltumsegelung unter Krusenstern teil und war 1812–1820 russischer Generalkonsul in Brasilien. Erkrankte auf der von 1825 bis 1829 unternommenen Reise ins Innere Brasiliens und wurde später wahnsinnig. Die schriftlichen Aufzeichnungen über diese epochale Expedition sind bis zum heutigen Tag unpubliziert

Léry, Jean de – 1534–1613, kam als angehender Hugenottenpfarrer 1557 nach Rio de Janeiro und hielt sich zehn Monate in Brasilien auf. Seine Reisebeschreibung »Histori Navigationis in Brasiliam«, 1586 erschienen, gehört zu den Meisterwerken ethnographischer Literatur

Sellow, Friedrich – 1789–1831, deutscher Botaniker und begabter Maler. 1814 nach Brasilien gekommen, bereiste er weite Teile des Landes. Sein plötzlicher Tod verhinderte die Auswertung der riesigen naturwissenschaftlichen Sammlungen

Staden, Hans – hessischer Söldner, der auf zwei Fahrten 1547/48 und 1549 bis 1555 die brasilianische Ostküste kennengelernt hatte und lange Zeit Gefangener der dort ansässigen Tupinamba war. Sein sog. »Menschenfresserbuch«, das 1557 in Hamburg erschienen ist, wurde seitdem 82mal neu aufgelegt

Begriffserklärungen

Aldea – Dorf, Siedlung

Alféres – Unterleutnant, Fähnrich der Landmiliz

Antrophage – Anthropophage – Menschenfresser

Arrayal – *Arraiál (portug)* – Feldlager, kleine Ortschaft

Arrobe – altes Handelsgewicht; in Spanien 11,5 kg, in Portugal und Brasilien 14,7 kg

Atoléiro – Pfütze, Sumpfstelle, sumpfiger Boden

Aypi – *Manihot-Aipii (indian)* – süßer Maniok

Baducca – afrikanischer Tanz, der mit den Negersklaven nach Brasilien kam

Barra – Hafeneinfahrt, Flußmündung

Barréiras – senkrechte Ton- oder Lehmwände

Batate – einjährige Pflanze aus der Familie der Windengewächse, ihre stärkehaltigen Knollen sind eßbar

Bauschen – *Pauschen*, Teile des bekleideten Reitsattels

Bicho de pé – Sandfloh

Bodoc – *Besta de bodóque (portug)*, Kugelschnäpper, -armbrust

Boiadas – Ochsenherden

Boutaille – *Bouteille (franz)*, Flasche
Brigg – *Brigantine*, leichtes zweimastiges Kriegsschiff
Byssus – Muschelseide, von Wied im Sinne von Aufwuchs verwendet
Cabure – *Caburo (indian)*, Eule
Cabo – Unteroffizier, Anführer
Cachoéira – Wasserfall, Stromschnelle
Camboa – Fischzaun, Fischreuse
Campo – Ebene, weites Feld
Capitam Mór – kommandierender General einer Provinz, Dorfschulze
Carapatos – Zecken
Carasco – Niederwald im Campo
Carne seca – Trockenfleisch
Carolin – Goldmünze etwa im Werte von 6 Talern
Casa da Camara – Rathaus
Catinga – *Caátinga (indian)*, eine Form des Camposwaldes
Caüy – *Cauim (indian)*, Getränk aus vergorenem Maniok oder Mais
Cavalerias – *Cavallarias (portug)*, Reiterei, Pferdeherden
Chicote – Peitsche
China – Chinarinde, chininhaltige Rinde verschiedener Bäume der Gattung Cinchona (Chinarindenbaum), die pulverisiert oder als Sud fiebersenkend angewendet wird
Cidade – Stadt
Cipos – *Sipo (portug)*, Lianen, Schlingpflanzen
Cochenille – scharlachroter Farbstoff, gewonnen aus der gleichnamigen Schildlaus
Copaiva-Balsam – Harz des Baumes Copaifera officinalis, eines Hülsenfrüchtlers
Corroa – Sandbank
Cryptogamische Pflanzen – Cryptogamia, blütenlose Pflanzen
Cuía – Gefäß aus einem Flaschenkürbis oder Schildkrötenpanzer
Curicáca – Stelzenläufer, aus der Familie Regenpfeifervögel
Derobade – *Derrubado (portug)*, Holzschlag
Destacament – *Destacamento (portug)*, Truppenabteilung
Disposition – Plan, Anordnung
Embira – Baumbast
Engenho – Zuckerrohrmühle, Zuckersiederei

Entrada – Kriegszug der Weißen gegen die Waldindianer

Escrivam – Escrivães da camara (portug), Amts- oder Stadtschreiber

Esteiras – Rohrmatten

Estoppa – Estôpa (portug), Werg, Hede oder Bezeichnung für Baumbast

Facão – Waldmesser

Farinha – Mehl aus den Knollen der Maniok-Pflanze

Fazenda – Landgut, Plantage

Feitór – Aufseher, Verwalter einer Fazenda

Fregatte – leichtes, schnellsegelndes, dreimastiges Kriegsschiff

Freguesia – Freguezia (portug), Kirchdorf, Kirchspiel

Frondes – Blätter, Laub

Fuß – altes Längenmaß; Pariser Fuß = 0,325 m, Englischer Fuß = 0,304 m, Preußischer Fuß = 0,314 m

Gamellas – Holzschüsseln

Girandolen – Girandola (portug), Feuerrad, Feuersonne

Indolenz – Gleichgültigkeit, Lässigkeit

Juiz – Richter

Konvent – Kloster

Kreole – in Lateinamerika geborener Nachkomme von Europäern

Lab – Enzym, das im Magen von Rindern gebildet wird

Lagoa – Lagune, durch einen Strandwall vom Meer abgeriegelter flacher See

Lancha – Hafenverkehrsboot, größeres Beiboot eines Kriegsschiffes

Legoa – Legua (portug), Meile; alte Meile (legua regular antiqua) = 5,572 km, neue Meile (legua nueva) = 6,687 km

Letten – Ton, Lehm

Lingoa geral – von den Missionaren übernommene und verbreitete Sprache der Tupis, diente Jahrhunderte als Verständigungsmittel zwischen Europäern und Indianern

Llano – Ebene, baumlose Steppe

Mamelucke – Mischling zwischen Weißen und Indianern

Mangue-Sümpfe – Gehölzformation im Gezeitenbereich tropischer Küsten aus immergrünen, mit Stelz- und Atemwurzeln versehenen Baumarten

Maracas – Kürbisrasseln

Maracanas – Papageien

Marimbondos – Wespen

Marui, Murui, Maruim – Gnitzen, Familie mit sehr kleinen stechenden Mücken

membrum virile – Penis, männliches Glied

Milio – Milho (portug), Hirse

Minero – Bergmann, Grubenarbeiter, aber auch Bergwerksbesitzer

Mulatte – Mischling aus Weißen und Negern

Mundeo – Tierfalle, Schlinge

Mutuca – Stechfliege

Myotheren – Ameisenvögel, Familie mit 224 in Mittel- und Südamerika verbreiteten Arten

oblong – länglich

Onze – Onza (portug), Jaguar

Ouvidór – Gerichtsbeisitzer, Oberamtmann

Palmen – Palmo (portug), Handlänge, Spanne

Panella – Kessel, Kochtopf

Paulisten – Bewohner von São Paulo

Pavos – Hockohühner

Picade – Picada (portug), Waldweg, Schneise

Pinnulae – Pinnula (franz), Fiederblättchen

Plumbago– Gattung der Strandnelkengewächse

Pocken – Blattern, schwere Viruskrankheit, in fast allen tropischen Ländern verbreitet

Portaria – Paß des Ministers, Ausweis

Porto – Hafen, Landungsplatz

Povoacão – kleine Ortschaft, Dorf ohne Kirche

Praya – Strand, Sandufer

Quadrupeden – Quadrupeda (lat), alte Bezeichnung für Affen

Quartel – Quartier, Militärposten

Quintäes – große ummauerte Gärten, Hofräume

Rancho – Hütte, Schuppen

Réamur – Réaumur, Temperatureinheit auf Grundlage einer achtzigteiligen Skala (80 °R = 100 °C)

Riacho – kleiner Fluß

Rossen – Pflanzungen

Sargento Mór – Oberwachtmeister

Serra – Gebirge, Gebirgskette

Sertam, Sertoes – Sertão (portug), regenarmes Hinterland von Bahia und Pernambuco

Solana – Gattung der Nachtschattengewächse

Spanne – altes Längenmaß, siehe Palmen

Stavrolith – Staurolith, kastanienbraunes Mineral, schleifwürdige klare Steine (z. B. aus Salobra, Provinz Bahia)

Tacanhoba – Penisfutteral aus einem zylindrisch zusammengewickelten Palmenblatt

Taquarussú – Bambusrohr, aus dem Gefäße zur Aufbewahrung von Wasser hergestellt werden

Tatú – Gürteltier

Tinamus – Steißhühner, Vogelfamilie mit 45 nur in Lateinamerika vorkommenden Arten

Tronck – hölzernes Foltergerät

Tropa – Lasttierkarawane

Tropeiros – Treiber einer Tropa

Uba oder Canna brava – Bambusrohr, siehe Taquarussú

Uguentum basilicum – Salbe, aus Basilikumkraut und Fett zubereitet

Unze – siehe Onze

Uricana-Blätter – Palmwedel

Urucú – rötlicher Farbstoff aus dem Fruchtfleisch des Orleanbaumes (Bixa orellana L.)

Vaqueiro – Viehtreiber

Venda – Verkaufsladen, Gaststätte

Villa – Stadt, Ortschaft

Votivtafeln – Gelübde- oder Weihgemälde

Ynambus – siehe Tinamus

Zoll – altes Längenmaß von regional unterschiedlicher Abmessung; das von Wied verwendete englische Zoll = 2,54 cm